教師教育テキストシリーズ 1

第二版
教育学概論

三輪 定宣 著

学文社

まえがき

　教育は，38億年のいのちのリレーであり，かけがえのない一人ひとりの人間のいのちを育み，未来につなげ，人類の歴史をつむぐいとなみである。どの生物でも，子孫を残し繁栄させることは，いのちがけのことであるが，人間では個人でも社会でも教育がその要である。
　人間（ヒト）は「教育的動物」といわれる特殊な動物であり，「人間は教育によってつくられる」。ほかの動物では，主として遺伝子に刻まれたプログラムにしたがって「本能」があらわれ，能力を発現，発揮するのに対し，人間は，「本能」だけでなく，教育に大きく依存し，教育を受けて文化を身につけ能力が発達するよう特異な進化を遂げた生物である。人間は，自然的・生物的存在であるとともに，文化的・社会的存在という複合的生命体である。教育は，空気のように日常的であるが，「人間をつくる」という人間社会の根源である。
　能力が「本能」に依存する他の動物は長期安定的（しばしば数億年）に種として生存するが，ヒトという動物は，生命，生物の歴史では比較的最近（約700万年前に）登場し，主に「本能」ではなく「教育」に依存し，人類という種の命運を「教育」に賭ける生存戦略を選択したのである。しかし，それがベストな進化であり，長期的生存を保証する賢明な選択であるか否かは定かでないが，人類の運命は教育にかかっている。
　ところで，人間個人の生命は一代限りであり，教育で身につけた個人の能力は死とともに失われ，能力形成は世代ごとに0から繰り返され，親の身につけた能力の水準を次代に遺伝では伝えられないという絶対的限界がある。しかし，社会的には，人間は教育により能力を発達させ，文化・文明を継承・創造し，世代を重ねるごとにそれを社会に蓄積していく。それは，際限なく膨張，複雑化，加速し，ある時点・局面で 文明社会と人間個人の能力との乖離が限界を超え，人間が文明や社会をコントロールできない事態が予想される。教育の力

が世代の更新で多少は向上するとしても文明とのギャップは拡大しつづけ，人類が生みだした文明，とくにその暴走が制御不能となり，自滅の危険が増大する。2011年3月11日の東日本大震災の福島原発事故はその象徴であった。

21世紀はその危機の分岐点と考えられ，人類の生存を維持するには，教育を個人と社会の最優先事項と認識し，非力な「教育の力」を飛躍的に高める以外に有効な生存戦略は考えられない。教育による文明の暴走の制御が人類存亡の切実な課題として浮上している。

近年，国連機関・ユネスコが提起する教育・教職最優先と教育共同責任の方針はそのメッセージと解される。たとえば，「21世紀の諸問題の解決は教育の役割により決定される」(1998年宣言)，「もっとも有能な若者を教職に惹きつける」「教育はすべての人々の責任」(1996年勧告) などの提言である。その「教育の力」を生み出す「新しい教育学」(1998年宣言) の創造が求められている。

本書，「教育学概論」は，このような意識や展望のもとに，「知の統合」による教育学の創造と発展をめざし，「21世紀の科学」といわれる「生命科学」(脳科学，進化人類学，遺伝学など) の「科学的教養」を人文・社会科学の教育学に生かそうとした。その観点から，「人間をつくる」いとなみとされる教育の学問的知見をミクロとマクロの視点から探求した。

ミクロには「いのちのリレー」の観点から，子どもの個体発生が胎児から生命の系統発生を繰り返し，生得的・遺伝的に生命力・成長力を内包する子どもの発達的・教育的可能性を考察した。

マクロには「人類史のなかの教育」の観点から，人類史における人間の本性 (共同性・理性など) の形成と教育の可能性を考察した。世界史における人類普遍的な教育条理，現代ではその凝集した国際教育規範の重視もその一環である。

今日，教育学の膨大な蓄積は，それ自体，研究対象として客観化・相対化され，教育学の成熟の証というべき「教育学の科学」(メタ教育学) が形成されつつある。本書が各自の教育学の修得，創造の参考になれば幸いである。

第1巻著者　三輪　定宣

目　次

まえがき　i

序　教師と教育学 ─────────────────── 6

第1章　人間と教育 ──────────────────14

 1　人間と教育に関する思想　14
 2　「教育」の概念と子ども観　18
 3　人間と教育　23
 4　人間と動物の能力の比較　26

第2章　発達と教育 ──────────────────31

 1　人間の発達と脳　32
 2　脳と能力，学習と人間らしさ　37
 3　脳と精神の発達　43
 4　脳科学の歴史と教育学　50

第3章　教育と社会 ──────────────────57

 1　人類の進化と脳の発達　57
 2　社会と人間　61
 3　文明・社会と教育　66
 4　社会と教育に関する思想・理論　71

第4章　教育学の歴史（西洋） ─────────────77

 1　原始・古代（主に紀元前9〜紀元4世紀）　78

2　中世（4～15世紀）　81
　　　3　近世（15～17世紀）　83
　　　4　近代（18～20世紀中期）　87
　　　5　現代（20世紀中期～現在）　94

第5章　教育学の歴史（中国）——————————————— 101
　　　1　原始・古代（～10世紀）　102
　　　2　中世（10～17世紀）　104
　　　3　近世（17～20世紀初期）　106
　　　4　近代（20世紀初期～20世紀中期）　107
　　　5　現代（20世紀中期～現在）　109

第6章　教育学の歴史（日本）——————————————— 112
　　　1　古代（古墳～平安時代）（12世紀以前）　112
　　　2　中世（鎌倉～安土桃山時代）（12世紀末～16世紀）　115
　　　3　近世（江戸時代）（17～19世紀中期）　118
　　　4　近代（明治・大正時代，昭和前期）（19世紀中期～20世紀中期）　121
　　　5　現代（昭和後期～現在）（20世紀中期～21世紀初期）　125

第7章　教育の権利 ——————————————————— 130
　　　1　教育を受ける権利の思想の系譜　130
　　　2　近代における教育を受ける権利の思想　132
　　　3　現代における人類の普遍的人権としての教育への権利　137
　　　4　教育を受ける権利（教育への権利・学習権）の意義と教育権　141

第8章　教育の理念 ——————————————————— 144
　　　1　教育の公権力からの独立　144

2　教育の平等と無償制　　147
　　　3　教育における参加と共同　　154
　　　4　教育条件の整備　　157

第9章　教育の目的 ————————————————————— 161

　　　1　人間（個人）の尊厳　　162
　　　2　人格の完成と人間の全面的発達　　168
　　　3　人間性の育成　　171
　　　4　市民の育成と平和の創造　　173

第10章　教育学と教育研究 ————————————————— 183

　　　1　教育と学問，教育学　　183
　　　2　教職教養としての教育学　　187
　　　3　教育研究　　195

第11章　現代における教師の役割と教員養成・教育学の課題 ———— 201

　　　1　日本学術会議「日本の展望－学術からの提言」（2010年）の意義　　202
　　　2　ユネスコ「教師の役割と地位に関する勧告」（1996年）の教師論　　204
　　　3　ユネスコ・高等教育に関する方針　　207
　　　4　教育学教育の改革課題－6年制教員養成の確立　　210
　　　5　1996年勧告に基づく教育学教育のカリキュラム改革　　213

資料編 ————————————————————————————— 220

　　　参考文献，教育学関連歴史年表

索　引 ————————————————————————————— 226

序　教師と教育学

1　本シリーズの特徴

　この「教師教育テキストシリーズ」は，教師に必要とされる教職教養・教育学の基本知識を確実に理解することを主眼に，大学の教職課程のテキストとして刊行される。

　編集の基調は，教師教育学（研究）を基礎に，各分野の教育学（教育諸科学）の蓄積・成果を教師教育（養成・採用・研修等）のテキストに生かそうとしたことである。その方針のもとに，各巻の編集責任者が，教育学各分野と教師・教職との関係を論じた論稿を執筆し，また，読者の立場から，全巻を通じて次のような観点を考慮した。

① 教育学テキストとして必要な基本的・体系的知識が修得できる。
② 教育諸科学の研究成果が踏まえられ，その研究関心に応える。
③ 教職の責任・困難・複雑さに応え，専門職性の確立に寄与する。
④ 教職，教育実践にとっての教育学の重要性，有用性が理解できる。
⑤ 事例，トピック，問題など，具体的な実践や事実が述べられる。
⑥ 教育における人間像，人間性・人格の考察を深める。
⑦ 子どもの理解・権利保障，子どもとの関係づくりに役立つ。
⑧ 教職員どうしや保護者・住民などとの連帯・協働・協同が促される。
⑨ 教育実践・研究・改革への意欲，能力が高まる。
⑩ 教育を広い視野（教育と教育条件・制度・政策，地域，社会，国家，世界，人類的課題，歴史，社会や生涯にわたる学習，などとの関係）から考える。

教育学研究の成果を，教師の実践的指導やその力量形成，教職活動全体にど

う生かすかは，教育学界と教育現場の重要な共同の課題であり，本シリーズは，その試みである。企画の性格上，教育諸学会に属する日本教師教育学会会員が多数，執筆しており，将来，医学界で医学教育マニュアル作成や教材開発も手がける日本医学教育学会に類する活動が同学会・会員に期待されよう。

2 教職の専門職制の確立と教育学

　近代以降，学校制度の発達にともない，教師の職業が公的に成立し，専門的資格・免許が必要とされ，公教育の拡大とともに養成期間の長期化・高学歴化がすすみ，近年，「学問の自由」と一体的に教職の「専門職」制の確立が国際的趨勢となっている（1966年，ILO・ユネスコ「教師の地位に関する勧告」6，61項）。その基調のもとに教師の専門性，専門的力量の向上がめざされている。

　すなわち，「教育を受ける権利」(教育への権利)（日本国憲法第26条，国際人権A規約第13条（1966年））の実現，「個人の尊厳」に基づく「人格の完成」(教育基本法前文・第1条，前掲規約第13条)，「人格の全面的発達」(前掲勧告3項)，「子どもの人格，才能並びに精神的及び身体的な能力をその可能な最大限度まで発達させる」(1989年，子どもの権利条第29条)など，国民全体の奉仕者である教師の重要かつ困難な使命，職責が，教職の専門職制，専門的力量の向上，その学問的基礎の確立を必要としているといえよう。とりわけ，「真理を希求する人間の育成を期する」教育において，真理の探究をめざす「学問の自由」の尊重が根幹とされている（教育基本法前文，第2条）。

　今日，21世紀の「知識基盤社会」の展望のもとで，平和・人権・環境・持続的開発などの人類的課題の解決を担う民主的市民の形成のため，生涯学習の一環として，高等教育の機会均等が重視され（1998年，ユネスコ「21世紀に向けた高等教育世界宣言」），各国で「教育最優先」が強調されている。その趨勢のもとで各国の教育改革では教職・学校・自治体の自治と責任が増大し，教師は，教育改革の鍵となる人（key actor）として，学校外でも地域社会の教育活動の調整者（co-ordinator），地域社会の変革の代行者（agent）などの役割が期待されている（1996年，ユネスコ「教師の地位と役割に関する勧告」宣言，前文）。そのよ

うな現代の教職に「ふさわしい学問的・専門的能力を備えた教師を養成し，最も適格の青年を教職に惹きつけるため，教師の教育者のための知的挑戦プログラムの開発・提供」が勧告されている（同 1・3・5 項）。その課題として，教員養成カリキュラム・授業の改革，年限延長，大学院進学・修学の促進などを基本とする教師の学問的能力の向上方策が重要になろう。

　教職の基礎となる学問の分野は，通常，一般教養，教科の専門教養，教育に関する教職教養に大別され，それらに対応し，大学の教員養成課程では，一般教養科目，専門教育科目，教職科目に区分される。そのうち，教職の専門職制の確立には教職教養，教育学が基礎となるが，各領域について広い学問的知識，学問愛好の精神，真理探究の研究能力，批判的・創造的・共同的思考などの学問的能力が必要とされる。

　教育学とは，教育に関する学問，教育諸科学の総称であり，教育の実践や事実の研究，教育的価値・条理・法則の探究などを課題とし，その成果や方法は，教育の実践や事実の考察の土台，手段として有効に生かすことができる。今日，それは総合的な「教育学」のほか，個別の教育学（〇〇教育学）に専門分化し多彩に発展し，教職教養の学問的ベースは豊富に蓄積されている。教育研究者は，通常，そのいずれかに立脚して研究活動を行い，その成果の発表，討論，共同・学際的研究，情報交換，交流などの促進のため学会・研究会等が組織されている。現場教師もそこに参加しており，今後，いっそうすすむであろう。教職科目では，教育学の成果を基礎に，教職に焦点化し，教師の資質能力の向上や教職活動との関係が主に論じられる。

　以下，教職教養の基盤である教育学の分野とそれに対応する学会例（全国規模）を挙げ，本シリーズ各巻名を付記する。教職教養のあり方や教育学の分野区分は，「教師と教育学」の重要テーマであるが，ここでは概観にとどめる。

　A．一般的分野
　① 教職の意義・役割＝日本教師教育学会【第 2 巻・教職論】
　② 教育の本質や理念・目標＝日本教育学会，日本教育哲学会【第 1 巻・教育学概論】

③ 教育の歴史や思想＝教育史学会，日本教育史学会，西洋教育史学会，教育思想史学会【第3巻・教育史】
④ 発達と学習＝日本教育心理学会，日本発達心理学会【第4巻・教育心理学】
⑤ 教育と社会＝日本教育社会学会，日本社会教育学会，日本生涯学習学会，日本公民館学会，日本図書館学会，全日本博物館学会【第5巻・教育社会学，第6巻・社会教育】
⑥ 教育と行財政・法・制度・政策＝日本教育行政学会，日本教育法学会，日本教育制度学会，日本教育政策学会，日本比較教育学会【第7巻・教育の法と制度】
⑦ 教育と経営＝日本教育経営学会【第8巻・学校経営】
⑧ 教育課程＝日本カリキュラム学会【第9巻・教育課程】
⑨ 教育方法・技術＝日本教育方法学会，日本教育技術学会，日本教育実践学会，日本協同教育学会，教育目標・評価学会，日本教育工学会，日本教育情報学会【第10巻・教育の方法・技術】
⑩ 教科教育法＝日本教科教育学会，各教科別教育学会
⑪ 道徳教育＝日本道徳教育学会，日本道徳教育方法学会【第11巻・道徳教育】
⑫ 教科外活動＝日本特別活動学会【第12巻・特別活動】
⑬ 生活指導＝日本生活指導学会【第13巻・生活指導】
⑭ 教育相談＝日本教育相談学会，日本学校教育相談学会，日本学校心理学会【第14巻・教育相談】
⑮ 進路指導＝日本キャリア教育学会(旧進路指導学会)，日本キャリアデザイン学会
⑯ 教育実習，教職関連活動＝日本教師教育学会【第15巻・教育実習】
B. 個別的分野(例)
① 国際教育＝日本国際教育学会，日本国際理解教育学会
② 障害児教育＝日本特別支援教育学会

③ 保育・乳幼児教育＝日本保育学会，日本乳幼児教育学会，日本国際幼児学会
④ 高校教育＝日本高校教育学会
⑤ 高等教育＝日本高等教育学会，大学教育学会
⑥ 健康教育＝日本健康教育学会

　人間は「教育的動物」，「教育が人間をつくる」などといわれるように，教育は，人間の発達，人間社会の基本的いとなみとして，人類の歴史とともに存続してきた。それを理論的考察の対象とする教育学のルーツは，紀元前の教育論に遡ることができるが，学問としての成立を著者・著作にみると，近代科学革命を背景とするコメニウス『大教授学』(1657年) 以降であり，その後のルソー『エミール』(1762年)，ペスタロッチ『ゲルトルート児童教育法』(1801年)，ヘルバルト『一般教育学』(1806年)，デューイ『学校と社会』(1899年)，デュルケーム『教育と社会学』(1922年) などは，とりわけ各国に大きな影響を与えた。

　日本では，明治維新の文明開化，近代的学校制度を定めた「学制」(1872年) を契機に西洋の教育学が移入されたが，戦前，教育と学問の峻別や国家統制のもとでその発展が阻害された。戦後，1945年以降，憲法の「学問の自由」(第23条)，「教育を受ける権利」(第26条) の保障のもとで，教育学の各分野が飛躍的に発展し，教職科目・教養の基盤を形成している。

③ 教員免許制度と教育学

　現行教員免許制度は，教育職員免許法 (1949年) に規定され，教員免許状授与の基準は，国が同法に定め，それに基づき大学が教員養成 (カリキュラム編成とそれに基づく授業) を行い，都道府県が免許状を授与する。同法は，「この法律は，教育職員の免許に関する基準を定め，教職員の資質の保持と向上を図ることを目的とする」(第1条) と規定している。

　その立法者意思は，学問の修得を基礎とする教職の専門職制の確立であり，現行制度を貫く基本原理となっている。たとえば，当時の文部省教職員養成課長として同法案の作成に当たった玖村敏雄は，その著書で次のように述べている。

「専門職としての医師がこの医学を修めなければならないように、教育という仕事のために教育に関係ある学問が十分に発達し、この学問的基礎に立って人間の育成という重要な仕事にたずさわる専門職がなければならない。人命が尊いから医師の職業が専門職になって来た。人間の育成ということもそれに劣らず貴い仕事であるから教員も専門職とならなければならない。」「免許状」制は「専門職制の確立」をめざすものである（『教育職員免許法同法施行法解説』学芸図書、1949 年 6 月）。

「大学において一般教養、専門教養及び教職教養の一定単位を履修したものでなければ教職員たるの免許状を与えないが、特に教育を専門職たらしめるものは教職教養である。」（「教職論」『教育科学』同学社、1949 年 8 月）。

現行（2016 年改正）の教育職員免許法（5 条別表第一）は、免許授与基準として、所要資格である「大学において修得することを必要とする最低単位数」を「教科及び教職に関する科目」について定めている。単位数は、免許状の種類（普通免許状の場合、教諭、特別支援学校教諭、養護教諭、栄養教諭の各専修免許状、一種免許状、二種免許状）により異なり、教諭一種免許状では幼稚園 51 単位、小学校、中学校、高校は各 59 単位である。

同法施行規則は、各科目の修得方法を規定（2～7 条）し、「教科及び教職に関する科目」の場合、各欄に区分する科目、「各科目に含めることが必要な事項」、単位数が一覧表に掲示されている。教諭、養護教諭、栄養教諭の各一種免許状では次の通りである（特別支援学校教諭については 7 条に別途規定）。

○第二欄「教科及び教科の指導法に関する科目」（幼稚園教諭は「領域及び保育内容」、養護教諭は「養護」、栄養教諭は「栄養」の各指導法に関する科目）

「教科に関する専門的事項」、「各教科の指導法（情報機器及び教材の活用を含む。）」
単位数＝幼稚園 16 単位、小学校 30 単位、中学校 28 単位、高校 24 単位

○第三欄「教育の基礎的理解に関する科目」

「教育の理念並びに教育に関する歴史及び思想」、「教職の意義及び教員の役割・職務内容（チーム学校運営への対応を含む。）」、「教育に関する社会的、制度的又は経営的事項（学校と地域との連携及び学校安全への対応を含む。）」、「幼児、児

童及び生徒の心身の発達及び学習の過程」,「特別の支援を必要とする幼児,児童及び生徒に対する理解」,「教育課程の意義及び編成の方法 (カリキュラム・マネジメントを含む。)」

　単位数＝幼稚園 10 単位,小学校 10 単位,中学校 10 単位,高校 10 単位
○第四欄「道徳,総合的な学習の時間等の指導法及び生徒指導,教育相談等に関する科目」

　「道徳の理論及び指導法」,「総合的な学習の時間の指導法」,「特別活動の指導法」,「教育の方法及び技術 (情報機器及び教材の活用を含む。)」,「生徒指導の理論及び方法」,「教育相談 (カウンセリングに関する基礎的な知識を含む。) の理論及び方法」,「進路指導及びキャリア教育の理論及び方法」

　単位数＝幼稚園 4 単位,小学校 10 単位,中学校 10 単位,高校 8 単位
○第五欄「教育実践に関する科目」

　「教育実習」,「教職実践演習」

　単位数＝「教育実習」；幼稚園 5 単位,小学校 5 単位,中学校 5 単位,高校 3 単位

　　　　　「教職実践演習」；幼稚園 2 単位,小学校 2 単位,中学校 2 単位,高校 2 単位
○第六欄「大学が独自に設定する科目」

　単位数＝幼稚園 14 単位,小学校 2 単位,中学校 4 単位,高校 12 単位

　現行法は,1988 年改正以来,各教職科目に相当する教育学の学問分野を規定していないが,欄ごとの「各科目に含めることが必要な事項」に内容が示され,教育学の各分野 (教育諸科学) との関連が想定されている。

　1988 年改正以前は,それが法令 (施行規則) に規定されていた。すなわち,1949 年制定時は,必修科目として,教育心理学,児童心理学 (又は青年心理学),教育原理 (教育課程,教育方法・指導を含む),教育実習,それ「以外」の科目として,教育哲学,教育史,教育社会学,教育行政学,教育統計学,図書館学,「その他大学の適宜加える教職に関する専門科目」,1954 年改正では,必修科目として,同前科目のほか,教材研究,教科教育法が加わり,それ「以外」に

前掲科目に加え，教育関係法規，教育財政学，教育評価，教科心理学，学校教育の指導及び管理，学校保健，学校建築，社会教育，視聴覚教育，職業指導，1959年改正で必修科目として，前掲のほか道徳教育の研究が，それぞれ規定されていた。各時期の教職科目と教育学各分野との法的な関連を確かめることができよう。

　教員養成・免許の基準設定やその内容・程度の法定は，重要な研究テーマである。その視点として，教職の役割との関連，教職の専門職制の志向，教育に関する学問の発展との対応，「大学における教員養成」の責任・目的意識・自主性や「学問の自由」の尊重，条件整備などが重要であり，時代の進展に応じて改善されなければならない。

教師教育テキストシリーズ編集代表
三輪　定宣

第1章　人間と教育

　本章の主題は，人間と教育という基本的問題の考察である。第1節は，その先駆者，プラトンとルソー，カントの教育論をとりあげ，第2節は，その現代への継承と「教育」という言葉の意味，歴史，区分，子ども観を検討した。第3節は，人間と他の動物との能力形成の比較により「教育的動物」として進化した人間の教育の特異性を明らかにする。また，教育により形成される人間の文化的・社会的存在と生得的に人間に内在する自然的・生物的存在との矛盾，文明の発展・累積と個体一代限りの教育の限界による「文明と教育の乖離」を考察する。

1　人間と教育に関する思想

1　プラトン

　プラトン（Platon, BC427-347）は，紀元前5～4世紀，古代ギリシャのアテナイで活躍した哲学者であり，その師ソクラテス，その弟子アリストテレスとともに，西洋思想に根源的な影響を与えた。その代表的著作『国家』のなかでの教育論では，人の「魂のなかに知識がないから，自分たちが知識をなかに入れてやる」などの「間違った教育」論を批判し，次のようにのべている。

　「人間がもっているそのような［真実を知るための］機能と各人がそれによって学び知るところの器官とは，はじめから魂のなかに内在している。(それを)実在のうち最も光り輝くものを観ることに堪えうるようになるまで，導いて行かなければならないのだ。そして，その最も光り輝くものというのは，われわれの主張では〈善〉にほかならぬ。…教育とは，まさにその器官を転向させること…向け換えの技術にほかならない。…その器官のなかに視力を外から植え

付ける技術ではなく，視力ははじめからもっているけれども，ただその向きが正しくなくて，見なければならぬ方向を見ていないから，その点を直すように工夫する技術なのだ。」「自由な人間たるべき者は，およそいかなる学科を学ぶにあたっても，奴隷状態において学ぶというようなことは，あってはならない。

　魂の場合，無理に強いられた学習というものは，何ひとつ魂のなかには残りはしない」。(藤沢令夫訳『国家(下)』原本の第7巻・104-105頁)

　人間の内在的な善性を引き出す自発性尊重の教育論である。プラトンの教育論は多彩であり，「魂の向け換え」である教育の学科プラン(カリキュラム。体育，音楽，文芸，数学，幾何学，天文学，哲学的対話・問答など)や教育段階論＝「幼稚園」(満3～6歳)―「初等」(6～10歳)―「中等」(10～18歳)―壮丁団(19～20歳)―高等(20歳～)―弁証法習得―市政参加―「善の観照」(50歳～)などが展開される。「医学の祖」ピポクラテスのそれは，人生7年8期説に基づく幼年期(～7歳。家庭教育)―少年期(7～14歳，学齢期)―青年期(14～21歳)の3段階であった。

　プラトンの教育論に代表されるように，古代ギリシャでは，人間の善性の探求をめざす諸学問・学科の学習による全面的発達・政治的教養の修得が重視され，その伝統はヘレニズム期(紀元前334～30年)に栄え，ローマ時代に引き継がれ，西洋教育思想の源流・底流となる。自由で豊かな社会的共同的教養を身につけ，人間と人生について洗練された感覚をもつ人間らしい人間像が理想とされ，教育はそのような教養を耕すいとなみ(culture)と考えられ，家庭は徳，学校は知を教える場として重視された。それを継承するヘレニズム文明は人間中心主義の教養文明であり，教養は最高の善，共同生活の基盤となるあらゆる人間の根源的同質性とされた。その核は教育であり，もっとも豊かで完璧な人格への到達は，生活の基準，人生の目的，生涯の事業とされ，私的教育のほか公益事業として教育監のもとに公的に規制され，都市には学校基金による学校が設置された。

2 ルソー

プラトンの『国家』を最高の教育論と絶賛し，人間の本質に着目し，「教育が人間をつくる」という思想を教育史上，明確に提起したのは，18世紀のフランスの思想家ルソー(Rousseau, J. J., 1712-78：71, 87頁参照)である。その古典的著書『エミール―教育のために』(1763年)は，「子どもの発見」「教育の発見」の書といわれる。そこには，「植物は栽培によってつくられ，<u>人間は教育によってつくられる</u>。(中略)生まれたときにもっていなかったもので，大人になって必要となるものは，すべて教育によってあたえられる。」「わたしたちは学ぶ能力がある者として生まれる。」「人間の教育は誕生とともにはじまる。話をするまえに，人の言うことを聞きわけるまえに，人間はすでに学びはじめている。経験は授業に先だつ」(第1編)などの有名な言葉がある。

この本のねらいは「序」によれば，次の通りである。「あらゆる有用なもののなかでいちばん有用なこと，つまり<u>人間をつくる技術</u>」の提案であり，この本に「提案される教育法が人間にふさわしものであり，人間の心にぴったりしたもの」，「人間の生まれるあらゆるところで，わたしの提案することを人間にたいして行える」。「人間をつくる」という国境や時代を超えた教育の普遍的テーマの提案である。

独自の教育論の基礎には，大人とは異なる「子ども」という特殊な存在への深い考察と配慮(子どもの発見)がある。―「人は子どもというものを知らない(中略)子どもにはなにが学べるかを考えない。かれらは子どものうちに大人をもとめ，大人になるまえに子どもがどういうものであるかを考えない。この点の研究にわたしはもっとも心をもちい(中略)はたらきかけるべき主体について，わたしは十分に観察したつもりだ。とにかく，まずあなたがたの生徒をもっとよく観察することだ。」(序)「不確実な未来のために現在を犠牲にする残酷な教育をどう考えたらいいのか。」「あなたがたにとってはふたたび帰ってこない時代，子どもたちにとっても二度とない時代，すぐに終わってしまうあの最初の時代を，なぜ，にがく苦しいことでいっぱいにしようとするのか(中略)子どもが生きる喜びを感じることができるようになったら，できるだけ人生を楽し

ませるがいい。」(第1編)。

　プラトン流の人間善性内在論を踏まえ，人間が「学ぶ能力がある者として生まれる」という「子どもの発見」は，その発達可能性を引き出す「教育の発見」でもある。ルソー教育論の特徴は，子どもの内発的・生得的な「学ぶ能力」，子ども時代の生きる喜びを大切にし，発達段階を踏まえ，教え過ぎを戒める「消極教育論」である。その基底には，「人間にふさわしい」教育により「人間をつくり」，人間らしい社会を実現するという理想が込められている(詳しくは第3章71頁参照)。

3　カント

　『エミール』出版当時，強い影響を受けたドイツの哲学者，I. カント (Kant, Immanuel, 1724-1804) は**『教育学講義』**(1802年) でこうのべている。

　「人間とは教育されなければならない唯一の被造物であります。」「人間は教育によってはじめて人間となることができます。人間とは，教育がその人から作り出したところのものに他なりません。人間が人間によってのみ教育されるということ，しかも同じように教育によってのみ教育されるということは注目すべき事実です。」「人類は人間性のすべての素質を，自分自身の努力によって仕上げていかなければなりません。」「人間性の中には多くの胚芽が宿っています。そしてそれら諸資質の均衡のとれた発達を促し，胚芽の中から人間性を展開させ，人間をしてその本分に到達させることが，われわれの仕事なのです。」「教育とは，人間に課せられた最も困難な問題であり，また最も大きな問題であります。」「教育術の原理は，子どもが人類の現在の状態に適応するようになるだけでなく，将来可能なよりよき状態に適応するように，すなわち人間性の理念とその全き本分とにふさわしいように教育されるべきだ，ということです。」

　カントの説は，ルソーのような「消極教育」論と対照的に，幼少期から積極的に教育し，人間性の「胚芽」の開花，完成をめざすいわば「積極教育」論の立場である。ルソーは「育」を「教」より重視し，カントは「教」を「育」より重視している，とも解される。

2 「教育」の概念と子ども観

1 現代の「教育」の意味

「人間をつくる」という教育の思想は、内外の教育基本法規に継承されている。たとえば、人間が人間に発達するために不可欠な教育が基本的権利として確認され（「教育を受ける権利」憲法26条、「教育への権利」国際人権A規約13条）、その基本的目的が、人間の全面的発達や社会の発展とされている。たとえば、「人格の完成」（教育基本法2条、A規約13条）、「子どもの人格、才能並びに精神的及び身体的な能力をその可能な最大限度まで発達させること。」（子どもの権利条約29条）などと定められている。

教育概念の常識を代表する辞（事）典の教育の説明はどうであろうか。一般の辞典では、たとえば、『広辞苑』（岩波書店）は、「教え育てること。人を教えて知能をつけること。人に他から意図をもって働きかけ、望ましい姿に変化させ、価値を実現する活動」（第5版、1998年）、「教え育てること。望ましい知識・技能・規範などの学習を促す意図的な働きかけの諸活動」（第6版、2008年）。教育学辞（事）典では、たとえば、岩波小辞典『教育』（初版、1956年）は、「全体的な人間形成の社会的な過程を広い意味で教育とよぶことがある。しかし、教育を固有の意味に解するならば、それは個人あるいは特定の機関が、一定の理想あるいは価値を志向して、未成熟な子どもたちまたは青年を指導して、社会の維持と前進のためにする意識的な活動をいう」（第2版〔1973年〕で「前進」が「発展」に修正、新版〔1982年〕も同じ）。比較的最近の『教育思想事典』（教育思想史学会編、勁草書房、2000年）は、「ヒトに生まれながらに備わっていない能力を身につけさせようとする行為（作用）」、『新版・学校教育辞典』（教育出版、2003年）は、「教育とは、一定の社会において、個人に他から意図的に働きかけて、社会生活に必要な能力や資質を発達させる営みである」としている。

以上の所論を参考にすれば、教育とは、人間の発達、形成をめざし、一定の理念のもとに文化を伝え、人を教え育て、社会を維持、発展させる人間社会に特殊、基本的ないとなみである、とまとめられる。

2　「教育」の言葉の歴史

次に「教育」の意味を歴史的にたどってみよう。「教」の字源について，「教」の左の偏は「学」の初字，「古代の学は，氏族の一定年齢のものを集めて，氏族の長老たちが氏族生活に規範などについて教戒を行うところ」「教にはまた『效ふ』意がある」と解説されている（白川静『字統』平凡社，2007年）。「教」の原義は施設での教え，学びであろう。「育」の字源は子が逆さになって体から出る状態を表し，子どもの成長を引き出す意味がある。「教育」とはそのような「教」と「育」の合体した文字である。

実際の用例では『論語』（紀元前5世紀に生きた孔子の言行録）に有名な「有教無類」（教え有りて類無し）という言葉がある。人は教えしだいで善悪のちがいはないという考えである（江戸時代の儒学者伊藤仁斎の解釈，118頁参照）。「教育」の用例は，『孟子』（盡心章上）（紀元前4世紀前後の孔子の弟子，孟子の著作）の「得天下英才而教育之三楽」（天下の英才を得て教育するは三の楽なり）に見られる（江戸時代の儒学者中江藤樹が注目）。

時代が降り，「教育」が庶民用語となるのは，中国では清代後半（18世紀末），中国から5世紀頃に漢字を輸入した日本では江戸時代中期（18世紀半ば）とされる。幕府の公文書，寛政8（1796）年の町触は「子弟に教育を尽くし一族和合致し帳外者無之様可致旨申渡」と教育の機会均等をのべている。各藩布達では学校の活動が「教育」と称された。

日本では明治維新の「文明開化」のもとで西洋語の翻訳が行われ，educationの訳語に「教育」が充てられた。「学制」（1872（明治5）年）では「教育」（21章，99章）の語句が使われ，「教育令」（1879年）では「教育」が法令の名称に使われている。この時点で制度としての「教育」が成立した。

東洋では儒学，漢学などの学問による人間形成（「切磋琢磨」『詩経』）が理想とされ，「教育」には学問や知識を意図的に教え込む意味合いが強い。

これに対し，西洋の education（英語）（education〔フランス語〕，Erziehung〔ドイツ語〕）の語源は，ラテン語（ローマ帝国の共通語）の動詞 educare（e=外へ，ducare=引き出す）であり，「外へ引き出す（引き上げる）」の意味がある。さらに古代

ギリシャに遡れば、プラトンの時代に確立されたとされる「教育学」(英語 pedagogy〔ペダゴジィ〕、フランス語 pedagogie、ドイツ語 padagogik) の語幹である paideia (パイデイア) =「子どもを養育すること」に行き着く。それは産婆術の出産、母 (乳母) による子どもの養育から転じて、人間の育成、子ども・青年の市民的文化的教養の育成の意味になり、動植物の自然な成長 (トロペー) に対比した概念といわれる。education は、子どもに働きかけ「素質を完成に導く」ことが原義であるが、時代とともに伝達すべき知識や技術などの文化の量が増大し、とくに近代以降の「教育」の専門機関、学校の発達などに照応し、「育」より「教」が重視され、「教育」の意味も変質していく。19世紀前半には、従来、instruction (教授)、training (訓練)、schooling (授業) と区別されていた education がそれらと同義に使われ (例：当時の『オックスフォード英語辞典』)、明治初期、「教育」と翻訳される必然性があった。

歴史をたどると、「教育」には「教える」教育と「育てる」教育の系譜がみられる。

なお、教育の考えは文字、文章だけでなく、人々の教育の習慣や知恵に生きている。たとえば、「這えば立て立てば歩めの親心」という諺には、子どもへの慈しみ、その自然的成長力と育つことへの信頼、発達段階を踏まえた指導の大切さなどがこめられていよう。教育に関す諺や寓話は、人々に確かめられ、社会的に選択、陶冶(とうや)された教育知の結晶である。教育は、「教育」の言葉の使用、不使用にかかわらず、人間の歴史とともに日常のいとなみとして存続し、無文字・声文化の時代や社会にも豊かな教育の思想が流れている (例：インディアンの教え)。

3 「教育」の類似語

今日、教育の分野は広範囲、多様であり、それを反映して類似語が多様に使われている。その用語を区分、整理しておこう。

〔**教育作用による区分**〕「支援」は学習者の主体性、「指導」は教育者の主導性、「教化」は思想的感化をそれぞれ重視する教育に使われる。「養育」「子育て」は、

家庭・家族，血縁的地縁的共同体が子どもを保護し世話をして意図的・無意図的に養い育てること，「保育」は保護と養育の統合概念であり，主に施設で使われる（例：保育所，集団保育）。「学習」は授業・教育を受けることを中心に個人の自発的な活動や経験による広義の学習などを含み，心理学では刺激に対する反応一般を学習という。「学び」という言葉が，受動的イメージの「学習」に対置して意図的に使われることがある。「形成」は意図的な「教育」の対照概念であり，経験，環境などによる無意図的な人間発達の作用や影響の総称である。

〔発達領域による区分〕「陶冶」（ドイツ語 bildung），「教授」（英語 instruction）は知識の教育や学習指導を，「訓育」（ドイツ語 erziehung，英語 training）は人格・道徳の教育や生活指導を指す。「知育」「徳育」「体育」という区分もある。

〔公私による区分〕「私教育」は私的な教育をいい，家庭教育，家庭教師，塾，民間施設・産業，企業などの教育である。「公教育」は公共的な教育であり，学校教育を中心に学校法人立の「私立学校」の教育や公的社会教育も含まれる。「共同教育」は共同による教育であり，教育習俗（例：年齢ごとの行儀，仮親，若者組）や地域教育は，その伝統の基本的形態であり，子どもの集団活動，子どもに対する人々の共同の教育行為など多様である。

〔発達段階による区分〕乳幼児期，少年期，青年期，成人期，老年（高齢）期の各教育。

〔教育段階による区分〕就学前，初等，中等，高等，成人，生涯の各教育。

〔場所・施設による区分〕学校，家庭，地域，社会，企業などの各教育。

〔組織，非組織による区分〕「組織的教育＝フォーマル・エデュケーション（formal education）」は学校教育のような制度的組織的系統的な教育，「制度化された教育」であり，学校や教師中心の形式的伝統的教育を指す場合もある。「非組織的教育＝ノン（イン）フォーマル・エデュケーション nonformal(informal) education」は，いずれも非制度的組織的系統的な教育であり，「ノンフォーマル教育」は，社会教育など，ある程度組織化された教育を指すのに対し，「インフォーマル教育」は，家庭，職場，社会等での全く組織化されない教育をい

う（non は単なる否定，in には積極的反対の意味がある）。

〔**関係による区分**〕「一斉教育」「相互（双方向）教育」「自己教育」など。

4　子ども観の類型

　成人教育を除き，一般に「教育」とは，「大人」の「子ども」に対する働きかけであり，ルソーが指摘するように「子ども」をどう見るかは教育観を左右する。以下は主として歴史的にみた子ども観の類型である。

① 「子ども」を慈しむ子ども観＝弱い存在である子どもを特別に慈しみ，育てようとする人間社会の自然的伝統的子ども観（例：万葉集の「子宝観」）。

② 「子ども」を「子ども」として意識しない子ども観＝子どもの大きな発達可能性など大人と異なる特殊性への意識が薄く，子どもは体の小さい人間とみられる（例：中世までかなり共通の子ども観といわれる）。

③ 「子ども」を「白紙」とみる子ども観＝子どもの特殊性は認識されるが，その本性を「白紙」とみたて，注入，教化を重視する（例：告子，ロックの「白紙説」）。

④ 「子ども」を「性悪」とみる子ども観＝子どもの本性を性悪とみて，鍛錬や矯正を重視する子ども観（例：荀子の「性悪説」，キリスト教の原罪観）。

⑤ 「子ども」を「性善」とみる子ども観＝子どもの本性を「性善」とみて，それを引きだそうとする（例：孟子の「性善説」）

⑥ 「子ども」を発達可能態とみる子ども観＝子どもの特殊性として潜在的な有能性，内発的な発達可能性を認め，適切な援助・働きかけによってその開花を促す（例：ルソーやピアジェの子ども観）。

⑦ 「子ども」期を発達の臨界期とみる子ども観＝子ども期を人間発達の適時期であり，その時期の教育が生涯を左右するとみる（例：「三つ子の魂百まで」の子ども観）。

⑧ 「子ども」の「自然の理性化」をめざす子ども観＝子どもの自然的可能性のなかの理性，道徳を育て，人間の完成をめざす（例：カントの子ども観）。

⑨ 「子ども」の特殊性と人間的普遍性を統一した子ども観＝子どもの特殊性と

人間としての普遍性・尊厳性，子どもの特別の保護と人権保障を統一的に認識し，両面を配慮して教育を行う観点（例：子どもの権利条約の子ども観）。
⑩「子ども」の成熟性を強調する子ども観＝子どもの精神発達が，映像メディア等で加速され早熟化がすすみ，「子ども」＝未熟という前提の教育観の転換を主張する（例：ポストマンの子ども観）。
⑪「子ども」の未熟性を評価する子ども観＝動物学では，胎児や乳幼児の精神的特徴を維持したまま性的に成熟することをネオテニー（幼形成熟）といい，人間では幼児期が延長し，言語，文化の学習能力が継続し，生涯発達を促すとされる。

3 人間と教育

1 人間の本質と教育

　ヒト（動物の一種としてみた人間）は「教育的動物」といわれるように，能力の発達を教育に大きく依存する特殊な動物である。
　ヒト以外のほかの動物の能力は，一般に「本能」といわれ，遺伝子に刻み込まれた能力のプログラム（設計図）が身体の成長，成熟とともに発現し，教育による発達の余地は大きくない。**本能**とは，個体が遺伝子による心身の先天的機制により，生後の経験や学習によらずに生存上の必要や環境条件に対して行う生得的・統一的な心身の反応をいう。歴史上，「本能」(instinct) の用語は早くから使われ，反理性（15世紀～），衝動・欲動（フロイト），動物の驚くべき行動能力（ファーブル），遺伝的能力（ダーウィン），知的行動の前駆（モーガン），刺激への反射（パブロフ），動物の進化的形質（ローレンツ）などの変遷を経て，現在では訓練・学習による可変を含む「生得的行動」が「本能」とも通称されている。
　これに対し，ヒトも生物・動物として，身体内の遺伝系による生得的能力に大きく依存するが，同時に，身体外の環境の影響，刺激への反応，文化の摂取など，とりわけ意図的な「教育」により生存に必要な能力を発達させるように独特の進化を遂げた。このような生物の出現は，38億年にのぼる生命の歴史

のなかでは比較的最近，約700万年前の猿人（ヒト科）の出現以降に顕著に現れた進化的現象である。動物が遺伝子による能力の継承と自然選択（自然淘汰）により進化するのに対し，人類は生物学的な進化をベースにしつつ，「教育」という特殊ないとなみに大きく依存し，文化的な進歩というもうひとつの歴史を刻んでいる。人間は，生物的・動物的存在と文化的・社会的存在との統一体である。

いいかえれば，ほかの動物が，長期安定的に生存（しばしば数億年）するのに対し，ヒトは「教育」に過度に依存し，その存亡を「教育」に賭ける不安定な生存を運命づけられた動物である。ヒトは教育能力を発達させ，文明の発展とともに過剰，異常に教育に依存する傾向を強めるであろう。文明の発展・進歩とともに文化遺産や複雑困難な問題は累増し，それらを若い世代に伝え，問題解決を委ねる「教育」の役割は際限なく拡大する。

ところで，ダーウィンは，「生存闘争」とは「個体が生きていくことだけでなく子孫をのこすこと」を含み，「種」としては個々の個体の生存以上に「それはいっそう重要」という（『種の起源』）。その観点から，ヒトの「教育的動物」への偏向的進化は，子孫をのこす確実，有利な生存戦略，生命進化の卓越性の証といえるかどうか疑問であろう。個人間競争で教育の共同性が破壊されるなど，「種」として「子孫を残すこと」に失敗するリスクを孕んでいる。

また，時代を超えて無限に累積・膨張する文明に対し，「教育」は一代限りであり，世代を超えて人間の能力は蓄積できない。「教育」への期待とその限界のギャップがますます拡大し，やがて人間が文明をコントロールできなくなり，その暴走で人類は滅亡の危機を迎えるかもしれない。ヒトは「教育」を進化の手段として選択したが，はたしてこの宿命が克服できるか。教育問題は，人類にとって最大の難題である。

2　人間の本能と教育

さらに，文明の発展と自然の一種である人間との間には別の矛盾も広がる。文明の発展，教育の肥大化とともに，「本能」という生命力への依存度が弱ま

り衰弱する。自然との遊離・背離がすすみ，文化的・社会的存在としての人間観が支配的となり，自然的・生物的・動物的存在としての人間観，それを踏まえた教育観が衰退する。人間は自然，生物，動物，霊長類，類人猿の一種であり，それらに共通する性質に人間もその教育も根本的に規定されているが，それらの真実が無視軽視され，人為的・人工的発達・生存の幻想に陥る。

　これらの危機に対するには，自然的な人間観・教育観が意識されなければならない。

　ひとつは，自然としての人間の本質にそった教育の探究である。人工物の累積や地球規模での環境破壊など，外の自然が損なわれれば，内なる自然，人間の心も確実に蝕まれる。現代社会でも，自然的環境の豊かさは，人間の内面の豊かさの基本的条件であることに変わりはなく，自然なリズムの教育，自然についての教育，自然のなかの教育などが，教育の根源的な復元力となりうる。

　2つめは，生物・動物としての人間が有する本能的生得的能力への注目である。「個体発生は系統発生を繰り返す」（発生反復説，ドイツの生物学者ヘッケルの仮説〔1866〔74〕年，その強調には反論もある。）といわれるように，長い生命や種の進化の系統発生において遺伝子に刻まれた本能のプログラムが，生物の個体発生，生育や生存に決定的な役割を果たしている。人間は人間による教育によらなければ人間的に発達できないが，子どもには生命体として生得的に自己成長力が内包されており，それを生かし引き出すことは教育の基本的原理であり，それを無視した教え急ぎ教え過ぎは禁物である。教育の成否にヒトという種の存亡がかかっているのは事実だが，「本能」，とくに子どもの成長的本能を尊重し，教育への過信や万能主義は戒められるべきである。

　3つめの視点は，生物，動物，人類として進化してきた人間の内なる自然性（共同性，善性，良心，卓越性などといわれる人間性）への着眼である（第3章61頁以下参照）。遺伝子によって継承されている人間の本質＝自然性をどのようにひきだし，開花させるかは，教育史のなかでも折々に追究されてきたが，教育の基本原理として今日，改めて重視されるべきである。

4 人間と動物の能力の比較

1 動物の能力と子育て

　生物・動物としての共通性の理解を前提に，以下，人間と動物の能力の獲得のちがいを具体的に考えてみよう。たとえば，ミツバチは，仲間が巣の近くで描く「**尻振りダンス**」(カール・フォン・フリッシュ，ノーベル賞受賞)を合図に，ミツ(その他，新しい巣や水など)のありかを察知し，その場所に正確に飛んでいき，ミツを集めてくる。近距離では「円ダンス」，長距離では「８の字ダンス」を描き，その早さは，距離が遠いほどゆっくりとなり，角度は太陽に位置に合わせるなど，そこに高度のサインが発信されている。ハチはそれらの合図を読み取る方法を親や「ハチの学校」などから教わらなくても，からだの成熟とともに，本能的にできるようになる。ファーブル昆虫記の観察例をはじめ，動物の「超能力」(たとえば，カリウドバチの狩猟，クモの巣作り，サケ・渡り鳥の帰巣，アリ・ミツバチの集団生活)はしばしば驚嘆に値するが，「本能」を環境に合わせ知的に調整しているのであり，教育によって獲得されるものではない。

　種の保存，子孫を残す子育てでは，それぞれの動物の最高の能力が発揮される。たとえば，カルガモ親子の行動は親子愛の典型にもみえる。ハイイロガンの観察では，親トリの子育ては学習や経験の成果ではなく，ヒナは孵化する瞬間に見える大きくて動くものについていく習性＝「**刷り込み**」(インプリンティング＝imprinting)による。その時に人間が居合わせれば，ヒナは親トリではなく，特定の人間につきまとい，長い期間忘れない(その後，環境にも対応)。オーストリアの動物行動学者，コンラート・ローレンツ(1903-89，マックス・プランク行動生理学研究所所長)は，その習性の発見により，1973年，ノーベル賞を受賞した。

　動物にも本能とは異なる経験や学習による後天的能力が，多かれ少なかれ発達し，そこには教育的行為が見られ，動物行動学で注目されているが，人間のような決定的比重ではない。「教える行動」(母親から子への示唆行動)は肉食動物(ライオンなど)，猛禽類(ワシなどの肉食鳥)，霊長類(サルの"芋洗い"，チンパ

ンジーの"クルミ割り")などで観察されている。進化的にヒトにもっとも近い霊長類・チンパンジーを赤ちゃんのころから人間の家族に隔離して世話や訓練をしても,発達の大きな壁があり,単純な単語を除き,言葉など人間の文化を教えたり,人間らしく育てることは不可能である(ただし,チンパンジーは,言語能力を除く諸能力〔力,スピード,忍耐力,状況判断など〕では人間を超える部分がある。警察犬は,人間の訓練による犯人捜索能力をその子に自らが教育や訓練できない)。

ただし,動物の子を育て守る本能や習性は,種の生存,進化のため長い年月のなかで自然淘汰され,遺伝子に刻まれた「生きる知恵」であり,一般に人類の歴史よりはるかに期間の長い種の存続を支えている。動物行動学が解明する動物の本能的子育て行動は,「種の後輩」である人間の子育てにも示唆的である。たとえば,オオカミの兄姉による子育て参加,リカオンの狩猟学習,エンペラー・ペンギンの数千羽の「集団保育」と呼び出し給餌,ムジナの子を守る抜け穴,小鳥の子を守る擬攻(モビング),チドリの雛を外敵から守る偽傷,ミヤマシトドの鳴き声学習,ウミガラスの集団学習,シジュウカラの敵の種類で鳴き声を変え子に合図する行動,などが知られている。

2 人間の発達の特殊性

動物の場合,学習・教育的行為が種の生存に決定的に必要とはいえないが,ヒトの場合,人間による教育がなければ人間的能力を獲得できない。たとえば,赤ちゃんを誕生間もなく人間から隔離して食事・排泄だけの世話をすると,比較グループとの差違が日々大きくなり,人権上,短期間で実験中止を余儀なくされる。人間の赤ちゃんがオオカミに育てられれば,オオカミのように発育するという話はよく知られている。フランスのアヴェロンの森で発見されたオオカミに育てられた少年―人間として生まれながら人間性を喪失したオオカミのような子ども―とその人間性回復の物語は,人間の発達は生育の環境に根本的に規定され,人間の意図的な教育が人間性を回復させることを示す実験として知られている(オオカミは人間の子どもを育てることが可能という説とそれを否定する説がある)。

J. M. G. イタール (1774-1838) は，フランスの医師，教育者であり，1799年，アヴェロンの森で捕獲された野獣のようなビクトールと命名した少年に国立聾唖研究所で人間性回復の教育を行い，その記録をまとめたのが『**アヴェロンの野生児**』である。噛みつき，吠え，下等の動物のような野生児に，熱湯と冷水の違いの理解からはじまるさまざまな感覚，感情，言語の訓練を行い，「原始的人間から立派な道徳人へと変えることに成功した」と記述している。その感覚教育はモンテッソリに，異常児教育はセガンに引き継がれた。

しかも，人間の教育は長期間に及ぶ。人間の発達は，ほかの動物のように短期間では完成せず，受精・胎児段階から独自の人間的成長が始まり，「生理的早産」の状態で生まれ，思春期の爆発的な発達を経て，一人前になるまで20年くらいかかり，その後も老年期まで生涯を通して発達する。その過程では，手間暇のかかる意図的継続的な教育や自覚的な学習が必要不可欠である。

スイスの動物学者，**アドルフ・ポルトマン**（Portmann, Adolf, 1897-1982，バーゼル大学教授，国際大学教授連盟会長）は，ナチズムの生物学による人間の動物性の証明に抗し，人間と動物との比較研究により人間の特殊性，人間の尊厳の生物学的根拠を考察した。その著書の『人間論の生物学的断章』(1944年) は，次のようにのべている。「人間の卵細胞は人間の姿をつくりあげる可能性でみたされ」，その発達には「早産という特殊性」「人間のゆっくりした特殊性」「人間の発育・成長が青春期になって急に爆発的にすすむ現象」がみられる。「動物の行動は，環境に拘束され，本能によって保証され（中略）人間の行動は，世界に開かれ，そして，決断の自由をもつ」と（今日，ポルトマン学説の一部には異説もある）。

3 人間と動物の共通性

教育と対比される動物の本能的行動については，古くから観察，記録され，今日も動物学の先端的研究課題となっている。すでに17世紀，デカルトは「自然学」研究の一環としてツバメの季節の渡り，ミツバチの巣，ツルの規則的往復，サルの集団的習性などを観察し，時計をたとえに「自然が動物たちのうちで諸器官の配列にしたがって動いている」(『方法序説』1637年，訳書：岩波版78頁)

と指摘し，人間特有の理性とのちがいを考察している。ただし，「自然」のメカニズムである動物の「本能」や生物の「遺伝」，「生存闘争」による「自然選択（淘汰）」の進化のしくみの解明は，はるか後のことである。

イギリスの生物学者，C. R. ダーウィン（Darwin, C. R., 1809-1882）は，『種の起源』(1859 年)を発表し，軍艦ビーグル号によるガラパゴス島など南米一帯の測量で収集した膨大な標本や動植物の緻密な観察に基づき，自然選択説の生物進化論を唱えた。それは，「生存闘争」で有利な異変の生物が「自然に選択」され，「遺伝」原理で増えるという説であるが，「遺伝を支配する法則は，まったく知られていない」とのべている。また，彼は，10 人の自分の子どもの観察やオラウータンとの比較などから，人類の進化も考察し（『人間の進化と性陶冶』1871 年，訳書：池田次郎・伊谷純一郎訳『人類の起源』中央公論社，1967 年)，「人間の起源の下等なものからの由来」，人間は「霊長類」の「例外的な種のひとつ」とのべている。進化論の自然科学的研究手法は，人間心理の個体発生を究明する発達心理学の母胎となり，また，優勝劣敗を説く社会ダーウィニズム，創世記批判など，思想界に革命的な影響を与えた。

その後，遺伝の法則(1869 年メンデル発見。再発見 1900 年)，遺伝子(1903 年サットンが染色体と遺伝の法則との関連説明)，DNA (1944 年アベリーの分子的実体，1953 年ワトソンとクリックの二重螺旋の発見)，ヒトゲノム解読(2003 年)などの発見が行われ，今日では遺伝学，分子生物学，生命科学などにより遺伝や遺伝子のメカニズムの解明が分子レベルですすんでいる。

今日，ダーウィンの「人間の起源は下等なものからの由来」という仮説は，遺伝子学レベルで検証可能となっている（例：DNA の類似性，センチュウの遺伝子はヒトのそれの 95％）。認知比較行動学は，人間特有の能力も進化の過程で準備され特殊化したものとの観点から，動物の知的意識や「人間性」の観察記録を報告している。たとえば，ゴリラ，チンパンジー，イルカ，鳥類（オウム，カラス，カケス，ハト，スズメ)，ミツバチ，アリ，ハゼなどである。鳥類についても知能（語彙，記憶，概念，道具)，柔軟性，言葉，個体，音楽・技巧・遊び，航法，人との友情などの観察に基づき，意識，実際的知能，強い自発的意志，

計画性，洞察，配慮などが自然のなかで生活する人間に似ていることが考察されている。その成果は，地球の動植物を含む生態系と人間との共存という将来展望につながるが，キリスト教文化圏では進化論否定など動物と人間の本質的異質論が科学界にも根強いとされ，今後の学術的探究が課題である。

考えてみよう
1．ルソーとカントの教育論を比較考察してみよう。
2．「教育」という字の「教」と「育」の関係について考えてみよう。
3．人間が「教育的動物」といわれるのはなぜか。
4．アドルフ・ポルトマンの人間と動物の比較論の特徴はなにか。
5．能力形成における人間と動物の共通性について考えてみよう。

参考文献
1．教育の概念については辞（事）典のほか教育学の著作が論究している。
　例，田中克桂『「教育」を問う教育学』慶応義塾大学出版会，2006年
2．人間と教育に関する文献
　①教育学古典：J.ルソー『エミール―教育のために』（1763年，今野一雄訳『エミール』（上，中，下），岩波文庫，1962年），I.カント『教育学講義』（1803年，1776～77年の講義録，伊勢田輝子訳『教育学講義他』明治図書，1971年），J.イタール『アヴェロンの野生児』（1801年，吉武彌生訳，牧書店，初版1952年）
　②最近の教育学論文：「ヒトの教育の会」の著作：井口潔『ヒトの教育』小学館，2005年。
　③総合人間学の自然科学の立場の論文（以下の文献参照）：シリーズ総合人間学3巻（学文社，2006年）=『総合人間学の試み』（小林直樹編），『生命・生活から人間を考える』（小原秀雄編），『現代の教育危機と総合人間学』（柴田義松編）。総合人間学会会誌（学文社）=第1号『人間はどこにいくのか』（2007年），第2号『自然と人間の破壊に抗して』（2008年），第3号『科学技術を人間学から問う』（2009年），第4号『戦争を総合人間学から考える』（2010年）
3．動物の行動と能力に関する文献
　①動物学の古典的論文：アドルフ・ポルトマン『人間論の生物学的断章』（1944年。第2版では『動物学と新しい人間像』と改称。高木正孝訳『人間はどこまで動物か』岩波書店，1961年），コンラート・ローレンツ『ソロモンの指環』（日高敏隆訳，早川書房，1963年），同『攻撃―悪の自然誌』（同訳，みすず書房，1963年）
　②長澤信城『「あっ！」と驚く動物の子育て』講談社，2006年
　③セオドア・ゼノフォン・バーバー，笠原敏雄訳『もの思う鳥たち―鳥類の知られざる人間性』日本教文社，2008年

第2章　発達と教育

　本章では、「教育的動物」といわれる人間の特殊な発達可能性の根拠を「21世紀の科学」といわれる「脳科学」(アメリカでは1990年代からBrain Science、日本では2000年以降「脳科学」が一般的)に基づき考察する。それは近年のIT・画像技術の急速な発展を背景とし、国内では2000年前後から研究体制整備とキャンペーンが盛んになり、マスコミや出版界等でブームを呈し、教員の免許更新講習の新科目としても注目された。「脳科学と教育」(「教育神経科学」)の研究は国際的に重視され、経済協力開発機構(OECD)は、1999年、教育学を実証的科学として確立し、教育政策の民主化を指向し、同教育局の教育研究革新センター(CERI)に「学習科学と脳研究」国際プロジェクトを立ち上げた(2000年から国際学習到達度調査(PISA)実施)。21世紀に設置された各国の研究拠点としてはケンブリッジ大学「教育における神経科学センター」、デンマーク「学習研究所」、ハーバード大学教育学大学院「心・脳・教育」プログラム、ドイツ(ウルム市)「神経科学と学習トランスファーセンター」、北京師範大学・認知神経科学研究所などが知られる。「教育分野そのものが、新しい脳科学によって生まれ変わる」との予測もある(英『エコノミスト』編集部『2015年の世界』文藝春秋、2012年)。

　子どもの「能力をその可能な最大限度まで発達させる」(子どもの権利条約第29条)という教育目的を達成するには脳科学の知見はますます有効になろう。ただし、「宇宙でもっとも複雑」「科学の最後のフロンティア」とされる脳の世界は未解明のことがほとんどといわれ、脳科学への過剰な期待、思い入れや「神経神話」は禁物であり、教育への適用には慎重さが求められる。教育学がその成果を受動的に摂取するのではなく、脳科学の学際的・還学的研究に積極的に

参加することがその発展に必要であろう。以下の記述は，教育学の立場から示唆的，有益と考えられる脳科学の基本知識の概説である(参考文献参照)。

1 人間の発達と脳

1 人間の発達

　子どもの生命は，父親の2〜3億の精子のうち母親の卵子に合体するただひとつの受精卵という細胞に起源をもち，その後，遺伝子の設計図にそって細胞分裂を繰り返し，器官を発達させ，胎児として成熟するまでに約9カ月を要する。その間，個体発生は，胎内で，約38億年前に出現した原始細胞が，原核細胞，真核細胞を経て，ヒトという生物に進化する系統発生の初期の過程を繰り返し，生物的進化の頂点で赤ちゃんが誕生する。このように子どもは受胎，誕生の時点で，生命の系統発生を受け継ぎ，遺伝子に刻まれた生命力，成長力，発達力を備えた存在として人間社会にデビューする。

　誕生後，ヒト以外の動物では，主に遺伝子のプログラムに刻まれた「本能」が能力として発現し，比較的短期間に成熟する。これに対し，ヒトは，「生理的早産」の状態で生まれ，一人前になるまで20年くらいかかり，その後も老年期まで生涯を通して発達する。「生理的早産」で生まれることは，未成熟で生まれ，「本能」による能力の発現ではなく，生後の学習に能力の形成が大きく委ねられることである。それはネオテニー(幼形成熟，neoteny)の条件であり，未熟な時期が成人まで長く続き，学習の能力形成の余地がそれだけ大きいように進化したかたちである。

2 脳細胞のしくみ

　人間の特殊な発達可能性の生理学的根拠は，脳という器官の特殊な性質による。それは相対的にミクロとマクロのレベルから説明できる。

　ミクロのレベルでは，**神経細胞**(「ニューロン」neuron，ギリシャ語で網の意，$1\,mm^3$約10万)と分子(とくに遺伝子)のはたらきであり，可塑性の程度を除けば，人間と他の動物，昆虫の神経機能に基本的な差違はない。人間の脳(1200〜

1400gほど)を構成するニューロンは,他の細胞に比べて特殊性な細胞であり,心筋細胞とともに,一般の体細胞(約60兆)のように分裂・増殖・再生,死滅を繰り返すのではなく,永続的に軸索(細胞からの情報の出口,長いものは1m,細胞の直径の数十万倍)と無数の樹状突起(情報の入口)をのばし,外部刺激(環境,経験,学習,教育など)により他のニューロンとの間に「**シナプス**」(synapse, 1mm^3約11億)を介し人間の脳内に無数・無限の神経回路網・ネットワークをはりめぐらし,生涯にわたり発達する反面,不要なニューロンは減弱し除去される(刈り込み)。ニューロンやシナプスの可塑性が学習・教育の神経基盤であり,学習は,脳が刺激に反応し,情報の知覚,処理,統合を行う細胞過程である。「脳は経験が彫り込む彫刻」ともいわれる。

　刺激は,電気信号(「活動電位」,ナトリウムイオンの流れ)により神経回路を伝わり(髄鞘化で1秒約100m),連結器であるシナプス間隙(数万分の1mm)で**神経伝達物質**(数百種類発見。精神疾患の薬としても利用。学習・記憶を強化するグルタミン酸,GABAなど)に媒介され,「**受容体**」(レセプター)を経て次の神経細胞に伝えられる。ニューロンの数は,大脳に数百億(大脳皮質に約140億〔出生時約300億〕),小脳に約1000億,全体で千数百〜2000億を数え,1個のニューロンが平均約1万の神経回路をもち,各数万のシナプスで相互につながり,軸策・樹状突起の総延長は約100万km(地球の円周は約4万km,その25倍)とも推計されている。軸索は,成長円錐を先端に伸長し,グリア細胞(神経膠細胞,glia,4種,ニューロンの約10倍の数)により,ミリエン鞘(絶縁体)で幾重にも蔽われ(**髄鞘化**),その進行とともに伝導効率・速度が高まり(認知課題の処理速度と相関),その順序は部位ごとに異なる(フレクシッヒの髄鞘化順序モデル。近年,髄鞘化の研究が急増)。ニューロンは,多様な認知の分業的中枢である脳の機能単位(「モジュール」＝構造の部分を指す工学用語)と「コラム」(2.5mmほどの6層の円筒状。各数万のニューロンの束)を形成し発達する。

　このようなニューロン発達の特性により,脳内に複雑膨大な神経回路網・ネットワークが形成・累積・除去され,機能がしだいに複雑精巧になり,生涯を通して脳の発達が促される。かりに,それが体細胞のように一定期間に死滅・

再生を繰り返すならば，外部刺激により形成される神経回路は，その都度ご破算になり，ゼロからの繰り返しとなり，脳の発達は停滞する。なお，ニューロンは死滅すると，体細胞のように再生・増殖せず，一代限りの寿命であるが，脳内では海馬をはじめ新しいニューロンがつくられ（神経幹細胞の発見，1998年，スウェーデンのエリクソン），失われた脳機能の部分的再生（再生医療）の可能も高まっている（近年，ES細胞，iPS細胞の研究が進展）。

なお，神経細胞は遺伝子に制御されているが，ヒトゲノム解読後（ポストゲノム）の**ジェネティクス**（genetics，遺伝子学＝遺伝子のはたらきを説明する科学）により，DNAを覆う化学物質の作用（その張り付け＝メチル化，酵素の作用など）のレベルから脳の解明がすすんでいる（シナプス形成・可塑性，神経新生，細胞内情報伝達，ニューロン＝グリア相互作用，胎児における脳の成長，思春期の活発化，高齢者の経験の影響など）。脳は遺伝子を贅沢に使った器官であり，遺伝子の8割は脳で発現し，その異常は行動異常につながる。また，21世紀に入り遺伝子学・生物学の革命といわれる**エピジェネティクス**（epigenetics，遺伝子によらない遺伝探求の学問）により，遺伝の仕組みが環境，脳，ホルモン，細胞と遺伝子発現の関係のレベルに研究が進展している。とくに飢餓，戦争，ストレス，虐待などの苛酷な環境のとくに発生過程における脳への影響が焦点とされている。

3 脳の構造と機能

脳の構造と機能はよりマクロなレベルからも説明できる。人間の脳の重量は身体全体の2％程度であるが，血液の15％，酸素の25％を必要とする人体の中心である。その特徴は，ほかの動物に比べて**大脳新皮質**（平均面積2,250cm²〔新聞紙1頁ほど〕，容量550cm³，厚さ2.5mm），とくにその前頭葉の質的発達がいちじるしいことである。脳のしくみを，便宜上，上下，前後，左右に区分して説明してみよう。脳のはたらきは，それぞれの部位（ブロードマン脳地図では52領域〔仮説を含む〕）を中心に分業的にいとなまれるが（局在論），多かれ少なかれ相互に依存・作用し，脳全体的でいとなまれ（全体論），指1本動かすだけで脳の大部分が活動し，一部が破損しても他の部位がある程度補完する。1997年

には脳の部位と機能を究明する脳地図学会 (brain mapping society) が結成された。

(1) 脳の上下の区分

上下の関係では，脳は脳幹（下層），大脳辺縁系（中層），大脳皮質（上層）からなる。脳進化の順序からそれぞれ爬虫類脳（反射脳），下等哺乳類脳（情動脳），高等哺乳類脳（理性脳）の「三位一体脳モデル」（米国の生理学者マクリーンの説）が唱えられているが，そのモデルはヒトに固有とはいえない。小脳は脳幹とつながっている。各部位は軸索の経路で連結し（投射），相互作用を営む。

脳幹は，上から順に間脳（視床，視床下部，脳下垂体を含む），中脳，橋（小脳につながる），延髄（脊髄につながる）となり，呼吸，循環，ホルモン分泌，消化吸収，自律性反射（まばたきなど），体性反射，免疫機能など生命維持に必要な働きをしている。脳幹が生きていれば人間は植物状態で生きられる。

間脳の視床は大脳皮質への情報通路，視床下部は食欲・性欲・集団欲・睡眠欲・体温調節などの本能行動，接近・逃避・攻撃などの情動行動のもとになる。

中脳は姿勢や歩きをコントロールしている。

延髄，橋，小脳（橋とつながり左右にある）は共同で全身の筋肉をスムーズに動かす。運動中枢の**小脳**は120〜130gで脳の10％を占め，シワを伸ばすと新聞紙半ページほどになり，神経細胞は脳内で最高密度であり，決して「小さな脳」ではなく，運動機能のほか重要な認知機能を担っている。

大脳辺縁系は，大脳基底核，古皮質，旧皮質などからなり，大脳基底核は運動の制御，古皮質・旧皮質の**扁桃体**は快・不快，喜怒哀楽などの情動，同じく**海馬**は一時的な記憶，意味の想起，洞察などの部位（主に右は空間認知，左は言語性記憶）であり，両者は隣接し密接にはたらく。島皮質は大脳辺縁系の統合領域で（自己）意識を生むらしい。

(2) 脳の前後の区分

脳を前後の区分でみると，**大脳皮質（新皮質）**は，中心溝と外側溝で仕切られ，前頭葉，頭頂葉，側頭葉，後頭葉に区分され，それぞれ独自の中枢領域と連合機能をもつ。頭頂葉の中心溝の前部は運動連合野と運動野（随意運動），後部は体性感覚野と体性感覚連合野，視覚連合野（空間認識），**後頭葉**は視覚，視覚性

言語，**側頭葉**は運動性言語野，聴覚野，聴覚連合野（聴覚の記憶），視覚連合野（視覚の記憶）などの部位があり，外部からの情報を知覚（「五感」＝視覚〔皮質の3分の1〕，聴覚，体性感覚，味覚，嗅覚）として受信し，処理（認知・理解），加工（言葉，イメージへの変換），保存（記憶）され，各機能には各部位（視覚には視覚野など）が対応している。

前頭葉の前方の前頭前野（連合野）は，後部での情報の処理を再統合し，価値判断して適応行動の指令を出す思考，創造，情操，作業記憶〔ワーキングメモリ〕などの高次精神活動の中心である。前頭葉の後方は，運動野・運動連合野からなり，それを受けて状況に応じた随意運動の指令を出す。前頭前野の大脳皮質に占める割合は，ネコ3％，イヌ7％，ニホンザル12％，チンパンジー17％，ヒト29％であり，ヒトでは際立って大きく，そこに人間の脳の特殊性が潜んでいる。前頭前野は楽団の指揮者，企業の経営者などに喩えられるが，解明にほど遠く，とくに前頭葉後部は謎の多い「沈黙の脳葉」である。

(3) 脳の左右の区分

脳を左右の区分でみると，左脳と右脳に分かれ，共通性が多いが，**左脳**は主に言語機能や分析的・部分的・抽象的思考，主に**右脳**は空間機能や直感的・全体的・具体的思考をいとなみ，脳梁（およそ2億本の神経繊維）を中心に両者は繊維で連絡し，連携・連動している（参照：カリフォルニア工科大学のスペリーらの分離脳研究，1981年ノーベル医学生理学賞受賞）。学習過程では主に右脳は新しい状況，左脳は決まったことを扱う。

このようにニューロンや脳は，学習・教育など外部刺激に応じて情報を伝達，蓄積し，無限に発達する。人間の発達の特徴は，大脳皮質，とくに前頭前野のいちじるしい発達に由来し，「本能」に制約された部分的・限定的発達ではなく，その全面的・無限的発達の可能性をもつことである。反面，脳の部位に損傷があれば，程度により思考や行動が病状を呈する。

ニューロンの数や脳のしくみやはたらきは，人間であるかぎり基本的に共通であるが，外部刺激・環境や遺伝子により実際の脳は一人ひとり異なり，代替不可能な個性的存在である。しかも，脳は，個体の受精・誕生・生育の期間だ

けでなく，38億年の生命の進化，系統発生を個体発生に凝縮したような自然界の最高傑作ともいうべき精巧な器官であり，ニューロンに対する外部刺激，とくに自覚的な学習や教育などの意図的系統的な外部刺激により，生涯を通して際限なく発達し続け，記憶，言語，思考，想像などの総合により，脳内に一人ひとり独自の広大無限の驚異の精神的宇宙を創り出している（エーデルマン『空より広い』2004年）。

　これらの事実は，人間の尊厳や可能性，それを生み出す学習や教育の意義・重要性の生理学的根拠である。学習や教育は，この無限の内的宇宙である脳を化学的物理的に変化させる。教育は，学習により作り上げられる神経回路網の働きを決めるため，外界からの刺激情報を意図的・計画的・組織的に制御・補完する営みを意味する。脳の発達は可塑的・創発的な過程でその予測は困難・不可能とされており，その発達を適切に促進・援助する学習や教育の役割が大きい。

2　脳と能力，学習と人間らしさ

1　脳と能力の関係

　心理学，教育学などにより学問的に，また，常識的に，人間の能力は，さまざまの種類に分類されるが，それらは脳の各分野・部位のはたらき（機能）やしくみ（構造）と実体として対応している。たとえば，「生きている力」は脳幹，「たくましく生きる力」は大脳辺縁系，「よりよく生きる力」（人間らしい能力）は大脳新皮質に対応するなどと説明される（時実利彦『人間であること』）。楽器演奏など特定の能力を訓練すると関係部位が大きくなる。

　人間の精神的能力（人間らしい能力）は，人格的能力，知的的能力，身体的能力，感覚的能力などの総合であり，大脳皮質を中心に脳全体の統合作用で発揮される。そのうち，**人格的能力**は，もっとも人間らしい能力であり，自我，感性（感情的知性），社会性（社会的知性）などに類別され，前頭前野を中心に，大脳辺縁系の扁桃核や新皮質の諸領域とも連携している。前頭前野の損傷は，精神障害，精神病，人格崩壊・未熟の原因となる。ポルトガルの精神科医エガ

ス・モニスの精神病治療のための前頭葉摘出手術＝**ロボトミー**〔1949年，ノーベル生理学賞〕〕は，1940〜50年代全盛となりその後禁止された。

知的能力は，記憶，言語，思考，論理数学，絵画，空間，音楽，身体運動などに類別され，新皮質の関連領域（言語野，記憶野，運動野等やその連合野）が他の領域と連携して対応する。

記憶の種類は，「短期記憶」（即時記憶〔数秒〕，近時記憶（「中間期記憶」〔数十分〜数時間〕，部位は海馬），「長期記憶」（数日以上，部位は記憶野），「陳述記憶」（意味記憶，エピソード記憶。部位は海馬，記憶野）と「非陳述記憶」（内在性記憶，部位は小脳），「作業記憶」（部位は前頭前野）などに区分される。作業記憶は学習的な記憶とは異なり，判断や創造に必要なことを脳内から想起し利用する記憶である。陳述記憶は脳内の符号化（複製），強化（安定化，遺伝子と蛋白生成），保存，検索の過程により知識となる。実際の記憶は数十の部位の総合である。

言語能力は，言葉を表現する能力と言葉の意味を理解する能力に分かれ，それぞれ運動性言語中枢（ブローカ野，前頭葉下方部〔ブローカはフランスの外科医名〕）と感覚性言語中枢（ウェルニッケ野，側頭葉上部〔ウェルニッケはポーランドの精神科医〕）を拠点とし，両者が連携してはたらく。

このような能力（知性）は，人格的能力を基礎とする多重構造をなし，「**多重知能**」「知性の多重性」ともいわれる（multiple intelligences，1983年，ハーバード大学の神経心理学研究所 H. ガードナー）。

学校教育の教育課程（カリキュラム）では，学習の分野が，教科として言語（国語，外国語），数学（算数），社会，理科，音楽，家庭，技術，美術（図画工作），体育，教科外では道徳，自治活動，などに区分され，それぞれの学力の習得がめざされるが，それらは脳の多重構造に生理学的根拠をもち，その分野を中心とした機能や構造の発達が学力として現れる（多重知能の8角形モデルと関連教科・領域）。

2　脳と学習能力

ヒトは教えたり教えられたりするように進化した教育的動物である。子ども

は他人から教えられないことも自発的に真似たり学習して成長していく。脳は精神が注意を向けない事柄にも注意を向けており（潜在的学習），その自発的学習力は脳の潜在的能力である。大脳皮質，とくに人間能力の精神的発達の基盤である前頭連合野の発達の原動力は，好奇心・探求心，それを充足させる集中，熱中であり，自発的学習意欲もそこに由来し，「インフォメーション・シーカー（情報探求者）」(information seeker)であるヒトの基本的能力である。

　教育の学習原理は，行動的学習（条件づけ学習，技能学習など），認知的学習（言語による論理思考の学習），**構成的学習**（主体的行為・経験による感情，感動をともなう学習）に大別される。構成的学習での洞察（インサイト）時には海馬を中心に大脳全体が機能的に結合し，そこでの行為の速い学習・記憶は知識・知能の多様な構成・再構成を実現する人間の構成的知能のエンジンとされる。「主体的に考え，伝え，共有する」構成的学習の根拠である。

　また，模倣行動を生む前頭連合野のミラーニューロン（1996年発見）は，鏡に映したように自分と他人を結ぶ神経細胞である。それらは人類進化の要として獲得され，遺伝的に継承されている本性であり，この点に注目してヒトは「**学習的動物**」ということができる。

　脳内の調整系の伝達物質である**ドーパミン**は，集中力，快感，楽しさ，達成感などを生み出すが，その源泉のひとつが学習活動であり，学習そのものが喜び，人間の幸福追求のプロセスとなる。また，好奇心，意欲，想像力，自尊心，自律性，自信などが充たされ，学ぶ楽しさという報酬が学習の推進力となり，内発的学習を促す。ドーパミン細胞の集団は，脳の奥底（中脳）にあり，軸索を大脳皮質，とくに前頭連合野に多く伸ばし，ドーパミンを分泌している（A－10神経）。1996年に発見された好奇心や積極性に関連する遺伝子（ドーパミンD4受容体遺伝子）は，ドーパミンを受け取る受容体をつくる。

　人間能力は，自然的社会的環境・経験による無意図的な形成や意図的組織的な教育などにより発達するが，その根底にいわば「**学習本能**」ともいうべき能力が伏在している。「好きこそ物の上手なれ」という諺があるように，本来，学習は楽しく，それが能力の発達の原動力・推進力となっている。

社会の発展につれ、意図的組織的な学校教育の役割は大きくなるが、その効果をあげるためにも、子ども・学習者の自主性・自発性、それを保障する学習・教育の自由は、学校や教育行政において最大限尊重されなければならない。好奇心は年齢とともに低下する傾向をもつが、生涯を通じて発達の原動力である。**学習の内発的動機づけ**（知的好奇心、自己肯定感、自己決定感の充足）、学習者中心型授業（例：プロジェクト法、発見学習、有意味受容学習、協同学習〔バズ学習、ジグソー学習、LTD話し合い学習〕など）の根拠を人間の生得的な好奇心に求めることができる。

近年、人間の認知の発達・教育の研究では、脳科学（認知神経科学）をはじめ心理学、教育学などによる「学際的」から「還学的」な**「学習科学」**への発展や研究と実践の相互の批評的コミュニティの形成が期待、重視されている（還学的＝trans-disciplinarity、文系と理系など全く異なる学問分野の融合）。それが教育政策にも影響を与え、伝統的な学校・教室の学習モデルに大きな転換が生ずる可能性がある。

脳の可塑性は生涯つづく。外部刺激、とくに学習や教育により、脳内に神経繊維網をはりめぐらし、幼少期の限られた期間だけではなく、生涯を通じて変化しつづけ、人間の諸能力を無限に発達させる。この事実は、早期教育や就学期間の詰め込み・選別・競争教育を特徴とする**能力主義教育**から、だれもが就学期間に適正なカリキュラムで学習を楽しみ、生涯の学習を通して豊かな人間的発達をめざす**民主主義教育**への原理とシステムの転換をもたらす可能性がある。学校の教育原理も知識・技能中心から人格・態度中心に、カリキュラム中心から教育方法中心に変容するかもしれない。高齢化に加えグローバル化・IT化等による脳環境の急激な変化は、生涯学習の重要性を浮き立たせている。高齢化にともなう認知能力低下を予防する認知トレーニングも開発されている。

3　人間らしい能力

人間らしい能力とは、人間・人類の本質・本性にふさわしい能力、他の動物のそれとは際立って特徴的な能力であり、脳との関係では、前頭連合野が他の

領域と連携して生み出す人類特有の能力である（他の霊長類にも見られる共通の能力に加え人類にとくに顕著に発達した能力）。それらは，①自我，②感性（感情的知性），③社会性（社会的知性），④将来への見通しや展望（夢，希望，計画，目標など），⑤自発性・主体性，独創性，集中力，⑥幸福感・達成感，などがあげられる。それは，自分らしさ，思いやり，助け合い，自由，夢や希望，しあわせ感などと表現できるすべての人間に共通の共同性，自然的善性と重なる。

　これらの能力は，数百万年にわたる人類に本質的な社会―せいぜい100人程度の血縁的な共同体での生活，さまざまな年齢の親密な人たちとの長い期間の日常的な交流・協力―のなかで自然に育まれたであろう（第3章61頁〜）。この人間の本性は，時代を超えて脳の神経回路に遺伝子的に継承され，個体発生・発達にその系統発生が繰り返され，赤ちゃん，子どもから大人まで年齢にかかわらず，すべての人間が潜在的生得的に具有する人格的特性と解される。それは，それぞれの人間が生きる時代や社会のちがいをこえて人類普遍的に共通し，人類史に底通しているであろう。

　しかし，このような人間的特性は，遺伝的に潜在する可能性であり，それが引き出されるためには，人類社会に伝統的な共同的社会の存在が必要となる。文明社会，現代社会は長い人類史の視野でみるとごく短期の狭い生活の枠組みにすぎず，そこでは共同的社会の衰退，崩壊をともなうが，それだけに，家庭，地域，学校，社会など，あらゆる場面での人間共同体の維持，回復の意図的な努力が求められる。

　とりわけ学校教育では，社会や国家の要請，圧力のもとで，教科の学力など細分化・断片化された知的能力が偏重されるが，その土台として，人間の共同性・自然的善性を育む活動や条件が重要になる。現実の人間は，生得的遺伝的本性と後天的環境的影響の総体であるが，現代社会では前者が抑圧され，後者の肥大化，偏重がすすみ，人間の全面的発達が脅かされている。学力の習得過程で学習者がともに学び合う協同学習，自治的集団的活動，小規模の学級・学校とそのもとでの親密な人間関係などの意義がこれらの視点から説明できる。

4　脳の健康と疾病・障害

　脳は生理的器官のひとつであり，栄養，睡眠など基本的生活習慣に左右される。脳のエネルギー消費量は内臓中で最大で全体の25％程度（脳の重量比2％）を占め，すべてブドウ糖（毎時5g，肝臓のグリコーゲンから供給）に依存するが，それを補うには定期的な食事習慣が不可欠である。脳の活発な活動は，細胞に有害な活性酸素やフリーラジカル（細胞の毒性）を発生する。睡眠は，それを抑える脳の休息，活動低下であり，神経細胞，シナプスの点検修理のプロセスでもある。脳と睡眠の関係は密接であり，適正な睡眠は，脳の発達の基礎的条件である。夜型生活による睡眠欠乏は，時計遺伝子も狂わし，不登校などを誘発するとされ，「早寝早起き朝ご飯」の意義が，脳科学の立場からも説明できる。

　脳の疾患・障害は，精神疾患や発達障害の原因となる。それゆえ，特別支援教育では発達障害と脳障害に関する知識が求められる。小中学校児童生徒の発達障害の割合は，2002年の文部科学省調査によれば68万人，6.3％である（男子8.9％，女子3.7％，学習障害4.5％，行動障害2.9％，両方1.2％。DSM＝アメリカ精神医学界の診断基準による）。脳科学の進歩もあり，精神疾患と脳の異常の関係がしだいに解明されつつある。たとえば，認知症は海馬や前頭葉，パーキンソン病は脳幹，精神疾患（統合失調症，うつ病，疲労など）や薬物依存症は伝達物質，気分障害は扁桃体の各異常などとの関係であり，精神疾患と海馬の体積増減との関係の研究が多い。**子どもの発達障害**－精神遅滞（目安，IQ70以下），広汎性発達障害（自閉症，高機能自閉症，アスペルガー症候群），注意欠陥・多動性障害（ADHD＝Attention Deficit /Hyperactivity Disorder），学習障害（LD＝Learning Disability）なども同様である。たとえば，自閉症では，顔認識の部位の紡錘回（側頭葉下部）や視線認識の部位の側頭葉・上部外側・上側頭溝の各異常，社会的知能に関係する海馬の体積増加，シナプスと関連遺伝子異常などが，また，ADHDでは，ドーパミンの代謝機能や前頭葉のワーキングメモリーの異常などである。

　発達は個人と社会の相互関係で規定されるのであり，個人の逸脱，障害，疾病などのハンディは，医療的支援とともに特別または一般の教育的・心理的・

社会的支援・関係により生涯を通して克服をめざすことができるのであり，そのためにも障害の原因の科学的解明が期待される。効果的な支援のため「エビデンスに基づく実践」(evidence-based-practice) －正確なアセスメントに基づく治療－が重視されている。

3 脳と精神の発達

人間の精神的能力の発達は，その機能発揮の場所である脳自体の生理的発達と関係している。脳は進化の視点から，脳幹，大脳辺縁系，大脳皮質に区分されるが，個体発生では胎内で生命の起源からサルからヒトへの系統発生的発達をたどり，生後の脳の発達もほぼこの順序で段階的にすすみ，系統発生で後に発達した部位ほど個体発生でもその発達が遅くなる。また，脳の大きい動物ほど，その発達を促す育児期間は長い傾向がある。神経回路の発達過程（臨界齢）は，教育の臨界齢とも照応している。胎児・乳幼児期からの脳と精神の発生・発達過程は，その後の人生の精神発達の土台となるのであり，通過点ではなく年輪のように重層構造をなし，各時期を底通している。胎内と生後に分けて，その概要を説明する。

1 胎生期（胎児）

まず，胎内では受精とともに遺伝子は脳の発達の方向を決めはじめ，成長に合わせ，遺伝子の設計図に従い適時，適当な場所に適当な神経細胞（ニューロン）が発達する。神経系は胎生期に発達したものは老化しないが，生後に発達したものは老化する。受精卵は究極の幹細胞である。

ニューロンは，胎内で発達中の神経系で完成時よりずっと多くつくられ，出生前に半減し，出生後も軸索・樹状突起，シナプスを形成する過程で彫刻を削るようにそぎ落とされ減少する。胎児が出生前に非常に活動的なのは，神経結合の強化や不要なニューロンの削減と関係しているらしい。出生時の脳は白紙状態ではなく，多くの部位が胎内で配置済みの精巧な可能性に満ちた構造体である。

① 受精後1週（妊娠およそ3週）：脳の形成がはじまる。
② 2～3週：胚に脳の起源2mmほどの神経管できる。神経管の発生は5.4億年前，脊椎動物の出現にさかのぼる。38億年の生命誕生から32億年までの系統発生の歴史が神経官形成のわずか3週間に圧縮され繰り返される。
③ 4週：脳室の形成。
④ 5週：身長1cm，脳幹，脊椎で神経細胞の分化が始まり，原始的な魚の状態。大脳は神経細胞を生み出す「マトリックス細胞」のみである。
⑥ 7週：身長2cm，大脳で神経細胞の分化が始まる。
⑦ 10週：身長7cm，胎児，足の交互運動。
⑧ 13週：身長13cm，脳幹完成，大脳で皮質形成。
⑨ 17週：身長20cm，大脳の神経細胞はピークの140億程度。自然言語の学習能力は生得的であり，この頃には言葉のメカニズムがはたらき，母の声を感知する。
⑩ 20週：脳幹，脊椎で軸索の髄鞘化はじまる。
⑪ 22週：感覚神経の髄鞘化はじまる。聴覚により発話音声に反応し，男声・女声を聞き分ける。この時期，生まれても生存可。
⑫ 26週：大脳表皮のしわ，溝形成。開眼し光を感じる。
⑬ 30週：身長45cm，視神経，脳幹，脊椎から大脳につながる軸索の髄鞘化始まる。
⑭ 37週：身長50cm，大脳皮質のしわがふえ，完成したパターンに近づく。大脳内部の軸索の髄鞘化がはじまる。脳の抑制で胎動停止し出産を待つ。

2　生後の脳と精神の発達

脳は体内での発達を基礎に生後も連続的に発達する。

ニューロンとシナプスは，出生時に過剰であり，その後，細胞死（アポトーシス）とシナプスの刈り込みにより，青年期の中・後期まで減少しつづけ，成人レベルの数になる。シナプスは，生後2～4カ月に過剰生産され，以後，1年は急激に減少し，その後，成体レベルまで数年間，緩やかに減少し，強化さ

れたシナプスが残る（1細胞に3歳で2500〜1.5万〔成人の2倍〕）。成人レベルの数に達するのは視覚・聴覚皮質では2〜3歳、前頭葉皮質では思春期の段階までなど、脳の領域で違いがある。シナプス可塑性はとくに幼少期に高い（臨界期）。

　脳の重さ（成人約1200〜1400グラム）は、出生時におよそ平均して大人の25％、6カ月までに50％、2歳までに75％、10歳までに80％になる。出生後、ニューロンはつくられないので（部分的には発生）、脳が大きくなるのは、ニューロンが大きくなること、軸索の延長や樹状突起の枝分かれによるシナプス結合の増加、髄鞘化などの支援組織の増加などで説明される。老化の過程で大脳皮質ニューロンは小さくなるが、その数はほとんど変わらない。

　出生後、ヒトの遺伝子プログラムはそれぞれの独特な環境と相互に関わりはじめ、経験や学習を蓄積し、一生、独自の発達をとげ、とくに感覚入力や認知入力の処理が、シナプスの洗練、樹状突起の成長などをうながす。

　脳が経験や学習に感応して発達する原動力は、祖先から受け継がれ遺伝子に刻まれた生得的能力であり、認知機能の個体発生に系統発生・進化史的生物学的基礎が関与している。また、外的環境・刺激はそれを呼び覚ます助けとなり、遺伝子発現が環境で制御される。人間の精神世界は遺伝要因と環境要因が複雑に絡み合い形成され、心理学では人間の発達について遺伝優位説（成熟説）、環境優位説（経験説）、相互作用説（輻輳説）などが唱えられている。

　生後、脳は領域・部位ごとに段階的に発達する。C. J. ゴールデンの脳発達5段階説は以下の通りである。①第1段階（生後2カ月まで）＝脳幹・大脳辺縁系中心に覚醒・睡眠のリズム確立。②第2段階（同）＝1次感覚野・1次運動野の発達と五感や基本的運動。③第3段階（2カ月から5歳）＝2次感覚野・2次運動野の発達と相互の連携による模倣行動。④第4段階（5〜12歳）＝3次感覚野・3次運動野（前頭連合野）の発達と情報の理解、言語・イメージへの加工、知識の貯蔵、行為の計画、感情の制御などの展開。⑤第5段階（12〜20歳代半ば）＝3次運動野（前頭連合野）の発達と思考や行為の計画、実行、評価、感情の自律などの展開。

　発生的認識論を提唱したジャン・ピアジェ（Piaget, J., 1896-1980）の認知発達

段階論は，①感覚運動期（生後〜2歳ごろ：感覚・運動面から外界を理解），②前操作期（2〜6歳ごろ：シンボル（表象）を用いた活動の発達の時期），③具体的操作期（6〜11歳ごろ：具体的経験を通してシンボルを操作し論理的思考ができる），④形式的操作（11歳〜：シンボルの抽象概念を用いて論理的思考ができる）の4段階論であるが，それは，脳の生理的発達段階とも対応しているであろう（ピアジェは脳の発達とは関連づけていない）。

　最近30年，乳幼児期の知覚・認知能力の研究の発展が顕著であり，脳の計測技術の進歩により有能性とその神経基板の解明がすすんでいる。「三つ子の魂百まで」の諺もあるように，乳幼児期は「人間の知性の種」の時期である。人間の基本的動作に関係する部位の髄鞘化は3歳ごろまでに完成するが，発達の「臨界期」を意味しない。「**臨界期**」は鳥類などの「刷り込み」（imprinting）理論に基づくが，ヒトや哺乳類には認められない。ヒトの発達についてはより柔軟な「**感受期**」「**敏感期**」という言葉が使われ，0〜2歳は感受度が高く，髄鞘化で神経回路が保護され，生涯，固定される。幼年期は注意力が成長し，言語発達の土台が築かれる。ただし，知識体系の敏感期は明らかでなく，「臨界期」説を根拠とする「3歳児神話」や「早期教育」論は疑わしく批判も多い。子どもは生得的に「自分で育っていく力」，自己発達力を備えており，それを引き出す脳に心地よい環境や経験，とくに愛情や多様な感覚経験，楽しい自由な学習が重要であり，性急な刺激過多の統制教育はその力を抑えるおそれがある。国際的な育児チェック項目＝「育児環境評価HOME」は，多様な人とのかかわり，情緒的言語反応的かかわり，自主性の尊重，安全・刺激的な物的環境，外部社会との接触，育児サポートなどを含んでいる。

　以下，人生の各時期の脳と精神の発達の特徴をあげてみよう。説明は最近のPET画像による脳の新陳代謝（主にシナプス活動反映）の研究成果によるが，それはパウル・フレヒジッシの19世紀末の死後解剖による髄鞘化研究の結果と大差ないとされる。

(1)　**新生児・乳児期**（生後〜18カ月）
①**新生児**（生後28日未満）：赤ちゃんの脳には進化の過程で生存の仕組みが受け

継がれ，生後に見聞きするであろうすべての「鋳型」が組み込まれている。A. N. チョムスキー（米国の言語学者）は，人間には生まれつき言語を獲得する装置が備わっているという。生存の保護を得るため養育者との接近を保つ「**愛着**」(attachment) 行動や他者との人間関係，コミュニケーションを求める「**コンパニオンシップ** (companionship)」を備えて生まれてくる。それは共同保育 (allo-mothering＝母親役の配分) という社会的環境のもとで生得的な能力に形成された。共同保育は霊長類に見られるが，とくにヒトでは繁殖戦略から母親の負担を軽くし多産を可能にする社会関係として発展したといわれる（専業主婦は人類史上ごく最近）。

たとえば，赤ちゃんは出生間もなく顔らしい刺激や話し声に関心を寄せ，顔の動きを模倣し，提示された幸福，悲しさ，驚きの表情を区別する。3日後から母親のにおいや声かけに特別に反応し（誕生3カ月前に胎内で母の声を知覚），微えみがあらわれ，「母子相互作用」がはじまり，個性や人格が芽生える。

新生児は目や耳などの感覚器で情報を求めるが，その好奇心は遺伝子による生得的なもの（インフォメーション・シーカー）であり，二本足歩行や言葉で増大する。言語や数の概念や学習能力は生得的に身に付けており，数を司る部位や遺伝子も発見されている。

②**新生児～3カ月頃まで**：生後1カ月には脳幹，小脳と視床の一部，一次感覚野・運動野で新陳代謝が活発で，呼吸，覚醒，触覚記憶，視覚的印象，初歩的運動が可能である。記憶や注意力を司る海馬，帯状回，大脳基底核でも活動が目立つ。延髄や橋の発達で乳首をさがし乳を飲むなど「**原始反射**」がはじまる。生後2～3カ月，頭頂葉，側頭葉，後頭葉の二次・三次領域（一次からの情報処理の部位）が活発となる。生後12週頃話しかけると喜んで声をだし（喜び表現），2カ月で相手の表情に敏感に反応する。

③**4カ月頃から**：中脳が発達し，「原始反射」が消えて「**立ち直り反射**」が現れ，寝返り，四つんばい，お座り，手をのばしてつかむことなどができる。6カ月ごろまでは顔の見分けがとても上手である。6カ月頃から前頭葉の新陳代謝が増加し，実行機能が現れ，体のバランスをとって姿勢を保つ「**平衡反応**」によ

り，つかみ立ち，伝え歩き，歩行などができる。頭頂の発達により5カ月で初歩的計算（1＋1＝2，2－1＝1）や3以上の見積もりができる。

④ 8～12カ月：視界から消えた物を記憶でき，自我（自己）と個性が発達し，恐怖心や嫉妬などの感情をみせる。他者へのかかわり方は二項的から三項的に飛躍し（「9カ月革命」），意図的コミュニケーションが始まり，1歳頃までに共同注意行動（指さし，模倣など）を示す。9カ月頃，慣用的な音を発し，簡単な言葉を理解しはじめる。

(2) **幼児期**（生後18カ月～就学前）

1歳半頃には自己概念がはっきりし，2歳半頃には恥・照れ・誇り・罪・プライドの意識や感情があらわれはじめ，「難しい2歳児」といわれる「**第一反抗期**」を迎え，自己主張・抑制，社会性を発達させる。1歳を過ぎると共感能力では自他の区別ができるようになり，2～3歳では自他が別のことを考えていることがわかる。3歳で考えと行為，生物と無生物，生物と物理が区分できる。16～18カ月，語彙は急増し丁寧語が使え，2～3歳から完全な会話が増え，言語獲得の敏感期は以後12歳頃まで続く。

脳の新陳代謝率は，成人に比べて新生児は30％，その後急増し4歳で2倍となり，4～10歳まで漸進的に上昇し，シナプスの除去によりその後低下し16～18歳で成人レベルになる。大脳辺縁系が機能し，新皮質系は基本的にはまだ働かないが，6歳頃までにいろいろのレベルの学習により人間の基本的動作ができるようになる。たとえば，記憶に関係する前頭連合野，頭頂連合野，側頭連合野などの髄鞘化がすすみ，長期記憶が可能となる。言語の獲得がすすみ，動詞を学習し，イメージや言葉で考えられる。4歳ごろから文字を書く技能を獲得する。ごっこ遊びなど表象作用が現れ，ピアジェの前操作期（2～7歳頃）はこの時期の中心である。好奇心，模倣が盛んになり，反復練習，基礎知識，創造・空想，躾（善悪），生活学習などが可能となる。

(3) **児童期・青年期**（小学校入学～24歳）

① 児童期（小学校入学～卒業）：MRI検査によれば，**灰白質**（ニューロン本体の集合体）は，児童期に増加し，青年期に最大となり，その後，減少する。部位によ

り異なり，ピークは，頭頂葉 11 歳頃，前頭葉 12 歳半頃，側頭葉 (語義知識の記憶) 16 歳半頃〜20 歳代後半頃であり，後頭葉 (視覚) は減少しない。**白質** (軸索の集合体) は少なくとも 40 歳まで増加し，領域の差違はない。10 歳頃から生涯を通じて新皮質の髄鞘化がすすむ。新皮質系・前頭連合野が機能しはじめ，3 次感覚野・3 次運動野 (前頭連合野) の発達により情報の理解，言語・イメージへの加工，知識の貯蔵，行為の計画，感情の制御などが可能となる。6 歳〜12 歳ごろに学習進度・成績の基礎である**ワーキングメモリ** (working memory, 作動記憶) の重要な発達的変化が起こり，6〜10 歳で成人と同じ程度にまで発達する。外見が変わっても数，重さ，体積などが変わらないことを認める能力である「**保存**」概念 (ピアジェ) が成立する前操作期から具体的操作期 (7〜11 歳頃) への移行段階である。対人関係では自己中心的傾向，他人の要求への関心を経て反省的共感に達する。要するに，年齢とともに脳の可塑性 (学習能力) は低下するが，余分なシナプスが除去され，髄鞘化により通信経路が最適化され，機能性は高まる。

②青年期 (中学校入学〜24 歳)：脳の生理的変化と発達的変化とは相関的である。青年期は脳全体が発達するが，とりわけ作業記憶，注意配分，反応抑制，目標指向行動などに関与する前頭葉の側背部で急激である。一般に児童期に対し，青年期の発達的特徴として，仮定に基づく推論，思考についての思考 (メタ認知)，事前の計画能力，慣例にとらわれない思考があげられる。思考などの精神活動と関係する大脳のニューロンの発達，髄鞘化は 20 歳頃までさかんに行われ，とくに前頭連合野では遅くまでつづき，思考，行為の計画，実行，評価，感情の自律などが可能となり，自らの行動を自律的にコントロールできるようになる。実生活における意思決定は，青年後期に成人レベルになる。ピアジェの形式的操作段階，他律的道徳から自律的・協同的道徳性の成立，エリクソンのアイデンティティ形成の時期にあたり，批判や反抗，自発的思考，知性の仕上げ，立志などの特徴が現れる。

青年期に目立つ新しい世界を探究し挑戦しようとする**リスクテイキング行動**は，情動調整を司る前頭前皮質の腹内側部と小脳扁桃との関係が考えられる

(fMRI画像化困難)。そこには，出生時の集団から飛び出すための進化的生物学的要因が推定されている。

(4) 成人期・高齢期(25歳〜)

①成人期(25歳〜59歳)：成人後もニューロンの発達や髄鞘化は生涯にわたり継続し，"社会現役" としてさまざまな試練に遭遇し，成人期を通じて諸能力が形成され再構成される。「**流動性知能**」(記憶などの基礎的情報処理能力)は20歳頃から低下するが，その後も「**結晶性知能**」(言語などの文化的・社会的能力)は維持され，発達する(R. B. キャッテル，J. L. ホーン)。数学，物理学，詩の創作などは20代後半から30代前半，哲学，歴史学，小説の創作などは40代後半から50代にそれぞれピークを迎える傾向など，成人期でも年齢により知能の発達にちがいが認められる。

②高齢期(60歳頃〜)：加齢による能力の低下は生物学的減少である。高齢期でも生存しているかぎりニューロンの発達は続くが，一般に加齢にともない脳の総重量やニューロンの減少が起こり，60歳位から記憶，数，推論，空間などの知的能力や積極的感情はしだいに低下する。ただし，言語能力は25〜80歳代までそれほど大きくは変化せず，訓練により修復可能な能力もあり，人生の英智や熟達感，エイジレス・セルフといわれるアイデンティティの感覚などは加齢とともに高まる場合もある。高齢期はポスト知性の時代でもあり，知性の無駄を体験し，感性の豊かさに悦びが感じられる人生の総括期である。

4 脳科学の歴史と教育学

1 脳科学の歴史

脳研究の歴史は古く，各時代の人間観・能力観の背景となっている。新石器時代には脳手術が行われた。「脳」を表す言葉は，すでに紀元前1700年の外科書に記述され，頭蓋骨骨折による身体異常から脳が注目された。紀元前6世紀の古代ギリシャ時代，ヒポクラテスはてんかんや神経症状と脳の病との関係を考察し，紀元前3世紀，アレクサンドリアの学者は，脳室，運動・知覚神経などを解剖学的に究明し，脳を知性の座と認識し，脳の皺が人間では動物より多

いことが人間の優秀性の根拠としている。

　中世ヨーロッパでは，脳のはたらきと場所が関係づけられ，レオナルド・ダ・ヴィンチは，脳解剖により脳と脳室との関係を図示し，ヴェサリウス『人体構造論』(1543年。江戸初期，オランダ人により日本にも伝来) の写実的な解剖図は，脳の知識を一気に近代化するきっかけとなる。18世紀，ドイツ人のヨハン・アダム・ウルムスが学生向けに出版した解剖学教科書 (『ターヘル・アナトミヤ』) は，杉田玄白らにより日本で翻訳され，『解体新書』(1774年) として刊行された。

　脳科学の始まりは，脳地図の作成，脳細胞の発見を契機とする。各種の脳地図が19世紀末から登場し，戦争による脳損傷がその研究を加速した。**ブロードマンの脳地図**(52の番地記載)，**ペンフィールドのホムンクルス**(小人を付した脳地図) はよく知られ，局在論と全体論の論争で前者の論拠を強めた。イタリアの神経学者カミロ・ゴルジと組織学者ラモニ・カハールは，顕微鏡で神経細胞 (1891年，ワルダイヤーが「ニューロン」と命名) を詳しく調べ，1906年，ノーベル賞を受賞したが，それぞれ細胞間の接続説，分離説を主張し，1955年，ロベルテスとベネットの電子顕微鏡によるシナプス間隙の発見により，分離説が証明された。1929年には脳波 (大脳皮質ニューロンの電気活動) の記録が可能になり，1950年初頭，活動電位 (ナトリウムイオンの細胞外から細胞内への流入) や興奮の伝達 (シナプス間隙の神経伝達物質) のしくみが解明された。最近では1996年の**ミラーニューロン** (真似をする神経細胞，模倣学習や社会脳などの説明) の発見 (イタリアのリゾラティ，アカゲザルの脳) が画期的であり，2000年のシナプス可塑性の細胞内メカニズムの研究功績によりキャンデルがノーベル賞を受賞した (1949年ヘッブが理論的予見，1973年ブリスがウサギの海馬で観察) が，人間について臨床的研究はあまり進んでいない。近年，心の研究に進化心理学の成果も生かされている。霊長類の数千万年の系統発生，進化によりゲノムに生得的に組み込まれた「**心の理論**」である。

　脳研究の方法は，人間や動物の脳部位の死，活動停止 (麻酔など)，刺激 (針，電気など)，観察・記録 (顕微鏡，脳波など) であるが，X線，CTスキャン (Computerized Tomography Scan) に続き，1980年代以降，脳を傷つけず，誰でも扱

えるイメージング技術が，コンピュータとともに急速に発達し，それは天文学の望遠鏡の発見にも喩えられている。MRI（磁気共鳴画像，Magnetic Resonance Imaging），PET（陽電子断層撮影法，Positoron Emission Topography），fMRI（機能的磁気共鳴画像，functional MRI），近赤外光イメージング装置（NIR-OT,「光トポグラフィ」），MEG（脳磁図，Magneto Encephalo Graphy）などである。刺激による脳波，血流・酸素の変化などの画像技術は誰にも理解されやすく，各分野との共同研究もすすめやすくなったが，神経過程相互の動的作用の解明はできない。その他，脳組織の染色法，分子生物学的方法なども開発され，文字通り「脳科学」が成立しつつある。遺伝学，遺伝子工学，分子生物学の発展は脳科学を一新しつつある。

2 脳科学と教育学

国際的な脳（神経）科学の研究は，1990 年の米国の「脳の 10 年」を皮切りに欧州が続き，日本では 1993 年，NPO 法人「脳の世紀」推進会議が，文部科学省の領域研究代表者により発足した（その後，毎年，シンポジウム開催，その刊行などの活動を行っている）。政府レベルでは，96 年，日本学術会議「脳科学の推進について（勧告）」，同年，科学技術庁脳科学の推進に関する研究会「脳科学の時代」，97 年，学術審議会「大学等における脳研究の推進について（報告）」，科学技術会議・脳科学委員会「脳に関する研究開発についての長期的な考え方」（2000 年にも）などが発表され，97 年から**理化学研究所・脳科学総合研究センター**が，脳を「知る」「守る」「創る」と追加の「育む」（2003 年〜）の課題別研究をすすめ，2008 年度から心と知性，回路，疾患，先端基礎技術の組織に再編された。2000 年度以降，科学研究費補助金では特定研究領域に脳研究が設けられ，2007 年，文部科学省・脳科学の推進に関する懇談会の報告書「脳科学ルネサンス」がまとめられた。2009 年の科学技術・学術審議会「長期的展望に立つ脳科学研究の基本的構想及び推進方策について（第 1 次答申）」は，「総合的人間科学の構築」をめざし，「融合脳科学」の短期目標（5 年）に記憶，学習，知覚，運動制御，注意，社会性，精神・神経疾患，中期目標（10 年）に

言語，睡眠，生体リズム，摂食，代謝，学習，長期目標(15年)に情動，意思決定，思考，発達障害，脳型コンピューターなどの課題を掲げている。

「脳科学と教育」研究体制では，2001年度，科学技術振興機構が「脳科学と教育」領域（2001〜2010年計画，総括・小泉英明）を設け，2003年7月，文部科学省の「**『脳科学と教育』研究に関する検討会**」（02年3月発足）は，「『脳科学と教育』研究の推進方策について」を発表し，研究プロジェクトが組織され，脳科学総合センター「脳を育む」チームや大学のCOE（優秀拠点）などが研究活動を推進した。前掲09年審議会答申は，「脳科学教育の総合的推進」（理科教員の脳科学教育担当やその普及活動など）を提起している。

国際的には，2002年にOECD・教育研究革新センター（CERI）「学習科学と脳研究」国際プロジェクト（3グループのひとつ，アジアグループの議長は伊藤正夫博士）が組織された（08年5月に完了。その後，「グローバル化と言語能力」がテーマ）。そのオンライン・フォーラムは，各国からの現場教員の質問への回答，相談活動などを行っている。03年のローマ教皇庁科学アカデミー創立400周年シンポジウム「心・脳・教育」では，宗教界からも人間の尊厳と平和の確立の視点から脳科学が注目され，それを契機に04年，「**心・脳・教育**」**国際学会**（ハーバード大学教育学大学院中心。07年，国際学術誌『心・脳・教育』創刊）が創立された。

文部科学省は，「脳科学と教育」を教員養成カリキュラムの進展方向として重視し，中央教育審議会答申「今後の教員養成・免許の在り方について」（06年7日）は，「脳科学と教育」を「新たな研究」とのべ，免許状更新講習（08年度〜）の内容の基準に「子どもの発達に関する脳科学」を「最新の知見」として盛り込んだ。

近年，学界や民間でも「脳科学と教育」関連著作が相次いでいる（参考文献参照）。すでに1960年代，たとえば，雑誌『教育』（教育科学研究会機関誌，1960年12月号，61年1月号）は，「教師のための大脳生理学」の連載で，時実利彦氏（東大医学部教授）と現場教師との対話を掲載し，教育への示唆に富んだ同氏の『脳の話』（岩波新書，1962年），『人間であること』（同，1970年）はベストセラー

となった。同誌は最近でも，2003年10月号「特集・脳科学との対話」，06年6月号「特集・社会的病理から脳科学を考える」（三輪「子どもの発達と学力問題からみた脳科学―「脳科学と教育」試論」を含む）を編集している。

3 脳科学の「光」と「影」

脳科学の「光」と「影」をみておこう。その「光」は，教育問題の解釈・改善，教育認識の深化に寄与するであろう。脳計測技術の進歩は，動物実験中心から生きた人間を対象とする研究を可能とし，脳科学者と人文・社会・自然科学者，非専門家（実践家，子ども・親など）との共同研究や対話，「分野融合」（脳科学者と他分野の研究者が相互の学問分野を修得し，新しい技術や学問に生かす方法）を促進している。脳をめぐる問題の解釈が，脳科学者の独断場ではなく，関係者（教育学者，教師，保育士，親など）との双方向の対話で深まるならば，それぞれの研究や実践に新たな可能性が開かれよう。

しかし，脳科学の「影」も看過できない。人間の脳研究を際限なくすすめれば深刻な倫理問題に遭遇する。現に，脳科学ブーム，その激しい研究競争のもとで仮説や推論が社会や教育を混迷させ，「神経神話」が浸透している（3歳まで決定説，臨界期説，脳一部利用説，左脳右脳区分説，男女脳差違説，一度に一言語学習説など）。「脳を鍛える」（音読・計算による脳活性化）説も脳画像法による血流増加（その理由は不明）測定が根拠であり，プラス効果の判断は早計との批判がある（参考文献の加藤論文）。脳画像による病気や障害の発見，能力や人格の評価等は，プライバシー侵害，偏見・差別・排除の原因となりかねない。脳に対する薬物（向精神薬：精神安定剤，抗うつ剤，記憶増強剤など）の乱用は歯止めはむずかしい。「生体工学」の一環，「サイボーク技術」（脳とコンピューターの連絡による動物の行動操作技術。例：ブレイン・マシン・インターフェイス（Brain Machine Interface, BMI）など）は，身体増強・補償などの医学的活用にとどまらず，人工兵士製造などに転用される危険は大きい。ホメヲ遺伝子（胚と器官の組織化を制御する遺伝子）操作によるより大きい大脳皮質をもつ人類の創作の可能性も指摘されている。

脳科学の「光」と「影」を十分に見極め，その知見を医療，心理，教育をはじめ，人間生活に適切に生かすことが21世紀に生きる人類の英知であろう。

考えてみよう
1．人間の発達可能性と脳はどのように関係しているか。
2．認知における海馬や扁桃体の主なはたらきはなにか。
3．人間の能力と脳はどのように関係しているか。
4．「三つ子の魂百まで」の諺を脳科学の立場からどう考えたらよいか。
5．脳科学の「光」と「影」をどのように考えるか。

参考文献
　脳科学の文献は2000年から急増している。以下は文献の例示である。
1．脳科学一般の著作
　①F. E. ブルームほか，中村克樹・久保田競監訳『新・脳の探求（上）（下）』講談社，2004年，②小長谷正明『脳のはたらきがわかる本』（岩波ジュニア新書）岩波書店，2006年，③NPO法人・「脳の世紀」推進会議ほか監修『脳！－特別企画展・内なる不思議の世界へ』読売新聞社，2006年，7章は「脳研究の歴史と背景」。同著刊行は，同会議，文部科学省特定領域研究「統合脳」5領域ほか主催「特別企画展；脳－内なる不思議の世界へ」展示活動（2006年3月〜07年5月，東京（日本未来科学館），長崎，名古屋，大阪の各都市で開催，主に子ども対象）の一環である。その趣旨は，「すべての人々に対して無限の可能性を秘めている『脳』」について展示し，その知識を人々が生活に役立ててもらうこと」とされている（同展示の出版書の主催者あいさつ）．④『Newton　ここまで解明された脳と心のしくみ』ニュートンプレス，2006年，⑤理化学研究所脳科学総合センター『脳研究の最前線（上）（下）』講談社，2007年，⑥甘利俊一監修『シリーズ脳科学（全6巻）』東京大学出版会，2008年，⑦M. S. ガザニガ，柴田裕之訳『人間らしさとはなにか－人間のユニークさを明かす科学の最前線』インターシフト，2010年，⑧神庭重信・加藤忠史『脳科学エッセンシャル－精神疾患の生物学的理解のために』（専門医のための精神科臨床リュミエール16）2010年，⑨小泉英明『脳の科学史』角川マーケティング，2011年，⑩リタ・カーター，藤井留美訳『新・脳と心の地形図』原書房，2012年，⑪同，養老孟司監訳『ブレインブック－見える脳』南江堂，2012年
2．脳科学と教育に関する著作
　①澤口俊之『幼児教育と脳』文藝春秋，1999年，②榊原洋一『子どもの脳の発達　臨界期・敏感期』講談社，2004年，③OECD教育研究革新センター，小泉英明監修，小山麻紀訳『脳を育む　学習と教育の科学』明石書店，2005年，④井口潔『ヒトの教育』小学館，2005年，⑤S. J. ブレイクモア・U. フリス，乾敏郎ほか訳『脳の学習

カー子育てと教育へのアドバイス』岩波書店，2006 年，⑥永江誠司『子どもの脳を育てる教育』河出書房新社，2007 年，⑦『教育学研究』74 巻 2 号，加藤忠史「「脳を鍛える」ブームの根底にあるもの」，緩利誠「脳科学と教育の間」，2007 年，⑧榊原洋一『脳科学と発達障害』中央法規，2007 年，⑨永江誠司『教育と脳－多重知能を活かす教育心理学』北大路書房，2008 年，⑩小泉英明編著『脳科学と学習・教育』明石書店，2010 年，⑪早稲田大学教育総合研究所監修『「脳科学」はどう教育に活かせるか？』学文社，2010 年，⑫OECD 教育研究革新センター，小泉英明監修，小山麻紀・徳永優子訳『脳からみた学習－新しい学習科学の誕生』明石書店，2010 年，⑬小泉英明編著『乳幼児のための脳科学』フリーダム（かもがわ出版），2010 年

3．脳と遺伝子・遺伝

①石浦章一『遺伝子が明かす脳と心のからくり』羊土社，2004 年，②リチャード C. フランシス，野中香方子訳『エピジェネティク　操られる遺伝子』ダイヤモンド社，2011 年

4．発達に関する文献

①高橋惠子ほか編『発達科学入門 2 －胎児期～児童期』東京大学出版会，2012 年

第3章 教育と社会

　第3章は，前章までの個人の発達（いわば個体発生）の観点に続き，文明や社会の発展（いわば系統発生）の観点から教育について考える。人間は個人単独ではなく，集団（社会）生活のなかで生存し発達するのであり，教育の本質的理解には，個としての人間（個人）の発達とともに，社会との関係，とくにその歴史との関係の考察が重要になる。ここでは，人間社会の歴史を，人類社会の歴史（人類史）と文明社会の歴史（世界史）の2段階に便宜上，区分する。人類史の考察では，前段で人類の進化と教育可能性の根拠である脳の発達との関係を，後段で人類史で育まれた人間の本性（共同性）と文明，教育と文明との関係に焦点をあてる。世界史の考察では，資本主義の発達と公教育の関係が中心となる。

　人間の本性は，個体発生を受け継ぎ，人類史の長い階級のない平等な社会で形成されたが，文明の発達する階級社会のしくみやイデオロギーのもとでゆがめられ，抑圧され，文明社会では生活向上などの反面，人間の奇形化や苦悩が深刻になる。その過程で教育もゆがめられるが，人間の本性を探り開花させるいとなみも世界史のなかで発展する。この点は，第4章以降の教育学や教育思想の歴史で跡づけられる。

1　人類の進化と脳の発達

1　労働と脳の発達

　同じ動物でありながら，人間とほか動物の能力やその形成に大きなちがいや特徴が生まれるのはなぜか。それは，人類の進化の過程における脳の著しい発達で説明される。ダーウィンは，『人間の進化と性陶冶』（1871年，訳書：『人類の起源』）で脳の顕著な発達と二本足歩行がヒトを霊長類の例外的存在に進化さ

せたとのべているが，脳と歩行の関係はそれ以上詳しく論じていない。その後間もなく発表されたドイツの思想家・革命家フリードリヒ・エンゲルス (Engels, F., 1820-1895) の「**サルが人間に進化するさいの労働の役割**」(1876年) は，その関係を「労働」の視点から先駆的に論じ世界的に注目された。その大要は次の通りである。

―彼によれば，「**労働が人間をつくりだした**」という。すなわち，サルの直立歩行は手を自由にし，道具の製作が可能となり労働が発達する。「労働は道具の製作をもってはじまる」。労働は人々の**協力**や**言語**の発達をうながし，肉食の習慣化，火の使用などとともに，「サルの脳」を「ヒトの脳」へ進化させた。また，脳とそれにつながる諸感覚，意識，抽象能力，推理能力が，労働や言葉に反作用してそれらの発達を促し，社会の発展とあいまって脳を進化させた。労働がつくりだした「手と言語と脳の共同作用」で個人も社会も複雑な作業や高い目標の追究が可能となり，産業，商業，航行，芸術，学問，法律，政治，国民，国家などが発展し，「文明の一切の功績が頭脳に，脳の発達と活動に帰せられた」。他方，土地の不足は共有財産制の滅亡をまねき，階級，利潤本位の生産様式などにより自然と社会は荒廃し，それらの規制，「社会的秩序の完全な変革が必要」とされ，未来社会が展望される。―以上がその緒論の要約である。

1974年，エチオピアのアファール地方で発掘されたヒト科化石（約300万年前，「ルーシー」と命名）の貧弱な脳と二本足歩行の形跡から，人類は頭からではなく足から進化したことが化石という事実によって証明された。

2　人類の進化と脳

今日，人類の進化について人類学は多くの知見を蓄積しており，人類の進化と脳の発達との関係はその探究の焦点のひとつである。人類の進化史と脳容量との関係の概要を年代表で示してみよう（＿＿＿は**人類進化の3画期**）。

人類の進化は，猿人―原人―旧人―新人と段階的ではなく，系統樹のように枝分かれして進化してきた。チンパンジーとヒトの分岐時点は，2002年の猿人化石**サヘラントロプス**の発見により700万年説（従来500万年説）に修正され

1 人類の進化と脳の発達

表 3.1 人類の進化と脳の発達

開始年代 (万年前)	霊長類名称	ヒト科の名称 (主なヒト科)	脳の容量 (cc)	発見年
前史				
6500	最初期霊長類			
5300	原猿類			
3400	真猿類			
2350	類人猿			
1050		チョローラピテクス		
本史				
700	猿人	サヘラントロプス	350	2002
440		アルディピテクス・ラミダス	350	1994
380		アウストラロピテクス・アファレンシス		1974
250	原人	ホモ・ハビリス	600〜800	1972
160		ホモ・エレクトス	600〜800	1984
50	旧人	ホモ・ハイデルベルク	1100	
20	新人	ホモ・ネアンデルタール	1400	1856
20		ホモ・サピエンス	1350	1967

た（2006年，エチオピアの大型類人猿化石発見で1200万年に遡る可能性もある）。表のように，「脳力」を決める脳容量の急増期は，250万年前の原人で600cc以上（以前より＋250cc），50万年前の旧人で1100cc（同300cc以上），20万年前の新人で1350cc（同＋250〜300cc）である。

二足直立・直立の契機は，アフリカ大地溝帯（エチオピア，ケニアの地帯）の地勢・気候激変による類人猿の森林から草原への移動とする説が有力であり，地球の氷期と間氷期の周期，自然の過酷な変化が人類とその脳の進化，「出アフリカ」（＝地球規模の原人拡散）を促進したと考えられている。

脳の発達の要因説には，直立二足歩行をはじめ，手などの身体的進化，道具（石器，土器など）や言語の発達，初期人類の長期の半水生生活，狩猟生活，社会集団・相互関係，共同作業，長い乳児期，火などの文化（人間の非遺伝的適応能力）の発展などの説があるが，脳進化のプロセスは未解明のことが多いとされている。

250万年前頃から脳が600ccを超えて急速に増大する。それにともない知恵

が発達し,「出アフリカ」がしばしば行われ,新開地での厳しい自然との対峙,そのなかでの労働や生活,小規模集団・社会での協力などが,脳のさらなる飛躍的増大をもたらし,現在につながる「ヒト」を進化させたとみられる。

20万年頃の「**ホモ・サピエンス**」(「現生人類」,ラテン語で「賢い人」の意)では脳は1350ccに達している。それは1980年代末発表の遺伝学の証拠(細胞のミトコンドリア遺伝子分析)により,当時,アフリカの一遺伝子系(「ミトコンドリア・イブ」)で誕生したとされ,多地域進化説が批判された。今日,人類学では,巨大な脳の所産である現代文明が,ヒトの適応能力を阻害するとの観点から,人類共通の文明の新たなパラダイム開拓の必要が唱えられている。

3 人類の進化と教育

人間が「労働する動物」である点に着目すれば,エンゲルス説のように,労働は狩猟採集時代から現代社会まで生存の基本的活動であり,脳と人間の進化を促した重要な要因とみることができる。他方,人間が「教育的動物」である点に着目すれば,長い人類史における子育て,文化の伝達,学習,そのための協力・共同の営為などの教育のいとなみは,労働とならび,種の存続を賭けた基本的活動であり,脳の発達に規定されるとともに,その重要な促進要因,進化の原動力であった可能性が大きい。個体発生・発達とともに,系統発生でも「教育が人間をつくった」といえるのかもしれない。

人類の歴史,進化と教育の関係の緊密さを示唆する事実を例示してみよう。

ヒトの進化の転機である二足歩行の契機として,オスがメスや子どもに食物を持ち帰る必要性を唱える説がある。160万年前,ホモ・エレクトスは,脳がより大きくなり,知識を次代に意識的に伝えはじめた。20万年前のホモ・サピエンスは巨大な脳をもち,潜在的な人間的諸能力,成長期の延長(長い乳幼児期),長命化などは現代人と共通している。

ヒトは二足歩行のため胎児の頭が母の骨盤を通れるよう未熟な状態で誕生し,それゆえ乳幼児期が伸び,母親は集団に支えられて子育てをする必要から社会性を発達させた。また,子どもはおとなをまねたり,学習する期間が長くなり,

脳の可塑性が長く続く。部族の規模が大きくなると、女性が子どもの教育に多くの時間を割くようになり、3万年くらい前には平均寿命は30歳を超え、知識を次世代に伝達する時間を得、子どもを育てる共同の慣習が強まり、他の動物との違いが明確になる。人類特有の女性の多産性（出産期間が短い）、子の生理的早産、「**おばあさん仮説**」（女性が閉経後、孫世代を育てることが人類進化の要因とする仮説。類人猿では閉経と死はほぼ同時）なども教育の発展を考える重要な事実・理論である。

その他、脳の容量の各段階における教育の様式、母子関係、育児環境、言語発達との関係、ヒトの生物的本性と教育の在り方なども含め、人類史における教育の役割、変化等を考察する「**教育人類学**」の発展が期待される。

2 社会と人間

1 社会と人間

人間は「社会的動物」（アリストテレス）、「類的存在」（マルクス）といわれるように、人の集団である社会を形成し、社会とともに、社会のなかで進化し、社会によって個々の人間の発達や生活が根本的に規定される。

その社会は、共同体、家族、種族・民族、国家などの基本的単位から、学校、地域、職場、自治体や目的、活動などに応じた集団や組織などの派生的単位により幾重にも構成されている。しかし、社会の性質を決定づける基本的区分は、人間の平等を基礎とした階級のない共同社会とその不平等を基礎とした**階級社会**であり、その関係が人間の発達や生活を根本的に規定している。それは、人類史の大部分を占める**原始共同社会**とその後の文明社会という歴史の区分原理であるとともに、文明社会を貫く基底と上層という社会の区分原理でもある。この観点から、2つの社会の性質を考えてみよう。

2 共同社会と人間

人類学は、ダーウィンの人類進化論以来、類人猿からヒトへの進化の足跡を明らかにしてきたが、その有力な視点は、人間の文化・文明のちがいの底にあ

る**人間の共通性**（人間性）=「カルチャー・ユニバーサル」(culture universal)「ヒューマン・ユニバーサル」(human universal) の探求である。そのコアは，狩猟採集時代など長期にわたる小さい血縁集団の生活史のなかで形成された相互扶助・利他的行動などの**共同性**の心性とされる。学説史では19世紀後半，類人猿とヒトの共通性（トマス・ハクスリー），「古代社会」(ルイス・モルガン) の考察などを経て，20世紀には**文化人類学**の立場からの文化の自律性（フランツ・ボアス，マーガレッド・ミード，ルース・ベネディクト）とともに**自然（生物）人類学の立場**からのその共通性（クラーク・ウィスラー，ジョージ・マードック）が注目され，戦後は日本の霊長類の野外研究，ヨーロッパの動物行動学の発展などのもとに，ヒトの狩猟採集時代や農耕・牧畜の伝統社会の生態研究，そこでの「人間性」形成の研究が深められ，人類史の大部分を占める<u>狩猟採集生活がヒトの共通性形成の基底的環境</u>であることが明らかにされつつある。チンパンジーとヒトの分岐後に続く人類史700万年の大部分の期間 (99.9%) は狩猟採集・漁労を基本とする原始共同社会 (1.3万年前頃から「文明」が芽生える) であり，そこでは食生活の平等，個人の利益や財産の蓄積の抑制，社会的地位の格差消去，特定個人への名声栄誉の集中の回避などの平等主義が観察されている。

　ダーウィンは，種の共感能力が自然淘汰で促進されるとの説を唱えていたが，現代の学問（進化人類学，進化心理学，社会生物学）によれば，社会的動物（草食獣，ライオン，オオカミ，サル，類人猿など）は，進化に有利という生物学的利益・行動戦略から，他者・共同体への配慮（共感，規範，相互性，協調など）を発達させたという。動物行動学者コンラート・ローレンツは，動物の「あまりに人間的なものは，ほとんどつねに，前人間的のものであり…多くの動物的な遺産が人間の中に残っている」という（『ソロモンの指環』）。

　ヒトに近い類人猿（チンパンジーなど）は，ニホンザルのように優劣関係に忠実に従うのではなく，弱い方をかばい助ける性質があり，たとえば，個体間の食物分与の行動は思いやりや客観視の心のあらわれであり，平等原則の社会規範を求める原動力と見られている。平等・共同社会への本能的欲求こそ，サルからヒトへの進化の決定的な分岐点，出発点であり，ヒトは条件的平等を広げ

て進化してきたといわれる。

　ヒトは，森林，サバンナを中心に，**狩猟採集の共同生活**をいとなみ，その社会は，せいぜい100人程度の少人数の血縁的な複雄複雌集団とそのもとでの一夫多妻制の重層的社会，共同体であった。家族は，共通の子どもを育てる雌雄の連合であり，それを基本単位に共同体の人たちとの継続的・安定的な親密な共生・交流・協力が行われ，そのなかで，相互に平等で助け合いや思いやりなどの人間の本性，「人間らしさ」(根源的願望・幸福感)，とくに「**共同性**」を発達させたであろう。これらの能力は，時代を超えて人間の脳の神経回路に遺伝子的に継承され，生得的本性として人類の進化を促し，系統発生を特徴づけたにちがいない。人間の本性は，赤ちゃん，子どもから大人まで年齢にかかわらず，すべての人間が潜在的生得的に具有する自然的本性，人格的特性であり，それぞれの人間が生きる時代や社会のちがいをこえてゲノムと脳に組み込まれて人類普遍的に共有され，人類史を底通していると考えられる。個々の人間の性格は，それぞれの生活体験・生育史により異なるが，「元型」的心理(無意識，ユング)は共通する。人類の進化の所産である人間の本性は，自然選択による遺伝的形質とともに，それに適合した教育の営みを通じて継承，強化されてきたにちがいない。すべての人に共通する系統発生的に継承されている人間の本性こそ現代の人類普遍的な「人間の尊厳」の内実，根拠といえよう。それは世界普遍的な宗教の根本教義にも底通し(キリスト教の隣人愛，仏教の慈悲，イスラム教の喜捨，儒教の仁，など)，宗教によっても継承されている。

　ヒトの人格的本質や感性とともに，記憶力，「賢さ」「頭のよさ」などの知的能力，その根底の**理性**も，狩猟採集生活における食料の確保など複雑困難な生存活動のなかで獲得，継承され，現代人に勝るとも劣らぬレベルに発達したと考えられる。狩猟採集人は数千の動植物を知るなど自然の生き字引といわれる。たとえば，現代でもアフリカのある部族では学校はないが，100種の鳥名を5歳児の80％が認知し，ある鳥が鳴けば真似て合唱し，その鳥にまつわる歌を歌うことなどが観察されている。現生人類(ホモ・サピエンス)の脳容量は，今日まで約20万年来不変であり，脳の受容力も同様であろう。

人間の「部族的動物」説の一例は，イギリスの動物学者デズモンド・モリスの古典的著作『人間動物園』(1969年初版)であり，動物としての人間の本質から現代文明・社会の非人間的状態を考察する。要点は次のとおりである。

－ヒトは，長い人類史のなかで，まばらな空間のもとで互いに協力して生存・生活し，「種族的狩猟人」「部族的動物」として進化し，「創意と相互扶助」「思いやり…協力」などの「基本的衝動」を発達させた。しかし，人類史にくらべごくわずかの期間にすぎない過密な都市文明＝「人間動物園」のもとで「人間的社会から非人間的社会」へと変質し，そこから人間の最大の苦悩が生じた。「われわれは，根底において，ただの部族的動物であるし，おそらく将来もそうであろう。」「狩猟人の先祖たちと基本的に同じ動物」「採用した多種多様な衣装をぬいでみれば，みんな裸の猿である。」「人間動物園をすばらしい人間自然猟園に」する必要がある。－

その後の著作でも現代人の幸福のための「狩猟本能の充足」などが説かれている(横田一久訳『「裸のサル」の幸福論』新潮社，2005年，原著：『幸福の性質』2004年)。

デズモンド・モリス(1928年-)は，バーミンガム大学動物学科卒業，イギリス動物学会・哺乳類部門責任者，ロンドン動物園勤務の動物行動学者であり，本書や前著『裸の猿』(1967年)は欧米日で爆発的な売れ行きとなり，類書の刊行が相次いだ(小原秀雄『人間の動物学』季節社，1974年，ほか)。

3 文化・文明と人間

ヒトは進化とともに文化を形成し，文化の衣を被い，文化的存在として発達する。「文化」(culture)とは，人間が創造し，自然に手を加えて形成してきた物心両面の成果であり，原始社会から文明社会までそれぞれの社会に存在し，蓄積されている。「文明」(civilization)は，狩猟採集中心の原始社会から脱した社会における文化の段階を指すのが普通である。

人類史700万年のうち約1.3万年前頃から「文化」「文明」が，環境的地理的条件に恵まれた地球の数カ所を中心に芽生え周辺へと伝播する。文明の証，

最古の土器は1.4万年前のものが日本で発見されている。約5000年前には，メソポタミア，古代エジプト，中国・黄河，インダス，アンデスの各地域で古代文明が栄えた。そのなかで中国は15世紀頃まで世界の大国であり，ヨーロッパは後進地域であった。文明は近代以前までに，農耕・牧畜（家畜の飼育），定住生活，石器，土器，青銅器，鉄器，磁器，兵器，火薬，銃，製紙，文字，活字，印刷術，車輪，船舶，灌漑，運河，都市などの生活様式や技術がしだいに発達する。それに応じて人口が増加し，社会の形態は，血縁的な**狩猟採集社会**（数人から数十人，4万年前まで）から**部族社会**（数百人以上，主な転機は1.3万年前から），地域的な**首長社会**（数千人以上，9500万年前から），**国家**（数万人以上，5700万年前から）へと変化する。数百万年にわたる互いによく知り合える血縁的少人数集団が，人間・人類の本質を形成してきたが，部族社会以降はそれがしだいに抑圧・弱体化し，人間と社会の乖離が拡大する。**文字**は最大の発明であり，それが情報の伝達，エリートの形成，集権的政治システムなど「文明」の飛躍的発展を可能とした。

　人口増加にともなう土地・資源の不足，その争いから**私有財産制**，階級が発達し，**階級社会**は，総じて世界史では奴隷制，封建制，資本制の各段階を経て発展してきた。そこでは，人間の不平等，支配，争い，侵略，虐殺，戦争，貧富などが拡大し，それに応じて「文明」以前に形成された人間の本性，とりわけ共同性が損なわれ抑圧される。人間は差別，服従，憎しみ，苦役，孤独・孤立化などに苛まれ，支配階級のイデオロギー（虚偽思想）によって人間の思想が統制され，歪められる。他面では抑圧された人々の抵抗や運動，民主主義や平和確立の努力，人間の尊厳や解放，発達に役立つ文化の発展などにより，その弊害を制限緩和してきたとはいえ，社会的不平等のもとで人間の苦悩や発達の歪みなどが助長されている。さらに，最近1世紀ほどの現代社会では，生活の便利や快適がひろがる反面，「人類のふるさと」の地域共同体の絆が急速に弱まり，人間の本性に離反し，その発達を脅かす自然的・文化的・社会的環境が増幅している。このような状況のもとで，人間の本性，とくにその共同性を回復，創造する活動やそれを育む教育の役割が大きくなっている。

「人類のふるさと」の原始共同社会は，遠い過去のことではない。現在の地球上の200カ国に近い国・地域のなかには，それに準ずる共同社会が現存し，人類学者が指摘するように，そこでみられる崇高な人間性・人格が現代人を啓蒙，圧倒し，「進歩」史観が根底から覆される場合がある。

今世紀初頭の例では，アメリカの文化人類学者アルフレッド・ルイス・クローバの研究資料（カリフォルニア大学・人類学研究室保管）をもとにその夫人が執筆したシオドーラ・クローバー『イシー北米最後の野生インディアン』（行方昭夫訳，岩波書店，1961年初版）の物語の衝撃があげられる（今もアメリカの高校教科書のひとつ。日本の教科書『現代社会』〔東京書籍〕冒頭に紹介）。それは，「開拓」で辺境に追われたインディアン，石器時代人のままであった本書の主人公「イシ」が，1911年，突如，20世紀文明社会に出現し，人々を驚嘆させた記録であり，「文明人」の野蛮残酷な「開拓」史も克明に綴られている。イシは博物館で働き，親友だった医師ホープの言葉が本書の最後に添えられている。「彼は文明人を知恵の進んだ子供―頭はいいが賢くはない者と見ていた。われわれは多くのことを知ったが，その中の多くは偽りであった。イシは常に真実である自然を知っていた。彼の性格は永遠に続くものであった。親切で，勇気があり，自制心もつよかった。」

人類の進化における人間の本性の探究は，人類学，霊長類学，哺乳類学，動物学から哲学を含め，現代科学の挑戦的課題であり，教育学にもその視野が求められている。

3 文明・社会と教育

1 文明と教育の乖離

図3.1は，文明が未発展の段階までは，文明と教育は乖離しないが，文明の発展とともに，文明と教育との乖離が生じ，それが拡大していく傾向を示す。一般に，文明（文化）は，前時代・前世代の水準が継承され，それを基礎に新たな文明が追加，累積され，時代・世代とともにより高い水準，複雑な状態へと発展，到達する。それに対し，人間の能力を形成する教育は，世代ごとにゼ

3 文明・社会と教育

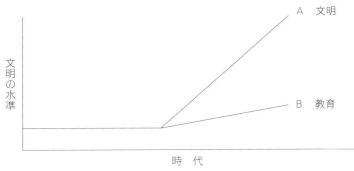

図 3.1 文明と教育の乖離

ロから繰り返す一代限りの絶対的限界があり，前世代の到達した能力の成果は次世代には完全に継承されない。それは「**文明と教育の乖離の法則**」ともいうべき必然的傾向といえよう。

やがて，文明の水準と教育の乖離がすすみ，個人の能力が文明や社会に適応，コントロールできなくなり，人間が文明や社会に翻弄され，文明が発展したある段階から，その暴走が始まり，人類社会の存続を脅かす事態が到来する。

文明の頂点に達した現代，とくに 21 世紀の段階にいたり，その「光」とともに「影」の部分も拡大している。文明は，人類の脳の所産であり，言葉，文字，神話・宗教，政治，学問・科学などの精神的文化や技術・機械などの物質的文化から成り，時代とともに社会に累積していく。

文明の「光」とは，人間の尊厳の確立に寄与する側面－たとえば，平和，人権思想・民主主義，生活や労働の向上，持続的発展と自然環境の保護，それらに寄与する学問・文化・芸術，技術・技能，知識・情報の発展などである。それらの文化遺産は教育や学習を通じて次世代に伝えられるが，教育や個人の能力の限界からその膨大な累積の伝達はしだいに困難になる。

文明の「**影**」とは，人間の尊厳に反する側面－たとえば，戦争・紛争・対立，人権・民主主義の侵害，生活・労働の貧困・格差と人間らしさの喪失，市場原理主義の支配（投機経済の世界化，競争・効率・利潤原理の浸透，公共サービスや自

治共同体の崩壊），環境破壊，それらを助長する学問・文化，科学・技術の暴走（原発事故，生命工学の逸脱，IT 革命の弊害）などである。2011 年 3 月 11 日の東日本大震災による福島原発事故は，文明暴走の典型的災害であった。文明の「影」は教育をも巻き込み，それを損ない，人間の劣化をもたらす。

　この問題を解決し，危機を克服するためには，時代とともに個人や社会の教育の向上が必要となるが，その困難・複雑さも増大する。それに応える方法のひとつが**教育の分業化・専門化**であり，伝統的な家庭や地域のほか，文化遺産を効率的に伝達するため，学校や教師などの教育専門の組織や人が歴史的に登場し，学校制度が発達してきた。

　しかし，他面で**学校制度は弊害**をともなう。たとえば，国家や企業などのイデオロギー注入・強化などにより人間が画一的に統制される。知識などの詰め込みのために子どもの能動的学習活動を狭め知的発達を妨げる。教育の競争が助長され協力・共同を壊し，教育の統制・効率化は個性，自由，創造性などを犠牲にする。学齢期集中教育により社会や生涯の教育などの可能性を妨げ弱める。過密・過大な学校・学級の人数が人間性の形成を妨げる。このように学校制度は，その「発達」とともに弊害が累増していく。

　「文明と教育の乖離」に対処する教育の根本的改革が求められる。その理念の探究が第 4 章以下の課題である。そこでは，「人間をつくる」ことが教育の原点とされ，人間の無限の可能性の全面的発達と善性・共同性を育み，一人ひとりの人間の自由，尊厳，幸福のために互いに助け合い，思いやり，役に立つ共同社会の実現をめざす理念が跡づけられよう。

2　社会と教育

　「文明と教育」に続き「社会と教育」の関係を考えてみよう。「社会」は人間が構成する集団生活（家族，地域社会，教会，政党，会社，自治体，国家など）の総称であるが，一般には家族をとりまく歴史的・地域的共同体をいい，近代以降は国民国家がその典型となる。社会と教育の関係は相互規定的であり，社会が教育を規定する面と教育が社会を規定する面がある。

教育は人間発達のいとなみであるが、具体的にはそれぞれの社会で行われ、それぞれの社会を形成する。教育は、社会の生活、伝統、習慣、文化、文明、制度、思想、時代状況などに影響され、国家や諸団体の関与を受け、民衆の要求や社会運動などを反映している。教育が、社会の発展段階、時代や国、地域、職業などで目的や形態が異なり、多様な特徴をもつのは、このような社会の教育規定力による。

同時に、教育は社会に完全に従属するのではなく、人間発達の本質やある程度自律的な文化遺産の選択・伝達による人間形成が社会のあり方を規定し、その未来を創造する力となる。しばしば、時代の転換期に、新たな教育理想・思想が社会変革の推進力になるのは教育の社会規定力の顕著なあらわれである。

社会と教育との関係は、共同社会のように文化と教育の間が遊離しない段階では、両者の乖離も対立も基本的に存在せず調和的であり、子どもの「社会化」＝「人間化」という関係は自明である。しかし、文明の発展とともに社会と教育との乖離は拡大し、子どもの「社会化」の困難が増大し、また、階級をはじめとする社会の非人間化のもとで子どもの「社会化」＝「人間化」ではなく、一面で「非人間化」が助長される。このような文明、社会と教育との矛盾・不整合の克服のため、教育に対する社会の要求・圧力、教育による社会形成・管理の必要性はともに増大し、学校など「制度としての教育」は諸要求を反映し、ますます肥大化し、矛盾葛藤に満ちた複雑な存在になる。

3　公教育制度の成立とその前史

「人間をつくる」という教育のいとなみは、人類の歴史とともに存続したが、学校などの教育の専門的施設が登場するのは、前述のように文明の成立以降である。たとえば、ヨーロッパでは、紀元前5世紀の古代ギリシャの都市国家（ポリス）に「市民」（支配階級）の子どもの教育施設が設置された。それは、その後のヘレニズム時代、ローマ帝国時代に継承され、中世以降は教会、寺院、私人などの経営する庶民教育施設、専門職養成の大学やその予備校、近世以降は領主・国王の統治のための学校などが設置される。

しかし，近代学校制度のような公教育が急速に普及するのは，**資本主義社会の産業革命**を転機とする文明の飛躍的発展段階からであり，事実として産業革命の時期と無償義務教育制度の成立時とが重なる。たとえば，イギリスでは1780年前後の産業革命と日曜学校制度（1780年）の成立，フランスでは初等教育法（1833年），ドイツではザクセン州一般学校法（1850年），アメリカではペンシルバニア州無償学校法（1834年），小学校令改正（1900年）のような関係である。その後，公教育は，初等教育から中等教育，高等教育へとひろがり，特権階級と庶民階級に入学者が分かれていた教育制度は，複線型から単線型へ統一化・総合化に向かい，「柄の短いフォーク型」から「柄の長いフォーク型」へと変化し，その潮流は現在も続いている。

4 資本主義の発達と公教育

産業革命を契機に公教育が急速に普及するのはなぜであろうか。その理由は，機械や動力の発明など文明の高度化を背景に生産・労働過程における技術革新が不断に進行し，利潤の根源である労働者の労働能力の育成向上が，資本主義社会の存続，発展に不可欠な社会的需要となるからである。その根拠を経済学的に説明してみよう。

資本主義社会は商品生産が高度に発達した社会である。商品の価値は，その生産に費やされた**労働力の価値**（労働力の再生産に必要な一般的社会的労働時間）によって計られる。資本家は，商品生産の過程で労働力という特殊な商品を購入し（雇用し），その労働から搾り取られる**剰余価値**（労働力価値として支払われる賃金以上に生み出される剰余の価値）を流通過程の商品交換で実現し，利潤を獲得し資本を増殖する。

剰余価値の生産方法は，労働時間の延長による「**絶対的剰余価値**」と必要労働時間（賃金相当の時間）の短縮による「**相対的剰余価値**」の各生産方法に大別されるが，前者は人間の1日24時間の生理的時間の限界があり，労働時間短縮運動の圧力もあり，後者の方法が歴史必然的傾向となる（8時間労働制）。その方法の基本は，労働の生産性を高め，必要労働時間を短縮することであり，

労働の生産性を高めるには、技術革新とそれを担う労働者の労働能力の向上が有効となる。より高い利潤を求める資本家間競争は、機械や設備の不断の技術革新を促し、それを担いうるより有能な労働者の育成が渇望される。より有能な労働能力の確保は、必要労働時間の短縮にともなう自由時間の増加、それによる教育訓練の増加であり、公教育の拡大がそれを可能とする。

公教育は、基本的にはこのような資本主義的生産様式を社会的に支える労働力培養制度として発達した。そこで培養される労働力は基本的に資本家に有用な労働能力であり、また、公教育は、資本主義国家の強化や国益拡大のため国民の思想・価値観の統制や軍事能力の育成などの役割を担う。

他面で、生産・労働過程における不断の技術革新が必要とする労働力は、マニュファクチュア（工場制手工業）のように分業化された場面に固定される一面的部分的な労働能力ではなく、高度化する労働の諸部門を担いうる**全面的に発達した労働能力、人間**を必要とし、公教育はその需要に応えざるをえない。労働者の側も労働力商品として売り込む必要から、資本家的に有用とされる能力を修得するとともに、それにおさまらない広い教養の修得、人間的発達をめざす。また、人々の間では、市民として、人間としての権利意識を背景に、公教育に民主主義的・人間的教育の拡充を求める要求や運動が高まる（第9章）。

要するに、公教育は矛盾体であり、全体として資本主義生産様式に制約されるが、その矛盾から、資本主義社会をのりこえる人間の全面的発達を促す教育制度として発展する。

4 社会と教育に関する思想・理論

1 ルソー

教育と社会の関係が危機として浮上する歴史的段階で、この問題を鋭く考察したルソーの所論をみてみよう。

『エミール』第1編の冒頭は、有名な次の言葉で始まる。「万物をつくる者の手をはなれるときすべてはよいものであるが、人間の手にうつるとすべてが悪くなる。」これに続き、随所で社会批判が繰り返される。──「社会制度がその人

の自然をしめころす」「社会人は奴隷状態のうちに生まれ，生き，死んでいく」「人間がつくりあげるものはすべて愚劣と矛盾だらけだ」「古代人はわたしたちよりずっと賢明だった。」(第1編) 等々。

　『エミール』における人間と社会の考察は，その数年前に公刊された『**人間不平等起源論**』(1755年) に詳しく展開されている。その要点は，原始の人間は平等，自由，幸福で真の優しさをもち，人類に最適な「自然状態」にあったが，私有を契機とする社会の発展，文明の進歩とともに不平等や支配が増大し，所有権や法律で固定化され，そうした「社会状態」のなかで人類は堕落し，人間の悲惨がつくりだされた，という根底的な文明批判である。そこでは「**自然状態**」が詳しく考察され (第1部)，そこから「**社会状態**」への移行が，狩猟生活，家族・村落の成立，土地私有，専制の段階ごとにのべられ (第2部)，最後を「新しい諸変革が政府をすっかり解体させる」などの展望で結んでいる。

　以下はその記述の一部である。(第1部) =「人類のあらゆる進歩は原始状態から人間をたえず遠ざける」「私の語ろうとしている時代は非常に遠い昔である」「自然状態…もっとも平和に適し，人類にもっともふさわしい」「はるかに内面的に深かった」「あわれみは一つの自然的感情」「人類の保存が人類を構成する人々の推理にのみ依存していたとすれば，とうの昔に人類はいなくなってしまっていただろう。」「原始状態における人間ほど優しいものはない」「もっとも幸福でもっとも永続的な時期」だった。(第2部) =「社会と法律が弱い者には新たなくびきを，富める者には新たな力を与え，自然の自由を永久に破壊してしまい，私有と不平等の法律を永久に固定し，巧妙な簒奪をもって取り消すことのできない権利としてしまい，若干の野心家の利益のために，以後の全人類を労働と隷属と貧困に屈服させたのである。」

　ルソーは，本書のなかで，人類の「自然状態」を詳しく考察しているが，その分野の先行研究は当時，不在であったとのべている。おそらく，その頃，ヨーロッパによる諸大陸の植民地化の過程で収集・収奪された「未開人」に関する厖大な記録を読み，記述したものと思われる。また，「社会状態」のリアルな考察は，青年期の各地の旅行による絶対主義体制下の人民の惨状の目撃やべ

ネチア駐在フランス大使の秘書時代 (1743〜44 年) の政治の実態の経験などによるのであろう。その後間もなく勃発するフランス革命で崩壊する「旧体制」の腐敗や矛盾が頂点に達し露呈した当時の時代状況が，その社会観に投影しているであろう。

ルソーのもうひとつの関心は，このような社会の現実認識とともに，人間の「自然状態」に適した社会をどのように実現すべきか，という問題意識であった。『エミール』(1762 年) と同時に刊行された**社会契約論**はその論述である。そこでは，人類の「自然状態」が存続できなくなったとき，「人類は，もしも生存の仕方を変えなければ，滅びる」ほかはなく，「社会契約がそれに解決を与える」という。「社会契約」とは，人々を共同の「一般意志」のもとにおくことであり，人々は「人民」「市民」として「主権」「国家」を構成し，「立法権」をもち，人民の代理人であり国家の機関である「政府」の「首長」「行政官」(「執行権」をもつ「公僕」) を選び，「定期的集会」によりその越権を防止するなどの仕組みであり，人間は約束・権利により道徳上・法律上，平等になる。

その後，社会契約説は，**アメリカの独立革命** (1776 年) の導火線となり，**フランス革命** (1789 年) で実行され，各国にひろがり，日本では中江兆民の翻訳『民約論』(1882 年) を契機に自由民権，社会主義の思想・運動に影響を与え，今日にいたる世界の民主政体の基本理論となっている。

しかし，社会契約説は，人間が社会で生きる形式，政治のしくみの理論であり，その本性に適合した「自然状態」的理想を実現するには人間の内面形成の理論が不可欠である。『エミール』という教育論が，『社会契約論』とセットで同時に刊行されたゆえんであろう。

2 マルクスとエンゲルス，ヘーゲル

ドイツの革命家・経済学者のマルクスやエンゲルスは，ルソーの著作などを丹念にノートし，原始共同社会の実証的研究を踏まえ，「人間の本質は，人間が真に共同的存在であることにあるのだから，人間はかれらの本質を発揮することによって人間的な共同体を…社会体制を創造し，産出する」(1844 年，マル

クス『ミル評注』）とのべ，過渡的な階級社会後の永久的な共同社会の創出を展望した．かれらは，資本主義社会を克明に分析し（『資本論』ほか），その矛盾として「全面的に発達した人間」の登場を予想し，そのような人間の育成をめざす無償教育を社会変革の優先課題として重視した．

　マルクス（Karl Marx, 1818-83）は，ユダヤ人弁護士の子に生まれ，ボン大学，ベルリン大学に学び，イエナ大学で哲学博士を取得したが，ヘーゲル左派に属し，反動的風潮のもとで教職を断念した．革命運動にも参加後，1850年代からロンドンで経済学研究に没頭し，1867年，『資本論』第1巻を完成した．

　1845年，その盟友F．エンゲルスは，次のようにのべている．「この（共産主義の）理論をどのように実現したらよいか…その第一は，例外なくすべての子どもにたいして国家の費用で普通教育をほどこすことである．この教育は，すべての子どもにたいして平等であって，各個人が社会の自主的な成員として行動する能力をもつまでつづけられる．…すべての人間が自分の能力を完全に発達させる権利をもっている」（本章末参考文献1②）．その後，1848年に刊行された共産主義者同盟のマニフェストであり両名共著の『共産党宣言』は，「すべての子どもの無償の公教育」「各人の自由な発達がすべての人びとの自由な発達の条件となる共同社会」などの未来社会のビジョンを提起し，その後の歴史に大きな影響を与えた．

　エンゲルスは，ギムナジウム卒業後，紡績会社経営や社会主義運動に参加するとともに，多分野にわたる研究活動で厖大な著作を遺し，盟友カール・マルクスとともに「科学的社会主義」の創始者とされる．

　マルクス，エンゲルスに思想的影響を与えた哲学者のひとりは**ヘーゲル**（Hegel, G. W. F., 1770-1831）である．彼は，ルソーの影響を受け，フィヒテ批判から哲学研究に入り，ニュールンベルクのギムナジウムの校長兼教授，ベルリン大学教授などを歴任した．教育論では，古代ギリシャ・ローマの古典による人文主義的教養を重視し，共同社会（市民社会）の自立的道徳的人間の形成をめざした．

3 デュルケーム

フランスの社会学者・教育学のエミール・デュルケーム（Durkheim, É., 1858-1917）は，社会学者の立場から，教育と社会の関係を考察した。その一端を著書『**教育と社会学**』から引用してみよう。そこでは，教育は「子どもの社会化」であるが，個人の抑圧ではなく，その成長・人間化であり，国家の教育への関与は抑制的，最小限であるべき，という主張が貫かれている。

「教育は，未成年者の体系的社会化」，「各人には２つの存在…個人的存在と社会的存在」があり，「各人にかかる社会的存在を形成すること，それが教育の目的」「生を享けた子どもは，その個人的性質しか身につけていない」ので，社会は「白紙に対するのと同じ態度で各新世代に対する…社会は誕生したばかりの利己的・非社会的存在に道徳的かつ社会生活を営みうるような他の存在を添加しなければならない」，動物と異なり「人間（の）資質は遺伝の方法によっては１つの世代から他の世代に伝達することはできない」，「人間は実際，社会生活を営むことによってのみ人間たりうる」，「社会と個人という２つの項は対立」せず，「個人は社会を必要とし，社会は個人を必要とする。それであるから教育によって社会がとくに個人に加える作用は，個人を抑圧したり，縮小したり，曲げたりすることではなく，むしろ反対に個人を成長させ，個人を一個の真に人間的存在たらしめることを目的とする」，「教育が本質的に１つの社会的機能である以上…教育事業はすべて，ある程度まで国家の作用に服すべきである。しかしこのことは，国家が教育を独占すべきであるということではない」，「すべての者に共通…例えば，理性，科学，民主的道徳の基礎…に対する尊重…国家の役割は，かかる本質的原理を明らかにし…学校で教えさせる…この点に国家の行うべき１つの作用が認められる…控えめの限度にとどまればとどまるほど，その効果は顕著であろう。」（本章参考文献１．④）

考えてみよう
1. 「労働が人間をつくった」とはどういう意味か。
2. 人間の本質が共同性といわれるのはなぜか。
3. 近代公教育の成立と資本主義の発達との関係について。

4．ルソーの教育論と社会変革論との関係について。
5．マルクス＝エンゲルスの教育論と社会変革論との関係について。

参考文献
1．引用学説に関する文献：①エンゲルス『自然弁証法』(田辺振太朗訳『自然の弁証法（上巻）』岩波書店，1956年)，②『マルクス・エンゲルス教育論Ⅰ・Ⅱ』(世界教育学選集42・43)，明治図書，1968年，③ルソー『人間不平等起源論』，『社会契約論』(岩波文庫)，④エミル・デュルケーム『教育と社会学』1922年 (収録論文は1902〜11年に発表。訳書：佐々木交賢訳，誠信書房，1976年)
2．人類進化学に関する文献：①埴原和郎『人類の進化史』講談社，2004年，②石川統ほか編著『シリーズ進化学（全7巻）』岩波書店，2005年 (とくに5巻『ヒトの進化』)，③伊谷純一郎『原野と森の思想－フィールド人類学への誘い』岩波書店，2006年，④西田利貞『人間性はどこから来たか－サル学からのアプローチ』京都大学学術出版会，2007年 (同著巻末の参考文献)，⑤S.オッペンハイマー『人類の足跡10万年全史』仲村明子訳，草思社，2007年，⑥山極寿一「人間にとって教育とは何か－教育の起原についての進化論的検討」『自然と人間の破壊に抗して』学文社，2008年，⑦内井惣七『ダーウィンの思想』岩波書店，2009年，など

第4章 教育学の歴史（西洋）

　日本の教育思想は，およそ 2000 年余前の古代から交流のあった中国文化の影響が江戸時代まで濃厚であったが，明治維新の「文明開化」を契機に，欧米の教育思想・教育学の潮流が強まった。それは，国家神道・教育勅語体制下，とくに太平洋戦期に抑圧されたものの，日本の教育学の底流をなし，戦後は，国連機関や欧米中心の教育学の影響，国際交流のもとで日本の教育学に強い影響を与えている。このような経緯から，本章以下の外国の教育学の歴史記述では対象を西洋と中国，国際機関を中心としたが，それは歴史の一部に過ぎない。

　文明や教育は古代から他の地域（中東，アフリカ，アメリカ，オセアニアなど）に発達し，西暦 500 年頃までは中東が，1500 年頃までは中東，ギリシャ，インド，中国が世界史の中心であり，西洋は文明史の辺境であった。近年の歴史学では，近代の西洋史学の「傲慢」「偏見」への反省と人類史的視野の地域横断的「世界史学」の必要が志向されている。教育学でも地球時代を迎え，西洋に偏重せず，日本の教育学も国際的視野から相対化した「世界教育学」の構築が求められる（学校教育課程では世界史・日本史を統合した「歴史基礎」が提起され（章末参考文献），『比較教育学事典』（巻末参考文献）は世界各地域の教育をカバーしている）。

　本シリーズ第 4 巻『教育史』は，主に近代以降の西洋教育史，日本教育史であり，本巻はそれ以前の時代を詳しく扱った。

　時代区分には諸論があるが，本章は社会発展史に対応する「原始」（階級のない社会），「古代」（原始時代後の奴隷制社会），「中世」（封建制社会），「近世」（絶対主義社会），「近代」（資本主義社会），「現代」（第 2 次世界大戦終結以降）の区分とした（現行学習指導要領・教科書もほぼこれに準じている）。

1 原始・古代（主に紀元前9～紀元4世紀）

1　四大文明と古代エジプト

　人類は，700万年におよぶ歴史の99.9％以上の期間，狩猟・漁労・採集を中心に生活し，子どもを育て，文化を伝えてきた。ようやく5000年前頃から「四大文明」（エジプト，メソポタミア，インダス，中国）などが現れ，人類史最大の発明，先史と歴史時代を画する文字がつくられ（紀元前・BC3000頃のシュメール人の楔形文字，エジプト象形文字），学問が芽生えた。たとえば，**古代エジプト**ではシュメール文字を継承し，象形文字を考案。ピラミッド建設（ギゼー，BC2400）に象徴されるナイル川流域の測量技術に由来する算術・幾何学，天文学（その成果の太陽暦）などが発達し，教科書も作成された。前13世紀には，フェニキア人（シリア地中海沿岸）によりエジプト象形文字をもとにアルファベットの原型がつくられ，神官集団の文字独占，知的伝統を俗人，普通の人に開放し，学問の大衆化をもたらした。

2　古代ギリシャの教育

　降って，西洋文化・教育の源流のひとつ**古代ギリシャ**（紀元前8～4世紀）では，エジプトに雇われた傭兵がその文明をギリシャに広め，フェニキア文字をもとに音声言葉を母音と子音で表現する文字が発明され，人間の教養や人間性を重視する哲学や哲学的思弁の教育論が盛んになる。ギリシャは約200の**都市国家**（ポリス）から形成され，互いに知り合える小規模共同体が理想とされ，アテネ，スパルタを除き各人口は数百～数千人程度であった。

　紀元前8世紀のホメロスの二大叙事詩（伝承と詩人の創作の所産），「イリアス」「オデュッセイア」（ドイツのシュリーマンのトロイ遺跡，ミケーネ遺跡発掘の契機）は，貴族的騎士の栄誉・栄光を誇りとする英雄的・理想的人間像を描き市民教育の教材となった。それはプラトンが「ギリシャの教師ホメロス」と表現したように，卓越性を志向し百科事典的教養を重んずるギリシャ的教養の源流となった。その頃，競技を競い，オリンポス12神に捧げる4年に1度の**競技会**が開催され，

1　原始・古代（主に紀元前9～紀元4世紀)　　79

体育が盛んとなり，身体美と壮健は人間性の表現として重んじられた（オリンピックのルーツ。一時，スパルタが賞を独占）。

ギリシャ人の教養の糧，**イソップ物語**（前7世紀の宮廷奴隷・賢者アイソープの寓話，前4世紀頃10巻の書物となる）は，世界にひろがり，日本には1593年にキリシタンの読本として刊行された。

前6世紀頃から，エーゲ海東岸・ギリシャの植民地**イオニア**では自然哲学が発達した（ターレス，ヘラクレイトス〔哲学〕，ピタゴラス〔数学〕，デモクリトス〔原子論〕，ヒポクラテス〔医学〕など）。紀元前6～4世紀には都市国家が盛期を迎え（BC480年，アテネ軍主力のサラミス海戦勝利)，スパルタでは，軍国主義教育論（リュクルゴス，プルタルコスら），イオニアでは自由主義教育論，アテネは個人と国家の調和論（ソロンら）が特徴であった。

3　アテネとスパルタ，ヘレニズム

アテネでは人口30万人中3.5万人(14%)が市民で，18歳以上の男子に参政権があり，民会を国政の最高機関とする直接民主主義が実現し，市民間の治者と被治者の差別をなくすため，役人や裁判官は抽選で選ばれた。この制度のもとで支配階級の男子市民＝自由人が教養を独占し，女性，大多数を占める奴隷，外国人は排除され，国家の維持強化の教育論が主流であった。奴隷制度は労働軽蔑の風潮を生みポリスを腐敗させた。ギリシャ悲劇とともに栄えた喜劇作家アリストファネスの『雲』には，アテネの繁栄を築いた親世代と比べた子・孫世代の道徳的退廃が描かれ，その落差が教育論隆盛の背景とされる。

とくに前5世紀の民主制下のアテネでは，政治的卓越性を求め，**ソフィスト**（知者，教育者）と呼ばれる民衆啓蒙家・弁論家が活躍し，反論術・争論術・話術などを教え，法外な授業料も徴収された。**ソクラテス**(Sokrates, BC470頃-399)はそれを批判し，対話法による「無知（俗見）の自覚」，真理（「エロス」）の探究を促し，最期は危険思想との理由で控訴され獄死した。その著作は残されていないが，門弟の**プラトン**(BC427-347)が師について多く語っている。かれは，無償の学園アカデミァ(BC387-?)を開設し，政治的教養を中心に教育

と研究を行い，『国家』『法律』などを著し，理念・価値希求（「イデア」），節制・勇気・智慧の調和，対話法，年齢段階別の教育課程など，教育の哲学的考察に巨大な足跡を残した（ルソーは『国家』を「教育論のなかでいちばんすぐれたもの」と評している）。その門弟，「万学の祖」**アリストテレス**（Aristoteles, BC384-322）も無償の学園リュケイオン（BC335-）を開講し，人間を「国家的生物」とし，『政治学』などで国家による国民教育論を展開し，マケドニアのアレクサンダー大王の家庭教師も務めた（大王の領土拡大に反対）。また，自由人としての教養（パイデイア）を高く評価し，経済はその基盤と考え，余暇の自由な学問が平和のために重要と説いている。

　彼らは，知識を売る人を軽蔑し，師と子（年少者）との愛し愛される関係（教育愛）を基本に，師の子への優しく配慮する世話の全体が教育であり，話しことばによる教育が非個性的な文字の教育に優ると考えた（プラトン）。アテネは前6世紀，国家理念が軍事から文治に転換し，それが教育理念に反映している。

　これに対し**スパルタ**では軍国主義で一貫し，優生政策から弱い子は捨てられ，7～20歳（幼年，少年，壮丁に区分）まで教育監指揮下の共同生活で全体主義の苛酷な訓練，忍耐生活を受け，軍事国家を担う兵士教育・愛国教育が行われた（「スパルタ教育」は後世まで影響し，ナチスの教育などの模範となる）。

　ギリシャ文化は，アレクサンダー大王の東方遠征以降の**ヘレニズム時代**（前333～前30年）にインドまでの広大な領域に伝わる。数学者ユークリッド（BC 4～3世紀）が，速習を求める大王に「学問に王道なし」と答えた逸話は，学問の権威を象徴し，エジプトのアレクサンドリア（同名都市は遠征各地におよそ70）はムーセイオン（諸学者の共同体）などの高等学術機関や大図書館（蔵書100万冊）を有するなど学術都市として繁栄を極め，ヘレニズムは，ローマ帝国の領土拡大にともない西洋各地に広がった。雄弁家はローマ市民の理想像であり，キケロとともに有名な雄弁家**クインティリアヌス**（Quintilianus, M. F., 35-95頃）の『雄弁家の教育』は，修辞学校（当時の最高学府）の経験に基づく体系的教育方法の古典とされ，知徳を雄弁家の必須とする理想主義教育論は，ルネサンス以降も高く評価された（1415年，ポジョが発見）。

2 中世（4〜15世紀）

1 キリスト教の影響と哲学，学校

　古代，ヨーロッパは文化的に辺境の地であり，14世紀でも約千の小国がひしめき，中世（4〜15世紀）の約1000年間は「暗黒時代」とされるが，独自の文化も育まれ，近年の中世研究は新たな中世観を提起している。

　東方の原始キリスト教における良心と真実の幸福の覚醒，神の下の平等の思想は，人間の理性と平等への転機となった。**キリスト教**は，ローマ帝国のもとで4世紀初頭には弾圧から公認（313年，ミラノ勅令），アタナシウス派（「キリスト＝神」の教義）の正当化（325年，ニケーア公会議。「キリスト＝人間」の教義のアリウス派異端），その国教化（392年）となり，宗教主義・団体主義・権威主義による民衆統制で科学・個人・自由の思想は抑圧され，総じて学問は不毛であった。

　しかし，8世紀のカール大帝（フランク王国）下，ラテン語による文芸復興（カロリング・ルネサンス）のもとで宮廷学校や教会・修道院の教育の場への組織化が行われ，キリスト教精神界に「**アリストテレス革命**」といわれる思想革命（神の存在の否定）が芽生える。信仰の理論化をめざす**スコラ哲学**（10世紀〜）は，キリスト教とギリシャ文化を統合し，ルネッサンスの仲立ちの役割を果たした。中国で発明された紙は，シルクロード経由でイスラム圏に伝えられ，10〜14世紀には西洋に普及した。従来の羊皮紙は稀少高価であった（羊1頭で15頁程度）。13世紀末のマルコ・ポーロ『東方見聞録』（1271〜95年の元に奉職間の記録）は，東方への関心を高め，コロンブスの大航海などの動機となった。

　神学者**アウグスティヌス**（Augustinus, 354-430）は，教育は人間を神に形成するものであり，教会が神に代わり人間を導き，子どものうちに神が在り，教師の教える徳や知識を生徒は「内なる真理に照らして学習」するとのべるなど（『教師について』），援助者としての教師の役割を説いている。当時，教育機関として，教会支配下の問答学校，僧庵学校，本山学校，修道院などとともに，世俗の宮廷学校，騎士教育，ギルド教育が広がった。

2 中世の大学，ルネサンス，イスラム世界

中世とはいえ「第一のルネサンス」といわれる12～13世紀，中世自治都市を背景にギルド（同業組合）の一種として**中世の大学**（学生と教師の協同組合＝ユニヴァーシティ）が誕生した。それは，国王や教会から一定の特権・自治権（兵役，納税，裁判，生活費の減免など）を認められ，聖職者，医者，法律家など専門職養成の学問（神学，医学，法学など）の拠点となり，その予備課程の学芸学部ではリベラル・アーツ（liberal arts, 自由7科：文法・論理・修辞〔形式科目，初級段階〕・音楽・算術・幾何・天文〔実質科目，上級段階〕，6世紀にカッシオドルスが決定）が広められた。11世紀末から12世紀のボローニャ大学（1088年），パリ大学（1150年），オックスフォード大学（1167年）などをはじめ，13世紀に19大学，14世紀に25大学，15世紀に30大学が相次ぎ設立される。どの大学でもラテン語による教授，アリストテレス哲学を含むカリキュラム，転学の自由など共通性が高く，移動も思想も「自由な知識人」のルネサンス期**ヒューマニスト**（人文主義者）を形成する。しかし，大学の自由の汎ヨーロッパ的発展は14世紀初頭までで，その後は領邦国家への従属を強める。

これらを背景に，地中海貿易の盛んなイタリアでは，14世紀，古代ギリシャ精神の復活を基本に自我，人間，教育の自覚・発見を促す**ルネサンス**（文芸復興）が興り，ダンテ『神曲』，ペトラルカ『書翰集』，ボッカチオ『デカメロン』などは各国に強い影響を与えた。教育論では，ギリシャ的自由教育論が復活し，人文主義教育論が登場し，当時のギムナジウム（ドイツ），リセ（フランス），パブリックスクール（イギリス）などは西洋エリート教育機関の源流となる。

インドでは**グプタ朝**（4～8世紀）の文化の黄金期にはバラモン学僧の哲学，天文学，代数学，医学，化学など盛んになり，円周率3.146，1年約365.4日，十進法，ゼロの理論，アラビア数字のもとになるサンスクリット文字などの考案が知られる。

ムハンマドを元祖とする**イスラム世界**（610年，イスラム教）は拡大し，首都バグダッドは「知恵の館」といわれ，9世紀の盛時人口150万人を数え，その勢力はイベリア半島に及び，自然科学の発達がいちじるしく，西洋の留学生が

参集するコルドバ（10世紀，西洋最大の都市）は「ヨーロッパの灯台」といわれた。**レコンキスタ**（キリスト教徒によるイベリア半島解放運動，11世紀末）により，イスラム文明やそれが媒介する古代ギリシャ・ローマの学問がヨーロッパに移入され，トレドやリスボンの図書館で見出されたアラビア語訳のアリストテレスらの理性重視の学術書は，中世思想界に衝撃を与えた。たとえば，イスラムの医師・哲学者のアヴィセンナ『医学典範』は17世紀までヨーロッパの医学教科書として使用された。

3〜15世紀，アフリカ王国（ガーナ王国，マリ王国など）がイスラム文化の通り道の北アフリカを中心に栄え，アフリカは「暗黒大陸」ではなかった。

3　近世（15〜17世紀）

1　近世の幕開けと活版印刷，中国学

近世は，近代科学・技術の発展を背景とする実学主義・合理主義，ルネサンス・宗教改革・市民革命による「人間の発見」の時代であった。新航路・新大陸，天体・蒸気力，活版印刷術・羅針盤・望遠鏡などの発見発明が相次ぎ，産業活動が活発となり，人間の知性が宗教的世界観から解放された。

その反面，**大航海時代**には外国侵略・収奪が拡大し，人間の奴隷化が進行した。「奴隷貿易」は「三角貿易」ともいわれ，ヨーロッパから織物など製造品を西アフリカに運び，奴隷と交換し，アメリカに連行して砂糖などの換金作物と交換し，ヨーロッパに運び販売して高利益を稼ぐ貿易であった。そのもとで，16〜19世紀に約1500万人の奴隷がアフリカからアメリカに連行され，航行中の死亡はその5倍（8000万人）といわれ，欧米の繁栄はアフリカの衰亡と表裏一体であった。それは古代ギリシャ・ローマ時代からの市民と奴隷制の二重構造の拡大であり，ヨーロッパの「人間の解放」の限界であった。

1450年頃，ドイツの都市マインツでグーテンベルクが始めたとされる**活版印刷**は，西洋各地に急速にひろがり，紙の普及とならびルネサンス期の古典，科学・数学の図書，聖書の普及，文献蓄積などを爆発的に加速するメディア・科学革命をもたらす。出版が知の近代化と創造の拠点となり，保守化した大学

に対抗して16世紀以降，アカデミーが各地に誕生する。16世紀のイエズス会宣教師による中国の古典翻訳（『論語』『孟子』等）や情報など**中国学**（シノロジー，シノワズリ）も西洋思想界に影響を与えた。たとえば，中国王朝と理想的王国像，儒教と啓蒙思想，科挙とバカロレア（フランスの大学入試制度，1808年）の関係などである。これに対しイスラム世界では印刷技術に抵抗して手書きが神聖され，科学は宗教の敵とされた。

2 人文主義者，宗教改革と教育論

オランダの人文主義者（思想家・教育家）**エラスムス**（Erasmus, D., 1466 (69) - 1536）は，ルネサンス期最高の知識人といわれ，出版産業の波にのり，『痴愚神礼賛』（モア邸で執筆）など厖大な著作の一環として『学習方法論』（1512年），『児童対話集』（1518年），『児童教育論』（1529年）などを著した。かれは，子どもの「拷問所」と化した当時の学校を批判し，人間は人間として生まれてくるのではなく人間につくられるものであり，子どもの存在に注目し，学問の教育のための学校制度・教員養成制度の確立，自由人にふさわしい教育－自由教育，愛情をもって学習を楽しく指導する方法－などを説いている。

エラスムスの親友イギリスの法律家**トマス・モア**（More, Thomas. 1478-1535）の『ユートピア』（1516年）は，プラトンの『国家』を念頭に英国社会を批判し，「ユートピア」（夢想郷）を描いた。そこでは，財産の共有制により階級も貧困もなく，全国民対象の教育制度が整備され，国民は1日6時間労働以外の時間は教養を学び，知識人として民主的平和的国家を支えるというロマンが描かれ，後にエンゲルスにより空想的社会主義の先駆と評された（詳しくは第7章131頁）。

エラスムス式教育を受けたフランスの人文主義者モンテーニュ（1533-1592）は，『エセー』で教育論を論じ，子どもは学校で「本を背負ったロバ」になる，学校は「青春を閉じ込めておく牢屋」などと批判し，徳性，判断力を育てるためにムチ（体罰）の禁止，自主性と人格の尊重，快適な教室環境，社交や旅行の意義などを説いている。

宗教改革は，ローマ・カトリック教会の権威への反抗であり，新教・プロテ

スタント教会は，良心の権威のもとに個人の内面を解放し，世俗的生活を価値づけし，民衆の主体性，民族的自覚を高め，人間と社会の変革の契機となる。

ドイツの宗教家**マルティン・ルター**(Luther, M., 1483-1546)は，1517年，ヴィッテンベルク大学教授の立場で免罪符反対の「95カ条文の論題」を公表し，聖書を信仰の源泉とする「福音主義」の立場から宗教改革を唱え，聖書をドイツ語に翻訳，大量印刷し，その独学でだれでも聖職者になれると説いた。彼は聖書理解のため公教育の普及にもつとめ，その『ドイツ国内各都市学校設立論』(1524年，題名簡略化)は，教育の世俗化，機会均等，都市の学校設置義務，教職の尊厳などを論じている。反面，アリストテレスなど古典研究の取り締まりのための「大学改革」も唱えた。

フランスの人文主義者**ジャン・カルヴァン**(Calvin, Jean, 1509-64)は，亡命先スイスのジュネーブで宗教改革を遂行し，聖書の教義を最高権威と認め一種の神権政治を行い，世俗的職業を神の命令(calling)とする禁欲的職業倫理，プロテスタンティズムはヨーロッパの商工業者に広く普及し，後に「資本主義の精神」とも説明された(マックス・ウェーバー)。ジュネーブ大学(1559年創立)は，プロテスタント神学の研究と宣教師養成の拠点となった。

3 学問論と教育学の登場

「近代学問の父」といわれるイギリスの法学者・哲学者**フランシス・ベーコン**(Bacon, F., 1561-1626)は，ケンブリッジ大学卒業後，パリで法学を学び，弁護士，下院議員，高等法院長などを務めた後，研究・著述に従事し，『学問の進歩』(1605年)などを著した。そこでは，学問は治世と繁栄と幸福，精神の治療と改善・発達の源泉であり，「真理が善を印刻」し，「学問の楽しみと喜び」は最高であり，学問は不死不滅であるなど，学問の尊厳と価値を多面的にのべている。また，かれは，アリストテレス＝スコラ哲学の演繹法(抽象から具体へ)を批判し，学問研究の新方法として帰納法(具体から抽象へ)を提唱し，「知は力なり」とのべ，自然を知り支配しようとする近代科学精神が実学主義教育の根拠となった(一説にベーコン＝シェイクスピア説)。

フランスの哲学者**デカルト**（Descartes, R., 1596-1650）は，貴族の子弟として，大学で医学，法学，卒業後，数学，自然学など広汎に学び，生涯，定職につかず，あらゆる学問を統一する普遍的方法の考察に生涯をささげ，「理性を正しく導き，学問において真理を探究するための」という前置きのついた『方法序説』（1637年）（完成は1634年）を著者名抜きで出版した（1633年のガリレイ断罪後，迫害を警戒）。そこでは，有名な「『わたしは考える，ゆえにわたしは存在する』というこの真理」，「すべての人に生まれつき平等に備わっている」理性（良識）に依拠する真理探究の学問的方法が具体的に論述されている。デカルト主義は，人間の主観に対し客観を重視し近代的学問の成立の契機となり，今日にいたる近代合理主義の中心原理としてその後の学問論・教育論にも多大の影響を与えた。

ドイツの教育学者**ラトケ**（Ratke, W., 1571-1635）は，大学卒業後，教育学・教授学を研鑽し，諸侯を歴訪して教育改革計画を提案し，「教授学」を独自の学問とし「教授学者」を自称した。教授学は，「すべてを帰納と実験により確立する」とのべ，研究と実地検証を重んじ，教授の原則を「すべては自然の方法に即して」，能力の程度に応じ，一単元ずつ確実に理解させ，「すべては強制なし」に行い，授業は1時間以下・1日4時間以下，体罰禁止など，近代的合自然的方法を提示している。

ボヘミア（チェコ西部）の教育学者**コメニウス**（Comenius, J. A., 1592-1670）は，大学在学中にラトケの教育改革案を知り，教育学を修め，学校教師，視学官，牧師等の経歴を重ね，『大教授学』（1632(1657)年），『世界図絵』（1658年）などを執筆し，「近代教育学の祖」といわれる。前者の題名の前には「あらゆる人にあらゆることがらを教える普遍的な技法を提示する」と書かれている。その説は，神の完全性を表現すべき人間は理性的知的になるためすべての事物を知ることが必要だが，人間の可能性は「人間に内具」し，それを開発することが教育者の任務とする内面的自然観，自発性の原理によっている。かれは，人間の善性を社会の悪から守り，先天的可能性を現実化するため，学校ではすべての事をすべての者に教える必要があり，その方法は，楽しく，教師の愛のもと

で，体罰を禁じ，なるべく実物の観察により行われるべきであるという。道徳教育では，親や教師の愛と示範による涵養やギリシャ以来の正義・理性・勇気・節制の修養などを重視した。そのような教育によるヨーロッパの平和の実現がかれの悲願であった。

近世は，さまざまな改革の動きにもかかわらず，絶対主義の準備期で大勢は旧態のままであった。

4 近代（18〜20世紀中期）

1 近代前期（18〜19世紀中期）

近代，18世紀の啓蒙時代は，知性の自由，人間の解放を特徴とし，中世的迷妄から近代的自覚への飛躍をもたらした。人間性を信頼し，人知・人力の偉大さを讃え，人格・人権の尊厳を強調した啓蒙時代は，民主主義的政治経済の内的原動力となる。教育思想では，人間教育，人間性完成の理念が主張された。

スイス生まれの思想家・教育思想家の**ルソー**の代表作『**エミール―教育のために**』(1762年) は，教育学不朽の古典とされている。

内容は，架空の子エミールが理想の教師により育てられ，また，その理想の妻ソフィアが教育される教育物語である。第1編は乳幼児期（1〜5歳），第2編は少年期（5〜12歳），第3編は青年前期（12〜15歳），第4編は青年後期（15〜20歳），第5編はソフィの教育編から構成されている。

基調となる原理は，教育は人間をつくるしごとであるが，それは人間の本性の伸長，開花であり，子どもをよく研究し，子どもの自然的発達の各段階の特徴にしたがって教育することであり，子どもを外からの要求によって強制してはならないという思想である。自然の教育がふさわしく，発達段階の重点は，乳幼児期は身体，少年期は感覚，青年前期は知識，同後期は情操とされ，「大器晩成」のため急ぎすぎない「消極教育」が強調される。人間の善性や平等が社会の発展とともに悪化し，不平等がひろがるという人間観・社会観（『人間不平等起源論』で展開）や人間が幸せに生きられる社会の実現への強い願い（『社会契約論』で展開）が根底にある。

ルソーの教育論は，教育史上の"コペルニクス的転換"といわれ，今日にいたるまで教育学・教育思想に根源的な影響を及ぼしている。たとえば，18～19世紀にはカント，ヘーゲル，フィヒテ，ペスタロッチ，フレーベルらにその思想は継承された。20世紀には，1921年，『エミール』出版150年を記念してジュネーブ大学に「**ジャン・ジャック・ルソー研究所**」(「教育科学研究所」の副称)が設立され，その後援により国際連盟の一部局「国際教育局」が1925年に設立された。ルソー研究所主任のジャン・ピアジェ(心理学者)は，その後1969年までの40年余間，国際教育局長としてユネスコ関係の『教育の権利』編集長などを務め，『人間の権利』に世界人権宣言の「教育を受ける権利」の詳細な解説を執筆するなど，多彩な活動を行った。それは，ルソーの教育思想が現代の子どもの権利論に生き，つながる証左といえよう。

　ドイツの哲学者**カント**の『教育学講義』はルソーの思想も色濃く反映し，「人は教育によってのみ人となる」のであり，人の「善」の発達を促す教育は，人間にとって最大・最困難の課題であり，その方法は「研究的」であるべきであり，「教育学は一個の学とならねばならぬ」などとのべ，自然的・実践的教育方法を詳述している。

　その思想の根底には，人間における自然(経験，感性，欲望)と自由(叡智，理性，道徳)の矛盾のなかで，人間の本分は，自然の上に道徳律の支配を確立するという「自然の理性化」であり，それを教育の使命とする観点が横たわる。そこには子どもを「未開民族」の「粗野性」になぞらえ，幼少期からの「訓練」を急ぐ主張なども含まれる。また，人類本来の素質を理念にむけて発展，開花させることが国家や「国際連合」の任務であり，その実現に教育の実践的意義を認める。デカルト以来の啓蒙主義の理性信仰，人間中心主義の哲学的・教育学的表現であり，「理性の時代」といわれるドイツ観念論の黄金時代の先駆となり学問の諸分野に深い影響を与えた。プロイセン科学文芸アカデミーを創設(1744年)した啓蒙君主フリードリッヒ2世の治世であった。

　スイスの教育者**ペスタロッチ**(Pestalozzi, J. H., 1746-1827)は，大学で神学，法学を学び，農場，貧民学校，孤児院，学校などを経営し，小学校教師を勤め

た実践家であり,その間,文筆活動で教育書『隠者の夕暮れ』(独語録),『リーンハルトとゲルトルート』(小説)などを執筆した。ルソーから強い影響を受け,「人間の純粋な幸福の諸力は…人間の本質の内部に根本的な素質とともに横たわっているのである。…その力の完成は,人間の普遍的な要求である。」(『隠者の夕暮れ』)などとのべている。その思想は,合自然,自発性,発達段階との対応,直観,調和,社会環境,母性愛,教育愛を諸原理とし,各国に広がった。

18世紀末,啓蒙思想を触媒とするフランス革命は,「旧体制」打倒とともに欧州に大戦乱をもたらし,近代国民国家形成の契機となり,教育改革案が革命の根幹としてが熱心に論じられ,近代国民教育の思想的・理論的源流となった。この期の主な教育法案だけでも10を数える。

哲学者・数学者・政治家の**コンドルセ**(Condorcet, A. N., 1743-1794)は,立法議会の公教育委員会委員として教育改革案「公教育の一般組織に関する報告および法案」(1792年)をまとめ,教育の自由,平等,無償,公権力からの独立などを原理とする体系的学校制度案を提案した。その教育論は,「公教育の本質及び目的」,「公教育の5つの覚書」などの論文に凝縮している。また,ルペルチェ(Lepelletier, L. M., 1760-93)は,「国民教育案」(1793年)で労働者階級の立場から「教育を受ける権利」や国家による教育費の全額負担を提案するなど,革命議会では教育改革論議が活発であった。この時期,その一環として師範学校も設立された(1795年)。

フランス革命後のナポレオンのヨーロッパ制圧は,各国の国民国家意識を高め,とくにドイツは文化的・学問的に優越し,19世紀から20世紀初期,世界の知の中心となる。ドイツの哲学者・教育思想家**フィヒテ**(Fichte, J. G., 1762-1814)の『ドイツ国民に告ぐ』(1808年)は,ナポレオン軍のベルリン侵攻の最中の講演録であり,ドイツ国民の愛国心を奮起させた。かれは,ルソー,カント,ペスタロッチなどの影響を受け,人間精神の自由や学問・知識学を論じ,理性の完成,国民教育を唱え,創設されたベルリン大学の総長に選出された。その後任のG. W. F. **ヘーゲル**は,理念が否定を媒介に発展するという弁証法をのべ,プロイセン国家公認の学問となり,ルソーの強い影響で教育論も論じ

た（市民社会の親権制限論）。**フンボルト**（Wilhelm von Humbolt, 1767-1835）は、プロイセン公教育局長として、「一般的人間陶冶」論（生業の知識でない一般的能力）に基づく三階梯単線型学校体系（基礎学校－ギムナジウム－大学）や新人文主義学校を構想し、「学問的陶冶」論に基づく学問研究を媒体とする教授と学生の共同体、ベルリン大学を創設した（1810年。現在、フンボルト大学［東独系］とベルリン自由大学［西独系］が並立）。

それに先立ち、カントは大学論で、上級学部（神学・法学・医学）は国家の統制を受けるが、下級学部の哲学部（学芸学部－人間の一切の知識に関する学部）は学問的理性を代表し、その統制を受けないとのべ、大学の自治を主張した。この考えは**シェリング**（Schelling, F. W. J., 1775-1854）に引き継がれ、そのイエナ大学の講演記録『学問論』（1803年）は、哲学などの一般的教養・普遍的学問が、学生の精神の解放、法律家・医者などの専門家の一面的教養の「解毒剤」の役割を果たすのであり、大学の精神的自由の保障が重要であるとのべ、その思想はベルリン大学創立（1810年）の理念－「教授の自由」「学習の自由」に結実する。1849年のフランクフルト憲法は「学問およびその教授は自由である」（152条）と規定した（1918年のワイマール憲法、1949年のボン憲法に継承）。そのフンボルト型大学では、ゼミナール、実験室、学生の研究活動などが重視され、16世紀以降、領邦国家に従属的だった大学の自治再生の契機となり、各国の大学のモデル的存在となった。

ドイツの教育学者**ヘルバルト**（Herbart, J. F., 1776-1841）は、大学卒業後、家庭教師を経て大学講師時代、かつて訪れ学んだペスタロッチの研究論稿や『一般教育学』（1806年）を書き、その後ケーニヒスベルク大学のカント後任の教授となり、教育学講義を担当し、教育講習所を設立して教育方法の実験を行った。かれは教育目的を人格の完成をめざす道徳的品性の育成とし、「善なるものを生徒が自分で選び、悪をしりぞけるようにせよ」といい「自覚的人格」の形成を唱えた。訓練と管理を重視し、教育方法は、「興味」、「専心」と「致思」、「静止」と「進動」の原理に基づき、学習過程を「明瞭」「連合」「系統」「応用」の4段階、教授は叙述・分析・総合の3方法、訓練は「保持」「決定」「規正」

「助成」的4訓練の方法を唱え，ヘルバルト学派に継承された。

　ドイツの教育者，「幼児教育の父」といわれる**フレーベル**（Fröbel, F. W. A., 1782-1852）は，大学を中退・転学し，農業，家庭教師，学校教師，義勇軍，大学助手，学園や孤児院の経営などに従事し，「一般ドイツ幼稚園」を創設したが政府により廃止される。この間，『人間教育』（1826年），『母の歌と愛撫の歌』（1844年）などを公刊した。その思想の真髄は，神性を内心に実現する人格の発展が教育の任務であり，幼年・少年・青年期の生活の充実と連続的発展，とくに幼年期の人間素質の萌芽の開花が精神発達の基礎であり，遊戯，作業，恩物（神から賜った物－遊具）こそ神性の培養につながるという観点であり，ペスタロッチを訪れ，強い影響を受けている。

　フランス革命とともに**アメリカ独立革命**は啓蒙思想の双子といわれる。アメリカは，1620年のピューリタン（清教徒，プロテスタントの一派）の移住以来，イギリス本国の植民地支配を受けたが，1776年7月，独立戦争に勝利して「独立宣言」を発表した。それは，基本的人権，主権在民，政府の公僕性，革命の根拠などルソーの『社会契約論』（1762年，『エミール』と同時に出版）がベースとなっている。しかし，コロンブスの「アメリカ発見」（1492年）以降，南北アメリカではヨーロッパから感染した天然痘等やその侵略で先住民は激減し（北米では15世紀末約2000万人が短期間に約100万人に減少），1865年の**奴隷解放**まで多数の黒人奴隷（ピーク時1760年，白人の3分の1）には「独立宣言」は無縁で人権はなく，人種差別の実質的禁止は1965年の公民権法以後であった（1967年，16州異人種結婚禁止）。奴隷解放宣言を行ったリンカーン大統領は，1848年のヨーロッパ革命（同年，『共産党宣言』刊行）やマルクス主義の影響を受け，南北戦争を労働者の権利のための戦争とも認識していた。

　19世紀以降，資本主義の発達，とくに産業革命を契機とする労働力育成，国民国家の成立にともなう国家意識の形成などを背景に公教育，公立学校制度が世界的に急速に普及し，子ども期の学校教育中心の教育論，教育学が主流となる。

　イギリスの教育運動家**ロバート・オーウェン**（Owen, R., 1771-1858）は，ニュ

ー・ラナークに経営する工場に「性格形成学院」(現在，世界遺産)を付設して「半学半労」(教育と労働の結合)の成果をあげ，児童労働制限のため工場法制定に尽力するなど，産業革命期に活動し，『新社会観』(1813～13年)，『自叙伝』(1857年)などを著した。

アメリカの公立学校の先駆者**ホーレス・マン**(Mann, Horace, 1796-1859)は，大学古典学教授，弁護士，州議員を経て，マサチューセッツ州教育長となり，年報や雑誌で教育問題を報告，啓蒙し，教育の機会均等と無償化，師範学校の設立など輝かしい足跡を残した。

2　近代後期 (19世紀中期～20世紀中期)

19世紀中期～20世紀中期の主な時代背景は，資本主義の急速な発展と矛盾の拡大，その帝国主義段階での国家・民族間対立・紛争，植民地化，ソビエト社会主義連邦共和国(ソ連，1917年)の誕生，全体主義国(独伊日，1933年～)の台頭などであり，とくに20世紀の前期30年間に二度の世界大戦(第1次；1914～1919年，第2次；1939～1945年)は人類史上未曾有の地球規模の大惨害であった。

帝国主義の植民地化・人種差別の理論であった人種優生学・「社会ダーウィン主義」(白人は黒人より優れているというイデオロギー)が，19世紀後半からほぼ1世紀間，ドイツのナチズムをはじめ西洋でひろく信奉された。

この間，教育学は，時代や国家を支配する思想的潮流——資本主義，帝国主義・全体主義，民主主義，社会主義など——の影響を強く受け，複雑化する教育の現実と理想を反映し，その内容は多様・複合的で変動が激しかった。

たとえば，ドイツにおける自然科学的な教育学(ヘルバルト主義，モイマンらの「実験教育学」，フィッシャーらの「記述的教育学」など)に対する新カント主義(ナトルプら)の規範的教育学や精神科学・解釈学・現象学(ディルタイ，シュマイエルマッヘル，シュプランガー，フッサール)，アメリカのプラグマティズム(デューイ)，「教育科学」(デュルケーム，クリーク)，実存主義(ボルノー)，分析哲学(ラッセル，ブレツィンカ)，マルクス主義(クルプスカヤ)，改造主義(カウンツ)，教育人間学(ボルノー，ランゲフェルド)，批判理論(フランクフルト学派)，構造主義(フーコー)

などである。以下，代表的な教育学者を紹介する。

　アメリカの哲学者・教育学者ジョン・デューイ（Dewey, John, 1859-1952）は，大学卒業後，教師になり，大学院に入学してカント心理学をテーマに博士号取得，諸大学経歴後，シカゴ大学教授に就任し，実験学校を付置して教育研究を行った。そこでの講演冊子『学校と社会』(1899年) は，子どもの生活を中心にした教育の重心の「コペルニクス」的転換，その経験や自発性の尊重，学校による社会改造などの必要を説き，その理論は進歩主義教育のブームを巻き起こし，全米に学校変革をもたらした。その後，コロンビア大学ではプラグマティズムの集大成に力を注ぎ，『民主主義と教育』(1916年) を発表した。また，世界大恐慌やファシズム台頭などのもとで社会改造のための教育論が一段と目立つが，個人の尊厳を擁護する立場から，道徳教育が強調される。中国，日本を含む諸国を歴訪し，児童中心主義・経験主義・進歩主義教育学の理論的指導者として，20世紀前半，各国の教育に根底的影響を与えた。その教育論は，アメリカの進歩主義教育思想の元祖といわれるエマソン（1803-82，主著『教育論』），その先駆的実践者フランシス・パーカー（1838-1902，主著『教育学講話』）の考えを継承し発展させている。

　スウェーデンの女性思想家エレン・ケイ（Key, E., 1849-1926）の『児童の世紀』(1900年) は，20世紀初頭の児童中心主義を代弁する書名である。

　フランスの社会学者デュルケーム（1858-1917）は，マックス・ウェーバーと並ぶ社会学の大家であり，高等師範学校卒業，ドイツ留学後，ボルドー大学で教育学，パリ大学で教育学・社会科学の教授を勤め，その教育論は死後『教育と社会学』(1922年)，『道徳教育論』(1925年) などに編集・公刊された。その説の要点は，近代教育学は教育を個人的事象ととらえるが，教育は社会の規定・創作であり，社会的分業下での専門教育，国民統合下での共通教育など，社会が要請する状態を子どもに発現させることであり，学校はその機関であるから，社会学によって教育目的・方法を方向づける「教育社会学」が重要である，と要約できる。その立場から，学校での共生，集団愛，社会の知的認識などの育成の意義が説かれる。教育の社会化が顕著な時代背景が投影されている。

旧ソ連（現ロシアほか）の教育学者**クルプスカヤ**（Krupskaya, N., 1869-1939）は，高等女子学校中退後，労働学校の教師となり，革命家レーニンと結婚し，流刑・亡命先でも教育研究を続けた。革命後は教育政策の最高指導者のひとりとして，『国民教育と民主主義』（1917年）など教育論を含め1500以上の論文，演説を残した。教育論の核心は，ルソーからデューイまでの近現代教育思想の系譜を生産労働と教育の結合の視点から検討・再評価し，全面的に発達した人間の育成のために総合技術教育（マルクスの提起）を社会主義教育の原理として理論的に深め，実施したことである。社会主義大国としてソ連の教育学は各国に影響を与え，マカレンコ（Makarenko, A. S., 1888-1939）の集団主義教育論，ヴィゴツキー（Vygotsky, L. S., 1896-1934）の発達の最近接領域や言語（外言）から思考（内言）への発達論などのソビエト教育学は，戦後，日本でも盛んに議論され，取り入れられた（例：ソビエト教育科学研究会）。

5 現代（20世紀中期～現在）

1 20世紀後半以降の世界情勢と教育学

20世紀半ば以降の第2次世界大戦後は，日独伊全体主義への厳しい批判，平和と民主主義の気運が国際的に高揚する一方，ソ連，東欧諸国，北朝鮮，中国などの社会主義化，第三世界の相次ぐ独立，東西冷戦体制のもとで，朝鮮戦争，ヴェトナム戦争などの大規模な戦争，内戦，粛清，殺戮，人権侵害，政府崩壊などの惨禍が続いた。20世紀末には東西冷戦の崩壊（ソ連崩壊，1991年）とともに新自由主義・新保守主義，グローバリゼーションが拡大し，21世紀初頭には2001年の「9.11テロ」，その報復の「対テロ戦争」（アフガニスタン・イラク戦争など）や世界金融危機（2008年9月～リーマンショック）が勃発するなど国際社会は激動し新たな試練を迎えている。21世紀初頭にはベネズエラをはじめ中南米諸国では「新しい社会主義」の思想も台頭し，2011年初頭から独裁政権を民衆が打倒する中東革命（アラブの春）が連鎖している。

総じて，現代の教育学は，世界大戦の惨害，戦時教育への反省と新たな決意・期待を背景に，戦後初期，国際的に平和と民主主義の原理に根本的に転換

した。しかし，その後，教育は，人材開発，国家統制，イデオロギー闘争，国際経済競争などの手段に深く組み込まれ，先進国では「教育爆発」の時代を迎え，学校教育への過剰な期待と介入のもとで教育本来の目的達成との矛盾が拡大，深刻化し，市場原理の拡大，「規制緩和」による公教育の解体が進行するなど，困難な事態が生起している。

この間の教育の国際的潮流は，児童中心主義・進歩主義，「教育の現代化」，生涯学習，脱学校，学校選択の自由，学校・社会参加，教育の民営化，協同学習，教育共同などの理論が目立つ。複雑化する教育の理想と現実をめぐりその内容はますます多様化し，国際的連動を強めつつ，各国で公教育への批判と改革の論説が活発に展開している。国連やその機関（ユネスコ，ユニセフ），国際機関（OECDなど），国際地域連合（EUなど）の教育政策への関与も特徴となっている。

これらの時代状況を反映し，現代の教育学は，専門分化，多様化，学際・融合化，実証化，変化・流動化，国際化・グローバル化などの傾向を強め，教育学自体を研究対象とするメタ教育学が発展している。2010年には「世界教育学会」が結成され，地球規模の教育学の交流が組織的に始まろうとしている（第10章第3節参照）。

2 教育学の潮流

教育学の発達は，それを支える大学の教育学部・学科や師範学校などの制度化と関連するが，西洋でも18世紀まで未整備であり，教育学は個人の活動が中心であった。ドイツでは18世紀末から20世紀初頭まで，大学で哲学の正教授が教育学の授業を担当する伝統が続き（カント，ヘルバルトら），19世紀に**師範学校**で教員養成科目として教育学がひろく講じられ，ペスタロッチやヘルバルトらの系統の教育学教科書が使用された。たとえば，20世紀初頭の同国の師範学校では，1年に心理学・倫理学と一般教授学，2年に一般教授学の続きと一般教育学，教育史，3年に学校論というカリキュラムが成立している。アメリカでは19世紀半ば，多くの大学に**教育学部**が置かれ，一般教育学のほか，

教育行政，教育心理，教育史，学校調査，教育測定などの研究と教育が活発に行われた。日本は1930年代の時点で，教育学を教える組織や科目構成は，それらの国と比べ遜色ない水準であったとみられる。

　以下，現代の代表的な教育学者を例示してみよう。第2次世界大戦後，平和と民主主義の機運を背景に，アメリカ，日本をはじめ世界的にデューイなどの経験主義・進歩主義教育論がブームとなるが，やがて冷戦や人材競争の激化のもとで，系統的教育論が主流になる。アメリカでは1950年前後から冷戦を背景にマッカーシズム旋風（赤狩り＝共産主義者とその同調者追放）が起こり，学問の自由が脅かされ，その風潮は日本にも及んだ。

　進歩主義教育退潮の転機は，1959年秋，全米科学アカデミー主催のウッヅ・ホール会議（議長ブルーナー）の報告書であり，それを基礎にした認知心理学者**ブルーナー**(Bruner, J. S., 1915-，ハーバード大学教授)『教育の過程』(1960年，訳書：鈴木祥蔵・佐藤三郎訳，岩波書店，1963年) の刊行である。同会議は，1957年の「スプートニク・ショック」（ソ連の人工衛星発射成功の衝撃），1958年の国家教育防衛法を契機とするアメリカの科学・技術教育強化の学界共同プロジェクトであり，教育論における科学者の主導，社会性に対する学問性の優位，進歩主義教育の批判と教育課程の現代化等の転機となる。同書の基調は，「どの年齢のだれに対しても，どんなものでもそのままなんらかの形で教えることが可能である」（日本版への序文）という記述に要約される。学習者の探究や発見を触発する教科の「構造」（基本となる原理に基づく体系）が解明できれば，難しいとされた教科の内容を早期の年齢でも習得できるという考えであり，根底にピアジェ認知心理学に基づく学校の知的教育の重視と可能性の見通しがある。それは，「発達を待つ教育」から「発達をつくりだす教育」，「生活適応教育」から「学問中心教育」への転換を意味し，**「教育の現代化」**論と総称され，各国に広がり日本でも教育の実践から政策まで影響は絶大であった。

　これに対し，戦後，ヨーロッパでは全体主義批判，民主主義拡充の潮流が教育政策にも投影する。

　イギリスでは，1965年，11歳時のテストでグラマー・スクール，モダーン・

スクール，テクニカル・スクールに配分する3分岐制の「11 歳時試験」（イレブン・テスト）が廃止され，すべての子どもが共通に学ぶ「総合制中等学校」(comprehensive secondary school) に転換した。その理論的指導者のブライアン・サイモン (Simon, Brian, 1915-2002) は，「教授・学習過程の完全なる個人主義化の原理」を否定し，「子どもが種として共通にもっているものから出発する教授の普遍的原則の樹立」を教育学の任務とし，「教育をすべての子どもに適切になるように修正」し「普遍的原理を特殊な事例に適用すること」を教育実践に求めた。そこでは「唯一良い教育とは，発達を追い越すものである」というヴィゴツキーの「最近接領域」説も論拠とされている（『イギリスにおける教育学不在の理由』1981 年）。

　フランスでは，1947 年，文部省の教育改革案（通称「ランジュバン・ワロン計画」（ランジュバンはその委員長・物理学者，ワロンは心理学者）が作成された。それは，「正義の原則」に基づく万人に平等な教育改革であり，青少年の発達権，成人教育の拡充，人間教育の重視，入試制度の廃止，高等教育の無償制などが提起された。

　同国の成人教育学者ポール・ラングラン (Lengrand, P., 1910-2003) は，それを発展させ，世界の生涯教育論をリードした。かれは戦時，反ナチズム闘争に参加し，戦後，大学教授，「民衆と文化」（民衆教育団体）の会長，ユネスコ専門職員を務め，『生涯教育入門』（波多野完治訳，全日本社会教育連合会，1980 年）などを著した。1965 年のユネスコ第 3 回成人教育推進国際委員会には，教育局成人教育部長の立場で有名なワーキング・ペーパー「生涯教育について」を提出した。そこでは，人間の一生の自己教育である生涯教育の計画化を提起し，学校内外の教育観の転換，教育の垂直的・水平的統合を求めた。伝統的学校の知識詰め込み，競争・選別などの弊害を批判し，学校改革の理念として，失敗体験の評価，学習における幸福の追求（探求心，知的冒険心，文化的生活の創造への関心など），それによる生涯学習の土台の構築，などを説いている。そのユネスコの後継者エットーレ・ジェルピ (Gelpi, Ettore., 1933-) は，『生涯教育』(*LIFELONG EDUCATION*, 1979 年，訳書：前平泰志訳，東京創元社，1983 年）を著

し，第三世界を含む民衆の自立と解放の観点から生涯教育論を展開し，ユネスコ「学習権宣言」(1985年)の理論的基礎を築いた。

1970年代には教育人間学，子どもの人間学が台頭する。オランダの教育学者ランゲフェルド (Langeveld, Martinus Jan, 1905-89) はこうのべている。ー「人間は教育されねばならぬ動物であり，また，教育する動物なのである。」(『教育の理論と現実』1972年)，「人間は決して，すでにできあがった人間として生まれてくるのではなく，教育によってはじめて人間になるのであり，したがって教育こそ，人間としての発達の必須の条件だということを，哲学が認識したのは (中略) 比較的最近になってから」(『教育と人間の省察』1974年)。ランゲフェルドは，臨床家であり，ユトレヒト大学教授を勤め，現代教育学の人間学的転換期の代表として知られる。教育学の学校化を批判し，家庭の教育を重視し，子どもを独自の価値をもつ人間存在ととらえ，発生的観点から「子どもの人間学」を提唱した。1973年，文化庁の招待で日本の各大学で講演した。

1970年代，欧米では脱学校論が登場する。オーストリア生まれの歴史学者**イヴァン・イリイチ** (Illich, Ivan, 1926-2002) は，大学で神学，哲学を学び，歴史学の博士号 (ザルツブルク大学) を取得し，司祭 (ニューヨーク)，大学教授，国際文化資料センター経営 (メキシコ) など各国で活動して多くの著作により現代社会を根源的に批判した。その観点は，伝統的な共同体 (コモンズ) の破壊と市場や制度による商品化・サービス化による人間の生きる力の衰弱という危機感である。『脱・学校化社会』(1971年，訳書：東洋・小澤周三訳『脱学校の社会』東京創元社，1977年) は，教育や学習が学校という制度のサービスに矮小化・形骸化されており，学校にかわる自由な学びのための網状組織 (opportunity web) が必要といい，『生きる思想』(1977～89年の論考) は，開発と教育，「経済的動物」と「教育的動物」の一体性を批判し，「教育」から受ける学習の脅威を問題にして，教育や学校をラディカルに告発している。

「教育爆発」と裏腹の学校教育の弊害は，その思想を支える近代教育学への批判を誘発する。近代教育学の前提は，正当な真理・価値，理性・知性，発達・進歩，整合的なアイデンティティ，普遍性・権威，主流，教師・教科中心，

5 現代（20世紀中期〜現在） 99

上下関係などである。これに対し，1980年代にはそれとは対極的な原理—多様な真実，多様な知性・感性，一面的な発達・進歩観からの脱却，複合的なアイデンティティ，差異性，自由意思，周辺性，生徒・学習中心，対等・逆転関係など—を対置し，近代教育学を批判する「ポストモダン」論議，「**ポストモダン教育学**」が欧米で台頭し（ドイツのレンツェン，フランスのリオタール，フーコー，アメリカのジルー（『ポストモダン教育学』1991年），日本を含め各国に影響を与えた。

また，1980年代には，教育問題の深刻化に対し，50年代の分析哲学・分析的教育哲学を基礎に，教育学の有効性を求め，その概念やあり方，教育理論を分析・検証の対象とする教育学論「**メタ教育学**」が発展する（W. ブレツィカ『教育のメタ理論—教育科学，教育哲学及び実践的教育学入門』1978年，訳書：小笠原道雄ほか訳，玉川大学出版部）。それは，20世紀初頭に教育学の事実理論と規範理論の混同を批判し，「教育科学」と「教育学」の区別を唱えたデュルケームらの教育学批判を継承している。

考えてみよう
1. 西洋の教育学と西洋圏外の学問・教育・文化の影響の関係をどう考えるか。
2. 古代ギリシャ時代の教育論は西洋教育にどんな影響を与えたか。
3. 中世大学誕生の歴史的意義はなにか。
5. ルソーは近代以降の教育思想にどのような影響を与えたか。
6. 現代西洋の教育学の特徴とその直面する課題をどう考えるか。

参考文献
1. 世界の教育学説：本章関係人物・著作（岩波文庫，講談社文庫等で入手可能），その解説・研究文献。
   勝田守一・梅根悟監修『世界教育学選集』（明治図書，全100巻，1960〜1981年）本章関係著作。
2. 外国教育思想史（ごく一部の例示。発行年は初版）
   ①石山修平『西洋古代中世教育史』有斐閣，1950年，同『西洋近代教育史』有斐閣，1953年，②『岩波講座 現代教育学4 近代の教育思想』1963年，③梅根悟監修・世界教育史研究会『世界教育史大系』（全40巻）講談社，1974年，とくに別巻「世界教育史事典」，④長尾十三二『西洋教育史』東京大学出版会，1978年，⑤松島均『現

代に生きる教育思想』(1～7巻) ぎょうせい, 1981年, ⑥H. I. マルー, 横尾壮英ほか訳『古代教育文化史』岩波書店, 1985年, ⑦小澤周三ほか『教育思想史』有斐閣, 1993年, ⑧村井実『教育思想(上)(下)』東洋館出版社, 1993年, ⑨岩本俊郎『原典・西洋の近代教育思想』文化書房博文社, 1998年, ⑩教育思想史学会編『教育思想事典』勁草書房, 2000年, ⑪教育史学会編『教育史研究の最前線』日本図書センター, 2007年, ⑫古沢常雄・米田俊彦編『教師教育テキストシリーズ3 教育史』学文社, 2009年

3. 最近の歴史学, 歴史教育の視点について
　①大塚柳太郎ほか編集『興亡の世界史20巻　人類はどこへ行くのか』講談社, 2009年,
　②日本学術会議提言「新しい高校地理・歴史教育の創造」2001年

第5章 教育学の歴史（中国）

　4章冒頭でものべたが，日本の教育・文化思想は，およそ2000年前の古代から交流のあった中国の影響が江戸時代まで濃厚であった。しかし，明治維新 (1868年) 以降，今日まで140余年の間，両国の関係は一時期を除き総じて悪化，停滞し，それが教育学の関係にも投影している。

　それを略述すれば，明治維新の「文明開化」「廃仏毀釈」などの風潮のもとで儒教や仏教が軽視，否定され，「教育勅語」体制 (1890 (明治23) 年) で儒教主義が天皇制と合体・復活し，日清戦争 (1894〜95年) を契機に日中教育交流が高揚（留学生急増）する。しかし，「五・四運動」(1919年) を境に両国関係が悪化し，中国に対する「15年戦争」(1931年・満州事変，1937年・日中戦争，1941年・アジア太平洋戦争)，戦後の冷戦期，それは継続し，「日中関係正常化」(1972年) でようやく国交が復活した。その後，中国の「改革開放政策」(1978年) のもとで経済を中心に教育・学術・文化交流が拡大し，教科書問題など両国の関係悪化があったが，その潮流は中国のめざましい経済発展 (2011年，総GNP世界2位が日本と中国で逆転) を背景に発展している。日中関係正常化40周年の2012年に突発した尖閣諸島問題は，日中間に深刻な対立をもたらしている。

　中国は，古代文明の発祥地で，紀元前から学術が栄え，紀元4〜15世紀の西洋の停滞期には世界の知や技術の中心をなし，その勢いは18世紀末まで続いた。今日，グローバル経済における中国の躍進がめざましいが，その根底にある知の歴史的蓄積も注目されるようになろう。

　これらの趨勢を受け，日中の教育学交流も新たな段階を迎えており，そのために中国の教育学の歴史理解が重要になっている。

1 原始・古代（～10世紀）

1 春秋・戦国時代

中国では，5000年前頃から世界最古の文明のひとつ，黄河文明（仰韶・龍山文化など）が発達し，夏王朝に続く殷の時代（前16～11世紀，都は商，「商人」の由来）に甲骨文字が使用された。学問の世襲官僚制崩壊後の春秋・戦国時代（前6～3世紀）に，諸学派（儒，道，墨，法，陰陽など）の「諸子百家」「百家争鳴」といわれる中国史上，最も言論・思想・学問の自由な時期を迎える。

儒家の祖，孔子（BC551-479）の言行録，**儒教・儒学の古典『論語』**（前2世紀頃完成。当時，紙は未発明で弟子の口伝がその後に集成される）は，「有教無類」（巻第八。人間は本来，差別はなく，教育しだいで発達する）の思想のもとに「仁」「礼」中心の道徳をめざし，「切磋琢磨」（孔子の編集した『詩経』の一句，学問や道徳による人格形成）が唱えられた。それは戦乱の社会から生まれた文治・平和の思想であり，以後，儒学，儒教は，日本を含めアジア諸国の共通の文化基盤（儒教文化圏）となり，教育論・学問論に多大の影響を及ぼす。その思想を継承する**孟子**の「性善説」，**荀子**の「性悪説」，**告子**の「白紙説」は，後世まで続く教育論の源流である。孟子は「人性の善」の例として「惻隠」「羞悪」「恭倹」「是非」の「心」をあげ，それぞれ「仁」「義」「礼」「智」の素とのべている（『孟子』第11巻告子章句）。

「思孟学派」（子思〔孔子の孫〕と孟子の学派）の**『礼記』**（前2世紀頃）の「学記」編は，世界最古の体系的教育論として注目される。それは，「玉琢（みが）かざれば，器を為さず。人学ばざれば，道を知らず」との観点から，「古の教え，家に塾あり，党（村）に庠あり，術（都市）に序あり，国に学あり」（カッコは引用者注）という古代からの教育システムを重視し，年齢段階ごとの達成能力と評価方法，指導方法（時期や個々の生徒に応じた指導，その自主性・積極性の尊重，教師と生徒との共同活動）などの教育原理をのべており，今日も中国教育学の古典とされている。

他方，前4世紀頃，儒教に異を唱えた墨家の祖，**墨子**は，孔子の「仁」を差

別的,「礼」を形式的と批判し,万人に対する博愛主義(兼愛)と相互の助け合い(交利)を唱えた。また,老子や荘子は,孔子の人為的道徳を排し,「無為自然」(老荘思想)を説いている。

2 秦, 漢時代

前3世紀,戦国時代後の統一国家・秦の始皇帝(1974年,その墓・兵馬俑発見)は,法家の学説に基づき「法」による君主権力を強化し,儒家の皇帝批判を**「焚書抗儒」**(儒家の書の焼却,儒家生き埋め)によって弾圧した。続く漢(前漢)の時代,武帝は**董仲舒**(とうちゅうじょ)の建議により「儒家独尊」(他家排除)と「三綱五常」(君臣・父子・夫婦と仁・義・礼・智・信)により原始儒学を官制(国教)儒学に改造し,経典の注釈中心の**「訓詁の学」**が流行する。文字は篆書(秦)から書きやすい今日の漢字と大差のない隷書(前漢),楷書(後漢末)に変わり,1世紀末頃の**蔡倫の紙**の発明により,文字は木簡・竹簡より格段に書きやすくなり,文化普及の一大転機となった。その後,紙は西域(4世紀),イスラム圏(8世紀),西洋(12世紀)に伝わり,世界の文化史に甚大な影響を及ぼした。

3 六朝・五胡十六国時代

中国は中世西洋(4〜15世紀)の停滞に対し,世界の知や技術の中心であった。六朝時代(222〜589年,都は南京〔当時,建康〕)は貴族文化が開花した。東晋(316〜420年)では書聖・**王羲之**が楷書・行書・草書を芸術の域に高め,画聖・顧愷子,詩聖・陶淵明が活躍し,宋(420〜479年)の時代には科学,とくに数学,暦学が発達し,祖沖之は円周率(約率22／7,蜜率355／113),子の祖恒子は球の体積を算定した。『宋書』には倭の五王の記述があり,日本は宋との交流で漢字・漢文等を摂取した(たとえば,「呉服」はその名残である。「呉」は当時の中国の呼称)。

五胡十六国時代,インドからガンダーラ経由の仏教(大乗仏教＝個人ではなく人間全体の平等と成仏を説く教え)が伝来した。その影響でシルクロードの拠点,敦煌近郊で仏像,壁画などを刻んだ石窟(**莫高窟**,366年から元の時代まで約1000年,735カ所,唐時代絶頂)が財閥の寄進でつくられ,数百万点の古文書も発見され

た（1900年）。北魏では戦乱のなか仏教による国家安寧のため国家事業として石窟が造営された（雲崗石窟，龍門石窟）。

4 隋・唐時代

長い国内分裂を統一した隋（581～618年），続く唐（618～907年）の時代は，学術が栄え，長安を拠点に文化の国際的交流も盛んになった（日本では遣隋使，遣唐使）。随の時代に始まる**科挙**制度は，学科試験（地方の郷試，中央の省試による任用試験）による官吏登用制度であり，中央集権体制の一環として構築され，清代末の廃止（1905年）まで1300年間（元時代40年間中断），儒教文化圏に大きな影響を与えた。それは，官吏の貴族世襲制（九品中正）を打破し，能力主義に基づき，家柄や財産に関係なく有能な人材を官僚に結集する制度であり，社会の安定，活力，学問の振興などに役立った。反面，競争・能力差別・学歴主義の助長，儒学中心の硬直的試験と学校の従属化，不正横行など，社会や教育に及ぼした弊害も少なくなかった。

7世紀初頭，**木版印刷術**による図書の印刷が始まり，8世紀初頭，唐の時代，私人が設置する図書所蔵所（しばしば1～数万冊）の**書院**が，学習・講義・研究のための高等教育機関に発展した。その多くは，官学とは異なる独自の性格をもち，山間の景勝地に設置され，科挙，名利追求に反対し，脱俗的学風を形成するとともに，学問の自由を尊重し，異学派による共同講義や教師と学生の共同討論などが行われた。

周辺諸国も併合，支配した国際国家・唐の首都，**長安**（全盛期人口100万人。現，西安）は仏教をはじめ諸宗教・学芸の繁栄した国際学術都市に発展し，東アジア文化圏の中心となった。科挙では詩文の才が重視され，杜甫・李白・白居易（楽天）らが名声を博した。

2 中世（10～17世紀）

1 宋時代

宋の時代（960～1279年）は商工業が栄え，「重文軽武」政策・文治主義のもと

で学術，哲学，文学，絵画，技術などが発展した。北宋の都・開封はその中心であり，その様子を描いた『**清明上河図**』は"神品"（2012年，海外展示では初めて日本の国立博物館に展示）とされ，南宋の都・杭州は庶民で賑わい，西湖は日本庭園にも模倣された（広島「縮景園」）。学問では儒学に仏教，道教を取り入れ，その精神・本質を明らかにする宋学，**朱子学**が生まれた。朱熹（朱子）は，万物の根源を気と理に求め（理気二元論），人間の気質（欲望）の性に対し本然の性が理であるとし，事物の理を究明（格物致知）する学問や自己修養を重んじ，儒学を集大成した。それを積んだ為政者による天下泰平の実現，理としての規範や名分を重視する社会の礼教化の理論は，その後，朝鮮，ベトナム，日本（とくに江戸時代）で官学として重用される。

科挙も宋代に確立し，解試（地方）－省試（中央）－殿試（皇帝の試験）の3段階となり，他方，大学を拡張し，その成績優秀者を官吏に任用する制度が付加された。**羅針盤**，**火薬**，**印刷術**の三大発明も宋代の出来事である。

2 元・明時代

元の時代（1271～1368年），モンゴル人が支配階級となり，「南人」（南宋治下の圧倒的多数）は最下層とされ，科挙もフビライの時代まで中断した。ヴェニスの商人マルコポーロは17年間，元に滞在し，『東方見聞録』を残した。

明の時代（1368～1644年），紫禁城を中心に都の北京は整備され，万里の長城，大運河の拡張など渡来するヨーロッパ人も驚嘆する文明を築く。永楽帝『**永楽大典**』などの大規模な文献集成，類書編纂は，学問・教育の普及を促した。他方，朱子学が官学となり，明・清代を通して科挙の試験の内容は「四書」（大学，中庸，論語，孟子），朱子学の注釈，文体は「八股文」（8段階の文）によるとされ，学校教育の従属化・硬直化をまねいた。

明は，航海技術に優れ，15世紀初頭の**鄭和**の南海遠征（7回，1回に数百隻）はアフリカ大陸東岸に達したが，1433年を最後に海外渡航が禁止され，鎖国政策により朝貢貿易を唯一の外国との窓口とした（日本では室町時代の勘合船）。これに対し，ヨーロッパでは15世紀末から海外進出・侵略・交易が盛んになり，

国力を蓄えていく。

3 近世（17〜20世紀初期）

1 清時代

　明末清初には宣教師（西洋知識人の精鋭）が布教を始め，中国にキリスト教のほか，数学，天文学，医学，地理学，自然科学，砲術，西洋事情などの学問や知識をもたらした。1582年来朝のイエズス会の**マテオ・リッチ**は官僚・徐光啓らの協力で『幾何原本』（ユークリッド原論），『坤輿万国全図』（中国初の世界地図）などを翻訳・刊行し，ジューリオ・アレーニ『西学大全』『ヨーロッパ総記』は，大学，学校の設置・規模，就学年限カリキュラム，試験，教員資格などの教育制度の実情を紹介している。「洋学東漸」は，中国中心主義を打破し，知識人の視野を広げ，理性的思考を促すなど，中国伝統文化の基盤を揺るがすことになる。

　清の時代（1661〜1921年）の前期，康熙帝・雍正帝・乾隆帝の三代は，中国史上で最も繁栄した時代といわれ，18世紀末まで中国はヨーロッパを凌ぐ経済，産業，文化の先進国であった。歴代皇帝は学問に熱心で，『康熙字典』の書体は昭和初期まで日本の正式漢字の模範とされた。乾隆帝は，10年がかりで全書物を収集，分類した大叢書『四庫全書』を完成させ，円明園に保管（1860年，英仏軍焼却）し，自ら10万首の作詩を残した。

2 アヘン戦争以降

　事情はアヘン戦争（第1次，1840〜42年）以後，一変する。1724年にはイエズス会と他派との抗争を契機にキリスト教布教禁止令が出され，布教活動は停滞したが，戦争後は半植民地化のなかで強引に進められた。その一環，**教会学校**（1807年，宣教師モリソンによる設立が最初）の数は増加し（1876年350校），西洋の学校体系や学問の普及拠点ともなり，授業やカリキュラムも教会小学のクラス編成や多様な教科，教会女学校の男女同等教科など新規なものであった。対する中国の伝統教育は，小学（家庭・家塾で識字・行儀中心の教育）と大学（通常15

歳入学，四書・五経を学び科挙試験受験）に分かれ，中学がなく，女子教育は封建的礼儀・道徳中心など西洋との違いが際立っていた。

19世紀中期〜20世紀中期の中国では，第2次アヘン戦争（1856〜60年）後の列強国による植民地化の脅威に対し，清朝の洋務派官僚は，「**中体西用**」（中国の文化・政体を本体とし西洋の技術を利用する）を唱え（洋務運動，主に1860年代），西洋文化受容の立場から洋務学堂（外国語，軍事，技術の学校）の設置，留学生（欧米中心）の派遣を奨励した。

さらに，**日清戦争**（1894〜95年）の敗北を境に，政治体制変革をめざす**変法維新運動**が起こり，「新学」受容の学校（京師大学堂〔後の北京大学〕など），教師養成学校（1897年，南洋公堂・師範院〔上海〕）などが設置され，康有為らの「公車上書」を受け，封建主義教育の根幹であった科挙制度が1906年廃止された。日清戦争後，日本の評価は一挙に高まり，留学生派遣先も日本が急増（1896年13名，1906年1万名）し，孫文，周恩来など中国民主化のリーダーが生まれた。師範を学ぶ者も多く，1904年，日本の学制に準じた「**奏定学堂章程**」が制定され（日本の師範学校制度をとりいれた「師範学堂章程」を含む）。教育理論では，主に日本で流行したヘルバルト主義が移入され，留学，学者の招聘，翻訳（76種）などが相次いだ。

4　近代（20世紀初期〜20世紀中期）

1　辛亥革命と学制の改革

1902年，東京で「中国同盟会」（総理・孫文）が結成され，革命運動の理念に「三民主義」（民族・民権・民生）が掲げられ，1912年には**辛亥革命**により中華民国（孫文代表）が成立した。教育総長・蔡元培主導による**1913年学制**は，徳・智・体・美の調和的発達，反封建，男女平等（大学を除く）を理念とする体系的学校制度を定め，「師範学教育令」では日本流の師範学校と高等師範学校の2段階制などが規定された。

1919年5月4日，北京発，全土に拡大した「**五・四運動**」は，1915年の日本の対華21カ条要求反対の排日運動から発展した反封建・反帝国主義・民主

化運動であり，その気運のなかで，**1922 年学制**が制定された。それは，社会進歩，平民教育，個性の発展，国民の経済力の考慮，生活教育，地方裁量などを理念とし，反日感情や第 1 次世界大戦後の崇米思想が反映し，制度のモデルは日本からアメリカに転換した。教育理論でもアメリカの理論（デューイのプラグマティズム，プロジェクト・メソッド，ドルトン・プランなど）が移入され，とくにデューイの理論は，本人の招聘（1919～21 年），学生の留学（胡適，陶行知ら），運動組織の結成，雑誌の発行などブームを呈した。

2 マルクス主義教育論の登場

また，「五・四運動」は，1917 年のロシア革命の影響でもあり，その指導者の陳独秀は中国共産党の創始にあたり，彼らの雑誌『新青年』などではマルクス主義やソビエト・ロシアの教育が紹介され，マルクス主義教育理論家が登場した。その一人の**揚賢江**は，師範学校卒業後，共産党に入党（23 年），その後，日本亡命時にソビエト教育に関心をもち，雑誌『教育雑誌』等に関連論文を発表し，祝康の名で山下徳治『新興ロシアの教育』（31 年）を日本語訳から中国語に翻訳した。その著『教育史 ABC』（29 年）は，唯物史観に基づく社会発展と教育の歴史的記述である。同『新教育大綱』（30 年）は，第 1 章「教育の本質」で，教育の上部構造論をもとに，原始時代，教育は全人類で平等であったが，階級社会，文明時代で階級対立的になり，資本主義社会では，教育と労働の分離，教育権の所有権への従属，支配階級の利益への奉仕，二重の教育論の所在，教育の男女不平等などが特徴であると指摘している。同書は国民党政府により発禁処分を受けたが，中国共産党の指導する革命根拠地（解放区，ソビエト区）で師範学校の教科書に使用された。

　これらのマルクス主義教育理論の特徴は，社会と教育の構造的関係をマクロな観点から考察し，社会変革のための教育変革，教育変革のための社会変革を主張し，とくに教育と生産労働の結合，教育を受ける権利の平等と無償教育の必要を提起している。1937 年，日中戦争勃発とともに，中国共産党・紅軍の革命根拠地は抗日民主根拠地となり，マルクス主義教育理論に基づく「**抗日戦**

教育」が行われ，幹部教育（高等教育）とともに大衆教育が重視された。その過程で，毛沢東理論を基礎に，民族的・科学的・大衆的な新民主主義的教育思想が形成され，戦後初期の日本に多大の影響を与えた。この間，主に中国東北部（「満州」）では日本による植民地教育が行われた。

5 現代（20世紀中期〜現在）

1 中華人民共和国の成立とソビエト教育学の流行

中国では，1949年10月，中華民国にかわり共産主義政権の中華人民共和国が成立し，従来のマルクス主義教育論に加え，その前後から，ソ連の教育が模範とされ，書籍翻訳，モデル校設置，専門家招聘，留学などでその移入が促進された。教育理論では，とくに教育学者**カイーロフ**(1893-1978，ロシア共和国教育科学アカデミー総裁・教育大臣など歴任）の『教育学』(48年版）は，師範学校の教科書，教育者必携の文献として普及した。その要点は，教育の上部構造論（階級社会では教育は歴史性・階級性をもつ），教育学の党派性（共産主義を論ずる科学），教育・教授・教養の三概念（教育は全体概念＝全面発達論，教授は学校の計画的活動，教養は共産主義社会への奉仕の感情），教授を基礎とする教育，系統的知識の強調，教師の主導的役割，教育学の4領域論（総論，教授論，訓育理論，学校管理論）とされる。

1950年代末からの中ソ関係悪化でソ連教育批判が強まり，60年代半ばに両国は断絶し，「大躍進」(58〜60年）下の大飢饉により農村では子どもを含む数千万人の命が失われ，学校は壊滅的状態であった。

1966〜76年の「**文化大革命**」の10年間，毛沢東派の「紅衛兵」らにより文化の拠点，学校が攻撃対象とされ，大学入試停止，休校などが相次ぎ，多数の教育関係者が迫害，殺害されるなど，教育文化の空白・荒廃の時期であった。

2 改革開放政策と教育改革

1977年以降の鄧小平の「**改革開放**」政策では，「四つの現代化」(農業，工業，国防，科学技術。1975年1月，周恩来首相提唱）の鍵として科学技術，その基盤の

教育が重視され，教育上部構造論の見直し，生産力説などが浮上し，大学統一入試が復活した。外国（比較）教育の研究，紹介が奨励され，とくにザンコフの発達・教授論，スホムリンスキーの調和的発達論，ブルーナーの構造主義教育論，ドイツの範例教授論，ブルームの完全習得学習論などが注目された。

1985年の共産党・決定では，教育と社会主義建設が統一的に規定され，「科教興国」が合い言葉になる。93年の国務院・教育改革要綱では，教育を21世紀の国際競争の戦略として重視する一方，受験教育体制から「素質教育」への転換が打ち出された。教育法制も整備され，93年「教師法」，95年「中国教育法」，96年「職業教育法」，98年「高等教育法」などが制定された。98年の教育部・教育振興計画は，高等教育入学率15％（2002年目標，実績は2009年22％到達）を含む教育拡充を，99年の国務院・決定は素質教育の全面的推進，創造力・実践力を中心に，徳・智・体・美の全面的に発達した社会主義事業の建設者・後継者の育成を提起している。創造力・実践力育成の観点から教育における子どもの主体性，教師の主導性が議論されているが，社会主義市場経済のもとで，入試をはじめ教育競争が激化し，素質教育との矛盾が大きくなっている。また，急速な情報社会化，インターネット文化の教育に及ぼす光と影が議論を呼んでいる。

「改革開放」政策，とくに1990年代以降，中国留学生の日本の教育学研究や両国の学術交流が盛んである。戦前日本の侵略批判は「愛国教育」の一環であるが，未来志向の教育文化交流も発展している。

中国経済の発展はめざましく，2000～2008年の国内総生産（GDP）の中国対日本の割合は25.6％から88.3％に上昇し，2010年には日本を上回り，その1人当たり金額の伸びは，その間，中国344％，日本4％であった。2006年には第11次五カ年計画（～2010年）で年率7.5％の達成を目標に，内需拡大，産業構造の最適化，資源節約，環境保護，自主的・創造的能力の増強が掲げられ，産業構造の最適化では非能率な国営企業の革新，ハイテク産業の育成（電子情報，バイオ技術，宇宙航空，新素材），自動車・造船産業の技術力・競争力の向上，クリーン・エネルギーの開発などがめざされ，それと一体的に教育が重視されて

いる。OECDの国際学習到達度調査（PISA）（2009年実施，65カ国・地域参加。2010年12月公表）で中国・上海がすべての分野（読解力，数学，科学）でトップであった。中国の超大国への胎動が指摘されている。

現在，中国の教育研究者から「中国教育改革30年」の反省，総括に基づく教育学や教育政策の課題や展望が提起されている。たとえば，中国教育学の体系の改造と再建をめざす**「中国のメタ教育学」**の提唱であり，その視点として，マルクス主義を基礎に「資本論」を手本とする教育学体系の樹立，教育学の基本カテゴリー（教育学，教育，学習など）の分析，教育学（教育学科の主導的学科・基礎学科）の確立，その内容では，西洋近代教育学史，教育学の「中国化」，中国の「教育学」現象などの研究があげられている。

また，今後の教育政策のあり方では，教育の政治化・経済化から人間化の方向，トップダウンとボトムアップとの結合の重視などがあげられ，**「以人為本」**（人を基本とする）=「人間の平等，自由，全面発達のために」を理念に，すべての当事者が政策形成に参加し，多様なルートが選択できる民主的・自主的な教育改革が強調されている。共産党政権下での市民的自由の基礎である教育の自由と参加の論調は注目に値する。

考えてみよう

1. 中国教育史を貫く教育学の基本的特徴をどう考えるか。
2. 科挙は中国の教育にどのような影響を与えたか。
3. 中国の教育学は外国からどのような影響を受けたか。
4. 中国は日本の教育学にどのような影響を与えたか。
5. 現代中国の教育学が直面する課題はなにか。

参考文献

1. 本章にとりあげた中国の古典（岩波文庫，講談社学術文庫等で入手可能），または，その著者・著書の解説・研究文献。勝田守一・梅根悟監修『世界教育学選集』（明治図書，全100巻，1960年～）
2. 顧明遠著，大塚豊監訳『中国教育の文化的基盤』東信堂，2009年
3. 労凱声・山﨑高哉編『日中教育学対話Ⅰ』春風社，2008年，『同Ⅱ』2010年

第6章 教育学の歴史（日本）

　教育は，それぞれの時代で次世代に文化を伝えるいとなみであるが，その最古，最長のひとつが狩猟採集文化であり，石器文化と併存した土器文化である。日本では，世界最古，1.4万年前の縄文土器が発見されており，その土器の種類や数は世界で最高といわれる（外国では8千年前のメソポタミア地方の土器が最古）。縄文文化は，人間が森林を生活基盤に自然やあらゆる生命と共生する文化であり，その後の農耕文化である弥生文化や国家成立後の今日まで，その精神は，日本文化の深層を形成しており，人間中心・物質中心の現代文明のもとで，その人類史的意義を見直す意見もある（例：梅原猛ほか『甦る縄文の思想』有学書林，1993年）。

　言葉とともに教育の主要な道具は文字である。日本では，5世紀初頭までに中国より漢字が伝えられ，9世紀にはそれをもとに仮名が発明された。教育思想・教育学も，主として近世・江戸時代までは中国文化の影響を受け，近代・明治時代以降は西洋の学問，教育学の摂取がすすみ，全体を通して，外国の影響を受けつつ日本の文化，社会，伝統，生活等に根ざした教育学の形成・展開をたどることができる。

　本章では，教育学の歴史のうち戦前を主たる対象とした。戦後については第10章「教育学と教育研究」を参照してほしい。

1　古代（古墳～平安時代）（12世紀以前）

1　儒教，仏教の伝来と遣唐使

　日本には5世紀（405年（285年説も）），『論語』が『千文字』（四字熟語の長文）とともに朝鮮の百済の僧，王仁によって伝えられとされる（「古事記」，史実の立

1 古代（古墳〜平安時代）（12世紀以前） 113

証不明）が，すでに紀元前1世紀ころから日本と中国との交流の史実（倭の奴国使者，後漢光武帝より印綬）や国内の漢字遺跡等がある。学問は，他の文化，技術とともに渡来人（帰化人という場合もある）の世襲的家業として奈良時代まで独占される。平城京跡で掛け算「九九」の木簡が発見されており（「一九如九」＝1×9＝9，中国の教科書で「如」は＝（イコール）の意），当時，数学も伝来していた証拠である。

聖徳太子（うまやどのおうじ）（厩戸皇子，574－622，伝説上の人物説もある。「聖徳太子」は後世の名称）は，渡来人の高句麗の高僧・慧慈（えじ）に22歳から20年間，仏教，儒教を学び，法隆寺学問所の開設（儒教・仏教など諸学問の研究，学校の起源），憲法17条（諸学問を総合した官吏倫理綱領・道徳的訓論。儒教の五常思想［仁義礼智信］盛り込む），遣隋使派遣（607年，小野妹子）などを行った。

その後も遣唐使（630〜894年，10数回，ほぼ20年に1度）を中心に外国の制度・文化・学問の摂取が続く。大宝律令（701年）は，漢学中心の「**大学**（寮）」（中央貴族の子弟），「**国学**」（地方の郡司の子弟）などの学校制度を規定し，律令国家の文書主義統治は民衆の文字への関心を高め，村の学校設置の例もみられる。7世紀半ばの百済滅亡にともなう大量の亡命者が渡来し，律令の前後，大学創設に関与したとされる。これらの学校は，中国の科挙に準じ，人材養成・登用の窓口となり，任官試験に備え貴族の私塾が盛んになり，学問，芸道の世襲制（重代）がすすむ。遣唐使に加わり，文化や学問の普及に貢献した当時の人物の業績をみておこう。

2　奈良・平安時代の教育論

山上憶良（やまのうえのおくら）（666－733）は，第7次遣唐使に加わり儒教，仏教を研鑽し，地方官，従五位下，筑前守などを努め，「万葉集」に「貧窮問答歌」「子を思ふ歌」など約80首を残す社会派歌人として知られる。「銀（しろがね）も　金（くがね）も　玉も何せむに　まされる宝　子にしかめやも」（銀，金，玉も子にまさる宝はない）は，長歌－「瓜食（は）めば　子ども思ほゆ　栗食めば　まして偲ばゆ　いずくより　来たりしものぞ　まかないに　もとなかかりて〔ちらついて〕　安ゐし寝さぬ」の反歌である。

その前の漢文の序には，釈迦如来の言葉として，こう書かれている。一「愛は子に過ぎたることなし」「至極の大聖〔仏〕すら，なお子を愛したまふ心あり，いわんや，世間の蒼生〔人々〕，誰か子を愛さないでいられようか」（〔 〕は引用者注記）。そこには，当時の仏教や民衆の子宝観が映し出されているといえよう。

空海（774-835，のち「弘法大師」の称号）は，大学を中退して修行を積み，留学生として第17次遣唐使（804年，天台宗開祖の最澄も同行）に加わり，西安・清瀧寺の恵果に密教を伝授され，高野山・金剛峯寺に真言宗を開創した。その本旨は，言葉の内に隠された真実をさとり，仏（内なる心の本源＝慈悲・他利の心）となる可能性（即身成仏）を説く教えである。京都には日本初の無償の庶民学校で仏教や儒教の内外典を講じる綜芸種智院を開設した。その趣意書の「物の興廃は必ず人による。人の昇沈は定めて道にあり。」「道を学ることは当に衣食の資けあるべし」（原文は漢字。国や社会などすべての盛衰は人間の育成にかかっており，人間の向上も沈滞も知識の習得過程の努力いかんによる。学習には奨学の支援が必要である）などの言葉には，空海の教育理念が凝集されている。空海は，「我が心広にして大なり」といい，その小宇宙に最もすぐれた自らの心の仏があるといい（『十住心論』），修行・実践の意義を説くが，その修得が教育の目標とされたであろう。「自心」＝「仏心」＝「衆生の心」の「三心平等の理趣」（遣唐使留学時の空海の師，恵果）が真言宗の真髄とされる。

菅原道真（845-903）は，平安時代の代表的な学者・政治家であり，遣唐使に加わった祖父・父とともに三代が学者の最高位・「文章博士」となり，大学や私塾・菅家廊下で多数の門弟を育成した。自らも遣唐使に任ぜられたが，唐の国内の混乱を理由に廃止を提言した。また，官位の最高峰・右大臣に登りつめ，讃岐守として民衆の立場の政治を行うなど顕著な業績をあげたが，それが藤原氏の反発を誘い，讒言により九州太宰府に配流された。民衆の道真への敬愛は，死後，怨霊信仰をへて学問の神として尊崇する天満天神信仰としてひろがり，江戸時代には寺子屋の守護神となる。それは，わらべうた「天神様の細道」，7歳児の天神様のお参り，天神講などの民間習俗にも受け継がれ，今日でも，

全国約1.2万の天満宮（天神）が，学業成就・試験合格などの祈願の場となっている。

唐の影響は，端午の節句（5月5日，「子どもの日」の旧習），雛祭り（3月3日），七夕（7月7日），お盆，七草粥などその後の日本の行事に生きている。

2 中世（鎌倉〜安土桃山時代）（12世紀末〜16世紀）

1 鎌倉時代の教育

12世紀末，平安時代から鎌倉時代への移行とともに，律令制度や貴族制度に基づく形式的な教育制度が崩壊し，地方分権的な武士社会の成立，商工業の発展，民衆仏教・芸能の普及などのもとで，寺院学校を中心に多様で非形式的な教育が発展する。北条実時の金沢文庫（1275年頃）は，政治・法制・農政・軍事・文学など各分野の書籍を収め，貴族文化の鎌倉への移入を代表している。関東管領・上杉憲実が保護した足利学校（15世紀中頃再興，起源は国学）は，医学・兵学・天文学・易学など戦時に実用的な学問を教え，諸国の遊歴学生を集め，自治権（規則制定権，教育内容決定権など）も認められた。これらの有力寺院を核として周辺寺院の学校のネットワークが形成され，寺院学校では僧侶，武士のほか俗人の童を受け入れ，読み書き，芸能，しつけなどを教えた。それら「村校」などの童は「児童」「稚児」などと呼ばれ，7・8歳ころに「寺入り」「登山」し，15歳前後に「下山」した（「登校」「下校」の由来）。その教える内容は，テキストとして使われて古往来の『異制庭訓往来』（14世紀後半成立）によれば，1〜12月の各月の往来書簡に，遊技，喫茶，香，学文（儒学の文章），習字，和歌，管弦，法事，鳥獣・魚，財宝，兵書，武具など多方面の分野が揚げられている。当時の民衆の高い識字能力は，訴訟文書などにも示されている。

学校以外の教育の形態では，商工業の「座」（ギルド）における見習い，村落の自治組織「惣」の教育施設，多様な遊歴者－時衆（仏教の教師）・律僧・天台僧・禅僧・修験者・（琵琶）法師・儒学者－らの宗教・芸能・商業活動などを動機とする多様な教育活動がみられる。武士政治のこの時代，儒教に基づく武士道が形成され，天満天神信仰は，慈悲，文学の神として民衆に広がる。

室町時代の能楽者・世阿弥(ぜあみ)(1363-1443？)の『風姿花伝』(「花伝書」)(1400年，第3編まで)は，父・観阿弥の遺訓に基づく秘伝の能楽論(20世紀初頭まで未公表)であるが，その稽古論は教育論としても注目される。その第1編「年来稽古條々」には生涯7区分の年齢段階別の指導・稽古指針が説かれている。たとえば，7歳では，稽古は「自然とし出す」「心のままに，せさすべし。さのみに，善き，悪しきとは，教ふべからず」，13歳からは，「次第次第に，物数をも教ふべし」「さのみ細かなる物まねなどは，せさすべからず。」，17，18歳では，「この比は，又，あまりの大事にて，稽古多からず」「願力を起こして，一期の境ここなりと，生涯にかけて，能を捨てぬより，稽古あるべからず。」—そこには，学習者の自発性を尊重し，教え過ぎることを慎しみ，年齢に応じて稽古の程度と自立・人格形成を促す発達段階的・訓育的教育論が含まれている。

また，他の編にも教育論への示唆が読み取れる。たとえば，植物の成長論との対比，「序・破・急」(はじめ・なか・おわり)3段階論，能楽の境地である「花」の本質を「面白さ」「珍しさ」「幽玄」とし，「万民和楽」「寿福増長」をめざす芸能論，「上手は下手の手本，下手は上手の手本」という稽古論などは，今日でも授業方法論への示唆となろう(馬場あき子『風姿花伝』岩波書店，2003年)。

2 安土桃山時代の教育論

安土桃山時代(織田・豊臣政権時代)，ヨーロッパ人が見た日本の教育の印象が，宣教師の書簡に綴られている。1549～51年，キリスト教布教のため来日したイエズス会宣教師**フランシスコ・ザビエル**(1506-52)は，その書簡で，足利学校など全国各地の拠点学校とその傘下の寺院学校の様子や民衆の高い識字能力などについて綴っている。たとえば，次の通りである(ピーター・ミルワード，松本たま訳『ザビエルの見た日本』講談社，1998年)。

「ミヤコ(京都の意)は五つの学院と二百以上の寺のある有名な大学があります。このほか日本には高野と根来と比叡山と近江に全部で五百の大きな学校があり，いずれもミヤコの周辺に点在していて，どの学校にも三千五百人ぐらいの学生がいます。ミヤコからやや離れた関東には日本でいちばん大きくて有名な学校

があります。」「聖徳に秀でた神父を日本に派遣」してほしい理由として,「日本の国民がこの地域にいるほかのどの国民より明らかに優秀だからです」,「日本人は生まれながらにして好奇心が旺盛」,「日本人はとても気立てがよくて,驚くほど理性に従います。」―

35年間,日本で布教に努め長崎で没した同会宣教師**ルイス・フロイス**(1532-97)の報告書,とくに『日欧文化比較』(1585年,発見は1946年)の「第3章 児童およびその風俗について」は,日欧の教育を具体的に比較考察している。たとえば,以下の通りである。―「われわれの間では普通鞭で打って息子を懲罰する。日本ではそういうことは滅多におこなわれない。ただ言葉によって譴責するだけである。」「われわれの間では世俗の師匠について読み書きを習う。日本ではすべての子供が坊主の寺院で勉強する。」「ヨーロッパの子供は青年になっても口上ひとつ伝えることができない。日本の子供は十歳でも,それを伝える判断と思慮において,五十歳にも見られる。」「われわれの子供はその立居振舞に落着きがなく優雅を重んじない。日本の子供はその点非常に完全で,全く賞嘆に値する。」(ルイス・フロイス,岡田章雄訳注『ヨーロッパ文化と日本文化』岩波文庫,1991年)。

イエズス会は,仏教に対抗し,それを凌ぐ水準をめざして聖職者養成のセミナリオ(神学校,200校),コレジオ(学院)を日本各地に設立し,キリスト教のほか,当時の西欧の思潮,ルネサンス・ヒューマニズムの学問,文化も講じた。最初の**安土セミナリオ**(1580~82年,教師と生徒各約30名)は,織田信長の保護で設置され,平日は寄宿舎生活による厳しい日課(午前6~20時,食事と休憩を除き学習)のもとでラテン語・ラテン文学,日本語・日本文学,音楽,体育(遠足など)などが教えられ,その勉学ぶりは「ヨーロッパの学校においては少年が3年の間に学ぶところを彼等は容易に3,4カ月で修得する」(フロイスの1583年報)と絶賛された。民衆の知的関心を背景に,通商目的のポルトガル人や宣教師を通じて,当時の日本にヨーロッパの文化や学問が普及した(例:イソップ物語,1593年,九州天草で刊行)が,1587年の秀吉のバテレン追放令により教会施設は破壊され宣教師は国外追放となる。

3 近世（江戸時代）（17～19世紀中期）

1　江戸時代の教育論

　江戸時代，鎖国政策により洋学は制限され，儒学が栄えたが，その内実は，林羅山らの朱子学が幕府の御用学問（「正学」）となる反面（寛政異学の禁，1790年），「仁」を基本に原典の真意を探求する伊藤仁斎らの古学派や知行合一の立場の中江藤樹らの陽明学派がひろがるなど多様であった。儒学のほか国学，蘭学・洋学などさまざまな学問が発展し，その他，貝原益軒，新井白石，前野良沢など一級の学者が活躍した。そこには天満宮崇拝など庶民の学問信仰の時代背景があったであろう。

　伊藤仁斎(いとうじんさい)（1627-1707）は，京都に古義堂・堀川塾を開き，子弟対等の対話的共同学習・研究の場とし，『論語古義』『孟子古義』など多数の著書を著し，儒学の原典（古義）に即し，人間の善性，平等と教育の可能性，協同的学習，愛と平和の思想など独自の解釈を展開した。たとえば，「論語曰く『教有って類なし』（有教無類）。此性を貴びずして，専ら教を貴ぶことを見る。蓋し教有るときは，即ち性の美悪，論ぜざる所にあり。…其人をして聖為り賢為らしめて，天下の泰平を開く所以の者は，教の功なり所以に論語の一書，専ら教を言って性を言わず」（『童子問』，1707年，岩波文庫，167～168頁）。「学問は当に勝心を以て大戒とすべし」（『古学先生文集』巻之五），「仁の徳たる，一言もってこれを蔽う，曰く愛のみ」（同巻之三），「攻伐（註；戦争）を用いず，一人を戮せず」（『孟子古義』巻之六），「武を講ずる者は常に乱を思い，文を習う者は必ず治を願う」（同巻之二），「力は限り有りて，徳は窮まり無し」（同巻之四）（村瀬裕也『東洋の平和思想』青木書店，2003年）。—そこでは人間愛・道徳・平和などの論語の思想と教育論が一体的に論じられている。

　福岡・黒田家の藩医・儒官で諸学の啓蒙家，**貝原益軒**(かいばらえきけん)（1630-1714）の『和俗童子訓』（1710年，西洋教育学古典，ルソー『エミール』1762年の約50年前）が，日本で最初の体系的教育論として注目される。その要点は，人間の本性はすぐれた道徳的知的可能性を潜めており，幼少から年齢の発達段階に応じ，興味・平

易・復習の原理を踏まえ，基礎的・実用的な知識（算数，国語，理科，社会などに相当）や道徳を体系的な教育課程に基づき教育することが必要である，という理論である。ユニークな「予（あらかじめ）する」教育論は，子どもが悪い影響を受ける前の教育の重要性に基づく予防教育論である。「随年教法」には，6，7，8，10，15，20の各年齢ごとの教育内容が配置され，「読書法」「手習法」を基本に，算数，文字，礼儀作法，四書五経，歴史（日本，中国），地理，動植物などの総合的な知識や道徳の習得が幼少からめざされた。その一部を引用してみよう（（　）は校訂者の注，〔　〕は原著の読み仮名）。

「人は万物の霊にて，本性は善なれば，いとけなき時より，よく教訓したらん人に…などかあしくならん」「人の小なるわざも，皆師なく，をし（教）えなくしては，みづからはなしがたし…おしえは予〔あらかじめ〕するを先とす」「小児に学問をおしゆるに，はじめより，人品よき師を求むべし。…師は，小児の見習う手本なればなり。」「簡要をゑらび，事少なく教ゆべし。すこしづつををしえ，よみならふ事をきらはずして，すきこのむやうにをしゆべし。むつかしく，辛労にして，其気を屈せしむべからず。日々のつとめの課程をよきほどにみじかくさだめて，日々おこたりなくすすむべし。凡（そ）小児をおしゆるには，必（ず）師あるべし。」「かへりよみ（反読）すくなければ，必（ず）わすれて，わがならひし功も，師の教へし功もすたりて，ひろく数十巻の書をよんでも益なし。一巻にても，よくおぼゆれば，学力となりて功用をなす。」

益軒の著作は，啓蒙書を中心に105種500巻を数えるとされ，「益軒本」は庶民の独学の本として広く流布した。

2　江戸時代の教育機関

儒家の啓蒙的な教育論は，出版・文字文化の興隆，幕府の学問・教育政策とあいまって，昌平校（幕府直轄の学校），藩学（藩校，藩の学校），郷学（郷校，藩の援助による郷村の学校，例：岡山藩の閑谷学校），私塾（例：大阪の懐徳堂），手習所（上方は「寺子屋」）などの教育・学問機関の設置を促し，当時，日本は世界有数の教育普及国であった。昌平校には書生寮が置かれ，全国の藩士の子弟が集い，

藩に帰ってその成果を伝え，江戸では朱子学の奨励，人材登用のため「学問吟味」（試験）やその私塾での準備教育も盛んであった。**手習所（寺子屋）**は，民衆の要求に基づき，天神講（毎月25日，子どもの行事）など手習・学問の神・天満天神信仰とも結びつき，自発的は教育機関として発展した。幕府がこれに関与し，「六諭衍義大意」（中国の啓蒙修身書）の配布（1722年），手習所に風俗対策を求める論達（1723年）などの例もみられたが，その影響は大きくなかった。儒学の道徳的治安的性格や天神信仰などの背景が，幕府の寺子屋放任策を許したのであろう。

　藩学や寺子屋の普及により，日常の生活や労働，家訓・家憲，秘伝・伝授等による家族本位の個別的教育に加え，塾形式の多人数授業のスタイルが広がり，近代学校制度への橋渡しとなった。他面でそれらは，各自の能力に応じた素読中心の個別指導・自己学習，手習いを基本とするなど，近代学校とは異なる独特の学習組織であった。幕府公認の朱子学も，統治・教化の手段となる反面，「格物窮理」（＝自然科学。格物は中国語で科学）の合理主義・主知主義精神を広め，西洋化・近代化のステップとなった。儒学・儒教は，明治維新後，「文明開化」，自由民権思想への対策から教育の国家統制の根拠（典型は1879年の教学聖旨，1890年の教育勅語）とされ，教育統制手段として政治的に利用されたが，日本の学問，教育の発展に果たした意義は看過，軽視できない。

　鎖国下ではあったが，西洋文化は，オランダとの通商の許された長崎・平戸や各地の蘭学塾を窓口として流入普及し，幕末には幕府が外国対策のため洋学を推奨し，それらが明治維新・「文明開化」の基礎となった。たとえば，学制取調掛等として西洋教育制度の導入に主要な役割を果たした中津藩（大分県）藩士，**福沢諭吉**（1834-1901，慶應義塾創立者）は，維新前，長崎や大阪の蘭方医・緒方洪庵の適塾で蘭学を学び，藩命により江戸に蘭学塾を開設するとともに，英学を独習し，幕府の遣米・遣欧使節，翻訳方などを勤め，『西洋事情』などを著した。江戸末期，洋学を学び明治初期，西洋教育の導入に尽力した人物は，ほかに田中不二麻呂（文部大輔＝大臣），森有礼（初代の文部大臣）など少なくない。

4 近代（明治・大正時代，昭和前期）（19世紀中期〜20世紀中期）

1 西洋教育学の移入

1868年の明治維新直後は，王政復古のもとで国学者中心の「皇道主義」教育論が主流であり，かれらが学校取調に当たった。その後，「文明開化」，欧化主義がそれに替わり，欧米の学制取調をもとに「学制」（1872年，明治5年）が制定され，これを契機に欧米教育思想・教育学がブームとなり，師範学校，大学などでそれらの移入・研究・教育が始まった。

「学制」の前文は，その前年に書かれた学制取調掛・福沢諭吉著『学問のすゝめ』の初編を基調としている。同著は冒頭の「天は人の上に人を造らず，人の下に人を造らず」という天賦人権思想をはじめ，反封建，実学重視，一身独立・一国独立論などを説くが，その主要部分はアメリカのフランシス・ウェーランド（ブラウン大学学長）『修身論』などの訳述である（二編端書に本人もその旨を断り書きしている）。

西洋教育学の移入期（1900（明治33）年頃まで）は，教育政策を背景に次のように時期区分される。第1期（1880年までの学制期）は，学制発足の欧化主義全盛期であり，とくに英米の影響が大きく，その著作翻訳が特徴となる（ページ『彼日氏教授論』，スペンサー『欣氏教育論』など）。第2期（1880〜86年の教育令期）は，教学聖旨（1879年），集会条例（1880年）を転機に西洋的教育・自由民権運動が弾圧され，欧化主義に代わり国粋主義が台頭する時期であり，帰国留学生らの著作活動がひろがる（イギリスから帰国の西村貞『小学教育新論』1881年，アメリカから帰国の伊沢修二『教育学』1882年，高嶺秀夫『教育新論』1885年など）。第3期（1886〜1900年の小学校令期）は，教育勅語公布（1890年）前後から，国のモデルが英米からドイツに移り，ドイツから帝国大学に招聘されたハウスクネヒトによるヘルバルト派教育学が主流となる。その5段階教授法の形式主義は，国家主義教育に適合し，学校現場に浸透した。

その前後，日清戦争（1894〜95年）から日ロ戦争（1904〜05年）を転機に，大国主義が台頭し，ヘルバルト派の個人的教育学説に代わりドイツの社会的教育学

説が翻訳され（大瀬甚太郎訳『ナトルプ氏社会的教育学』1901年，ベルゲマン，熊谷五郎訳『社会的教育学』1902年），その影響で谷本富，吉田熊次郎，樋口勘二郎，森岡常蔵らが社会的教育学を論じた。

大正デモクラシー期前後には，欧米の教育思想が盛んに紹介，解説され，翻訳も相次いだ。たとえば，デューイ『学校と社会』（上野陽一訳，1901年），同『民主主義と教育』（帆足理一郎『教育哲学概論』1919年），ルソー『エミール』（平林初之助訳，1927年），『ペスタロッチー全集』（小原國芳編，1927年～）などである。欧米の教育思想，とくにドイツの思弁的観念的教育学に対しては，沢柳政太郎『実際的教育学』（1909年）などの批判が相次ぎ，「教育科学」が唱えられた。

1930年代以降は，対外戦争の拡大と国内の思想統制の強化のもとで，教育界，教育学界の国家主義的軍国主義的転向が顕著になり，欧米教育思想を否定し日本精神を宣揚する「国民教育学」「日本教育学」と題する著作も現れた（入澤宗壽，近藤壽治ら）。教育勅語を解説した文部省の『国体の本義』（1937年）は，「天皇の御ために命を捧げることは国民としての真生命を発揮する所以」などと説き，戦時期教育学の国家主義的方向を決定づけた。

このように西洋思想・文化・教育は，自由民権思想・運動の弾圧，教育勅語・治安維持法体制などのもとで抑圧され，大正・昭和初期を中心に教育の自由な実践や科学的な研究も進展するものの，教育学は戦時期，総じて翼賛的学問への傾斜を余儀なくされる。学校では教育と学問は峻別され，大学は「国家ノ須要ニ応ジル」ものとされ（帝国大学令，1886年），滝川事件（1933年，滝川幸辰京都大学教授の学説を理由とする罷免）のように学問の自由，大学の自治は否認された。

2 「教育学」科目の成立

「学制」は，「教則及其教授ノ方法ヲ教授スル」目的の「**師範学校**」や小学校教員資格（20歳以上の師範学校卒業者）を規定（39章）し，教育学はその教員養成科目として制度化される。「教育学」の名称は，「師範学校教則大綱」（1881年）に「教育学，学校管理法，実地授業」などと定められ，1886（明治19）年の師

範学校令下の「尋常師範学校ノ学科及其程度」では，男子師範学科に「教育学，倫理学」が置かれ，内容は「教育汎論，教授汎論，教育各論，教育史，批評及び実地訓練／人倫道徳ノ要旨」とされ，毎週時数は1年4時間，2年3時間，3年13時間であった。女子師範学科には「倫理，教育」が置かれ，「教育」の内容は「総論，智育徳育体育ノ理，学校管理法，教育史，批評及実地授業」とされ，毎週，1年2時間，2年2時間，3年4時間，4年14時間であった。1892年には男女とも「教育科」と称され，内容は学年別に，1年「教育史」，2年「教育ノ原理」(「心理ノ大要」)，3年「教育ノ原理」(「教育ノ目的及智育徳育体育ヲ授ケ，又論理ノ大要及教授ノ原則」)，4年「教育ノ原理，教育法及学校管理法」と「実地授業」となる。高等師範学校(広島，東京)では，「心理学及教育学」の科目が置かれ(1903年)，内容は2年「教育学」，3年「教育史」「教授法」「実地授業」「学校管理及学校衛生」であった。師範学校は当初から中等教育機関とされたが，しだいに年限が延長され，1931(昭和6)年には小学校から師範学校(5年制)までの修学年限が13～14年となり，実態は専門学校の14年に接近し，戦争末期の1943年，専門学校に昇格した。

　師範学校の教科書は，学制期は自由発行・採択制であったが，その後，申出制となる。教育学の教科書は，アメリカ留学でペスタロッチ教育を学んだ高嶺秀夫(東京師範学校校長)，伊沢修二の著作，その後は，ヘルバルト教育学を伝えたハウスクネヒトの指導を受けた谷本富らの著作がよく使用された。伊沢の『教育学』は日本で「教育学」と銘打った最初の図書であり，アメリカの師範学校校長ボイデンの講義ノートを基礎とし，内容の大部分は心理学である。

3　教育学研究の展開

　義務教育である小学校の教師の教育研究活動は，講習会や研究会を中心に集団的全国的な教育運動へと発展した。たとえば，大正期の自由主義運動(附属小学校や私立学校が中心)，教育改革運動(啓明会)，昭和初期の生活綴り方運動，「新興教育」運動，教育科学運動などであるが，治安維持法により弾圧される運命をたどる。

教育学研究は，大学，高等師範学校等を中心に行われ，その成果は，図書，研究誌等に発表された。たとえば，『教育学術界』（創刊1899年，月刊，大日本学術協会），『教育思潮研究』（同1927年，年2回，東京帝国大学教育学研究室），『教育学研究』（1932年，月刊，東京文理科大学教育学会），『教育科学』（1933年，年刊，広島文理科大学教育学研究室）である。また，岩波講座『教育科学』（1931年，城戸幡太郎・阿部重孝らが編集に参加），岩波書店『教育学辞典』全5巻（1936～39年，阿部・城戸・佐々木秀一，篠原助市編集），『教育』（1933年，月刊，岩波書店）などは，横断的な研究交流・発表の機会であった。1941年12月，学会活動の全国組織として，日本教育学会が事実上，創立された（会員188名。2012年2月，約3000名）。

そのうち，戦前教育学の総集約ともいうべき**『教育学辞典』**は第1巻（B5判604頁）だけでも，大学，高等師範学校の教員を中心に133名が約2000項目を執筆している。その刊行趣旨，編集方針は「序」で「（教育は）教養として国民の修むべき常識」であり，「辞典の目的としては，何よりも一二の学説に偏せず，出来るだけ公平な立場から，正確な概念を闡明することが必要」とのべている。天皇制ファシズム教育が頂点に達する時期の教育学の公平・客観性の重視は特筆に値する。

戦後，1960年代以降に刊行の「世界教育学選集」（当初全50巻，明治図書創業50年記念出版，梅根悟・勝田守一監修，最終的に計90巻）には，戦前の教育学者として，沢柳政太郎『実際的教育学』（1906年，解説：滑川道夫・中内敏夫），篠原助市『批判的教育学の問題』（1921年，解説：梅根悟），阿部重孝『教育改革論』（1937年，解説：宗像誠也・三輪定宣）らの著作が，世界の著名な教育思想家・学者とともに収録され，その人と業績が解説されている。監修者の序文によれば，この刊行事業は，当面する民主教育への抑圧に抗し，より豊かで的確な教育理論の構築のため，「教育および教育研究の遺産を十分学びつくし」「国際的な教育学の遺産をふまえ」「先人の苦闘の成果の中に，人類的な教育的な価値の遺産を掘り当てる」などの課題意識のもとに企画されている。戦前日本の教育学は時代に制約され，幾多の問題を内包するが，戦後に継承され生かされるべき

民主教育や教育学の国際的知見など遺産を形成した。

5 現代（昭和後期〜現在）（20世紀中期〜21世紀初期）

1 戦後初期教育改革と教育学・教員養成の再スタート

　国際関係が緊密化する現代日本の教育学の時代背景は，外国の教育学のそれ（第4章5節）と共通するところが多いが，日本独自の歴史的事情も色濃く投影している。敗戦の衝撃，15年戦争への深刻な反省，天皇制国家主義からの解放，占領軍・アメリカによる民主教育の導入，憲法・教育基本法の制定などは，戦後初期教育改革の基本的契機であったが，同時に，それと一体的に教育学再生の契機となった。とりわけ米国教育使節団報告書（1946年3月）の衝撃は大きく，多くの教育学者がその翻訳，解説を行い，その背景の「新教育」の思想・実践を論じ，「コアカリキュラム連盟」（48年，のち生活教育連盟）などの教育運動に参加した。

　戦後の教員養成，教育学の教育・研究組織として，新制度の発足（小中学校＝47年度，高校＝48年度，大学＝49年度）とともに，戦前の都道府県立師範学校が大学（教育学部・学芸学部）に昇格し，いくつかの私立大学，旧制高等師範学校・文理科大学に由来する大学（東京教育，広島の各大学），旧制帝国大学に由来する大学（北海道，東北，東京，名古屋，京都，大阪，九州の各大学）に教育学部・学科・研究科や教育学分野別講座が置かれた。これらの大学や大学教員が行う教員・教育研究者養成とその基礎となる教育学研究，研究論文やその集録（紀要など），図書・雑誌の発行，講習・講座・研究会・研修会等の開催・協力，大学教員などが組織する学会活動などは，「学問の自由」（憲法23条）やその一環の「大学の自治」のもとで再スタートし，教育学の創造，発展，普及に寄与している（第9章参照）。戦後の教育学関係の著作は膨大であるが，その一端を巻末参考文献に掲載した。

　教育職員免許法（49年度施行）は，師範学校中心の閉鎖制教育養成から開放制の「大学における教員養成」に転換し，都道府県教育委員会が行う教員免許状授与の基準として大学の修得最低単位数と教科・教職科目を定め，大学はこれ

に基づき教員養成カリキュラムを編成するしくみが成立した。それは免許科目に相当する教育学，関連する学問の枠組みでもあり，この法的基準が教育学の支持と規制の制度基盤となり，そのもとで法令の規定する教育学の種類が大学で開設され，主にそれに応じて関連学会が組織され拡大している（第10章参照）。

2　1950年代以降の時代背景と教育学の特徴

以下，1950年代以降の教育学界の主な展開を年代ごとに概観しよう。

1950年前後から東西冷戦が激化し，アメリカ占領軍の対日政策の反共的変化，教育政策の「逆コース」のなかで，教育学の「新教育」批判，教育の国家統制批判が強まり，それと呼応して教職員組合の研究運動（例：日教組の教育研究集会）や民間教育研究団体（例：教育科学研究会）の結成，活動が盛んとなる。

この状況への教育学界の対応例に日本教育学会の活動がある。同学会は「教育政策特別委員会」（1954〜59年設置。委員長・海後宗臣，1部会長・宗像誠也，第2部会長・梅根悟各理事，委員100名以上）を組織し，「逆コース」のあらわれである教員の政治活動・政治教育の制限，教育委員任命制，教員勤務評定，道徳教育，教育基本法などの問題を取り上げ，「世界の進展」に則し「超党派的な教育政策」提起の立場から相次ぎ意見書・要望書・要望書等を発表した。続く「教育基本法研究委員会」（1961〜63年，担当理事：宗像，梅根，大田堯，委員28名）は，「人類が今日までに継承し，発展させてきた教育価値の蓄積にもとづいて，世界史の将来に展望をもった」（設置の「趣旨」）観点の教育基本法研究をめざし，1・2次中間報告，最終報告を発表した（『教育学研究』58巻4号，59巻3号参照）。その後も，同学会は，各時代の情勢や課題に応じて特別委員会や定期大会での課題研究チームなどを設置し活動し，他の学会も同様の活動をすすめている。「世界教育学選集」（前掲）はこれらの学会活動の所産であった。

1960，70年代は，日米安全保障条約改定（60年）をめぐる未曾有の大規模な国民的反対運動を転機に推進された高度経済成長政策を背景としている。教育はアメリカの人材開発政策（ハイタレント・マンパワー・ポリシー）に合わせ人材開発・「人づくり」の手段として重視され，教育学ではその一環の「教育の現

代化」論がブームとなる。人間の人材化，教育の競争化への批判が強まり，その対抗から「教育と人間」研究（教育人間学）の気運も高まった。

1980年代からの新自由主義政策，「行政改革」では，「小さな政府」，教育の公的役割縮小，市場原理導入，受益者負担・自己責任主義などが強調され，首相直属の「**臨時教育審議会**」が設置された。これらの背景とも関連し，子どもの校内暴力，いじめ，不登校，中退などの問題行動が噴出し，その究明と解決のため子ども研究，臨床教育研究が登場し，「脱学校論」が注目される。

1990年代は東西対立・冷戦の終焉，グローバリゼーション，バブル経済崩壊，政権交代などを背景に，教育学の多様化・流動化・国際化が顕著となり，その評価や有効性を問う「教育のメタ理論」「ポストモダン」論議が浮上する。

21世紀初頭にはグローバル化が世界を席巻し，日本では「構造改革」や経済停滞（「失われた20年」）が続き，そのもとで深刻化する教育の貧困・格差問題，OECDの国際学習到達度調査（PISA）のテスト結果をめぐる議論などが盛んになり，その主導により教育学の科学としての確立をめざす「脳科学と教育」（学習科学）研究が国際的に流行し注目される（第2章）。

2011年3月11日の東日本大震災，福島原発事故は，戦後最大の国難，人類史的な危機をもたらし，その事態を克服し現代文明の暴走を制御する教育の力の再構築，それに寄与する教育学の創造が切実な挑戦課題に浮上してきた。

3 教育学と教育基本法

第2次世界大戦前，天皇制国家主義に抑圧された教育学は，戦後の日本の民主的再生，とくに憲法・教育基本法（1947年度施行）の制定を契機に再出発した。「教育を受ける権利」（26条），「学問の自由」（23条），「思想・良心の自由」（19条）などの憲法原理を具体化した教育基本法は，人類普遍的な教育条理として教育学の土台を形成してきた。

しかし，憲法・教育基本法は，戦後初期を除き期間，憲法改正を掲げる与党・政府に軽視され，教育基本法の改正提起（2000年12月，教育改革国民会議報告）以来6年を経て，2006年12月，改正案が多数決で強行採択された。この

事態に対する教育学界の危機感は，教育学関連15学会共同の数次のシンポジウム・研究会開催，25学会の会長連名の慎重審議要望書（2003年3月），29学会の会長連名の採決抗議の見解（2006年12月）などに表現された。改正法は，「国を愛する態度」の育成などの教育目標を新たに規定したが，その基礎の憲法は厳存し，1947年教育基本法の基本原理の多くが新法に継承されている。それらは，「世界の平和と人類の福祉」への貢献，「個人の尊厳を重んじ，真理を希求する人間の育成」，「人格の完成」，「学問の自由」，「（教育は）不当な支配に服することなく」など47年法の約7割を占め，近現代の教育条理は基本的に継承されており，教育学の法的基盤は根本的全面的に転換していない。

とはいえ，「愛国心」など教育目標の法定，国の教育介入体制のもとで，教育の事実や条理・価値の探求をめざす教育学のいっそうの自律性・主体性，そのための共同の態勢・活動が求められる。

考えてみよう

1. 外国との交流や文化の移入は，日本の学問・教育の成立・発展にどのような影響を与えたか。
2. 日本人の学問・教育に熱心な民族性はどのようにして形成されたか。
3. 中世の日欧教育比較の例から当時の日本の教育の特徴をどうみるか。
4. 江戸時代の庶民の教育の習慣や考えはどのようなものか。
5. 日本の教育学の発達と教員養成制度は，どのような関係であったか。

参考文献

1. 日本教育史における教育論・学説
   本章にとりあげた人物の著作，人物・業績の解説・研究文献，専門的論文のほか，文庫本等でも関係著作が入手できる。（例：岩波文庫ではルイス・フロイス，伊藤仁齋，貝原益軒，福沢諭吉など）
2. 近代以前の日本教育史
   辻本雅史・沖田行司編『新体系日本史16　教育社会史』山川出版社，2002年
3. 戦前教員養成史
   三好信浩『日本師範教育史の構造』東洋館出版社，1991年
4. 戦前の教育学
   阿部重孝・城戸幡太郎・佐々木秀一・篠原助市編集『教育学辞典』全5巻，岩波書店，1936～39年

5．梅根悟・勝田守一監修『世界教育学選集』(全 90 巻，明治図書創業 50 年記念出版，1960 年～)
6．戦後の日本教育学会の活動
　日本教育学会『教育学研究』第 59 巻第 3 号「特集 日本教育学会五十年誌」1992 年 9 月

第7章　教育の権利

　物事の本質の究明には、それが「どうであるか」という事実認識と「どうあるべきか」という規範認識の両面からの考察が有効である。前章までは教育と人間、発達、社会に関する事実認識と教育学の歴史という事実の記述であった。これに対し、第7～8章では世界の教育思想・学説における教育の規範認識（条理）－権利意識、理念、目的－の発展の流れを跡づける。それは現代と将来における教育政策・制度・実践の基本的な指導理念として継承発展させるべき教育価値である。

　教育の規範認識の根幹は、教育への権利意識とその権利に値する教育の理念や目的であり、それは人類史未曾有の惨害であった第2次世界大戦後の国際法規に確定的に明記される。教育への権利意識とは、人間にとっての教育の重要性への自覚であり、「権利」という言葉が生まれる以前から、「教育的動物」である人間の日常的ないとなみとして教育は重視されてきたことの歴史的表現である。ここでは、主要な文献に基づき教育の重要性が唱えられ、「権利」として主張される歴史的系譜を点描する。

1　教育を受ける権利の思想の系譜

1　孔子『論語』

　中国では、紀元前5世紀に生きた孔子の言行録、儒教の教典『論語』が、学習の楽しさ、日常での学びの重要性、人間の平等性と教育による発達可能性など、学習や教育が人間の生きがいや人格形成に本質なものであることを説いている。教育を受ける権利の思想の源流といえよう。孔子は、中国、春秋時代の学者・思想家、儒家の祖であり、『論語』は弟子たちが記録したその言行録で

あり漢代に集大成された。

そこでは，たとえば，巻第一の冒頭に「学而時習之不亦説乎」（学びて時にこれを習う，亦た説ばしからずや）（意味＝学んで適当な時期におさらいをする，いかにも心嬉しいことだね。〔そのたびに理解が深まって向上していくのだから。〕）とのべているほか，巻第七「下学而上達」（下学して上達す）（〔ただ自分の修養につとめて〕，身近なことを学んで高遠のことに通じていく），巻第八「有教無類」（教えありて類無し）（教育〔による違い〕はあるが，〔生まれつきの〕類別はない。《だれでも教育によって立派な人間になる－引用者解釈》）など，『論語』の全体が人格完成のための教育論となっている。

日本には，それは5世紀初頭，百済の僧，王仁より伝来したと伝えられ，日本人の学問観・教育観のルーツとして根底的な影響をおよぼした。

2　トマス・モア『ユートピア』

西洋でも，紀元前5世紀のギリシャ・ローマ時代には多数の哲学者を輩出し，プラトンの『国家』『メノン』，『ソクラテスの弁明』などにみられるように，「知ること」「学ぶこと」の意義が探究され，その後の教育論や教育の権利思想の源流となった。

降って16世紀初頭，**トマス・モア『ユートピア』**（1516年）は，プラトン『国家』などを継承し，人類の目標とすべき理想国家を文学的に描いた近代精神のマニフェストといわれる。モアは，オックスフォード大学，法学院に学んだ法律家であり，下院議員，大法官を勤め，ヘンリー8世の離婚問題に反対し幽閉され死刑を受ける。そこではユートピアにおける学習の意義がこうのべられている（平井正穂訳，岩波書店，1957年）。

「精神の自由と教養…人生の幸福がまさにこの点にある」。働く人々は，「自分の利益そのものよりもむしろ全体の福祉に多大の貢献をしている」ので，「幸福な生活をたのしむ権利」がある。「私有財産が追放されない限り，ものの平等かつ公平な分配は行われがたく，完全な幸福もわれわれの間に確立しがたい，ということを私は深く信じて疑いません」。だれもが労働時間を6時間とすれば，

余暇は「有益な知識の習得」にあてられる。ユートピアでは，人間の生命，健康，平和，道徳（とくに親切，友愛，誠実），平等，勤勉，短時間労働，拝金主義と無縁の高貴な思想などが尊重され，それらを生み出す国民の「すぐれた教養と学問の力」が重視される。たとえば，「世界中のあらゆる物をもってしても，人間の生命にはかえられない」。「われわれは戦争についてよりも，もっと多く，千倍も多く，平和について考慮をはらうべき」等々。「ユートピアでは，国民全員が子供の時には学問を学び，国民のほとんどが余暇を利用して学問の勉強を一生続ける」ことで，「学問的素養に富んだユートピアの知識人」が形成される。

そこには，「精神の自由と教養」が「人間の幸福」の最高と認識され，その「権利」の実現にふさわしい社会のあり方が論じられており，事実上，生涯にわたる教育を受ける権利＝学習権思想の提起といえよう。精神の自由や教養を含め，人間の真の幸福を社会の根本的変革とのかかわりで論じた『ユートピア』は，後にエンゲルス『空想から科学へ―社会主義の発展』(1882年) により「空想的社会主義」の先駆としても注目され，その後の「科学的社会主義」の源流とみなされている。本書を契機に，西洋諸国では理想郷を論ずる著作が相次ぎ，社会主義・共産主義思想へとつながる。

2　近代における教育を受ける権利の思想

1　西洋の場合

フランスでは1762年，「教育発見の書」といわれるルソーの『エミール』が『社会契約論』と同時に刊行され，(神ではなく)「教育が人間をつくる」などの大胆な思想が当時の社会を震撼させ，同書は即時発行禁止，ルソーは国外追放となった。人間は教育を受けなければ人間になれないという「発見」は，教育が「権利」として自覚される契機となった。

「教育を受ける権利」という言葉が，公的文書に登場するのは，1793年，フランス革命期に国民公会の公教育委員会に報告されたルペルチェの**国民教育法案**（未実施）である。その総則には，「第1条　すべての子どもは共和国の費用

で育てられる。」「第3条　国民教育は，すべての者にたいする共和国の責務であって，すべての子どもは教育を受ける権利を有する。また，両親は，子どもにその利益を享受させる義務を放棄することはできない。」と明記された。その理由がこうのべられている。「3年前からの諸革命は市民の他の諸階級にたいしてはすべてのことを成し遂げたが，おそらくもっともそれを必要とする階級，労働のみを財産とするプロレタリア市民にたいしてはほとんど何も成し遂げていない。」「これは貧しい者の革命である。」

　ルペルチェ (1760-93) は，パリ高等法院部長，貴族代表の三部会議員であったが，国王の死刑に賛成し，1793年，王党派により暗殺された。

　「教育を受ける権利」は，その後，1848年の**フランス2月革命期の憲法第1次草案**に規定される (未実施)。「第6条　**教育権**は，すべての市民が，国家による無償の教育をつうじて，各自の肉体的・精神的・知的能力を全面的に発達させるための手段を享受する権利である。」「第132条　労働権の本質的保障は (中略) 無償教育」などである。

　2月革命は，社会主義者によって遂行されたが，そこにはマルクス・エンゲルスらの理論が反映している (1845年，エンゲルスのエルバーフェルトでの演説「国家の費用で普通教育」「能力を完全に発達させる権利」)。

　労働者の国際組織，「国際労働者協会」(＝第一インターナショナル，創立1864年) の規約は「労働者階級の解放にとってもっとも強力な手段は，その教育」と規定し，その制度原則としてすべての子どもの「教育を受ける権利」と「無償教育」が唱えられた (当時のフランス代表報告)。

　フランスのパリ・コミューン (1871年) の布告は，「コミューン革命は，社会的平等の真実の基礎である…各自が当然受ける権利をもつ全面的教育を保障」するためすべての段階の無償教育を宣言している。

　実定法では「教育を受ける権利」の文言は，1936年のソビエト連邦憲法に規定された。その第121条は「ソ同盟の市民は教育を受ける権利を有する。この権利は (中略) あらゆる種類の教育の無償 (中略) によって保障される。」と定めている。

2 日本の場合

これらの世界史的潮流を背景に，日本でも「教育を受ける権利」の思想が主張される。たとえば，中江兆民（1847-1901，ルソー『民約論』の訳者）は，「教育の権利に於ける先ず人をして全ふせしめ」るべきことを説いている（1881年，「東洋自由新聞」）。1889年4月発行の『労働世界』の社説「富者の教育上の圧制」の主張は明快である。―「何人と雖も先天的に教育を受くべき権利を有す，教育は文明社会の賜なり，人類社会の公有物なり，何人と雖も之を私すべからず，去れば教育は一個の国家の事業として国家自ら之に経費を負担し公立学校を設立して以て一般国民を教育する義務あるなり。斯くの如く公立学校は一種の公有物なるが故に元来授業料を徴収すべからざるものなり，何人も無価にて教育を授く筈の者なり。」

それを綱領化した社会民主党宣言（同党は，1901年5月，阿倍磯雄，片山潜，幸徳秋水，木下尚江ら創設）は，「人々をして平等に教育を受くるの特権を得せしめざるべからず。若し吾人の理想を言はんか，義務教育の年限を少なくとも満二十歳までとなし，全く公費を以て学齢の青年を教育するに在り。」とのべている。

1919（大正8）年8月，日本最初の教員組合として結成された日本教員組合啓明会の「教育改造の四綱領」は「教育を受くる権利―学習権―は人間権利の一部なり」と宣言している（第8章2節参照）。

内外の潮流を背景に，1946年11月，日本国憲法第26条は，「すべて国民は，法律の定めるところにより，その能力に応じて，ひとしく教育を受ける権利を有する。」と規定した。同条は，憲法の平和主義・基本的人権の尊重・国民主権の原理に基づき，「学問の自由」（第23条），文化的生存権（第25条）などと一体的に規定されており，「教育を受ける権利」は，それらと整合的に解釈されなければならない。また，同条の実現のため，1947年3月，教育基本法が制定され，憲法と同日に施行された。

憲法第26条「教育を受ける権利」の制定過程を概説しておこう。1945年秋，憲法改正が政治日程に浮上し，各団体や個人が改正案を発表した。日本共産党「新憲法ノ骨子」（11月12日）は「教育される権利」，高野岩三郎（東大教授）「改

正憲法改正私案要綱」(11月28日)は「国民ノ教育ヲ受クルノ権利」をそれぞれ明記している。政府の憲法問題調査委員会(松本烝治国務大臣)は，政府改正案作成に着手し，第6回総会の小委員会改正案(12月26日)に「左翼からの攻撃」(松本委員長)に対処する含みで，「教育ヲ受クルノ権利」(第30条の一)を盛り込んだ。しかし，翌46年2月2日，GHQ総司令官マッカーサー元帥に提出された政府案ではその文言は削除された。同案は全面的に拒否され，2月13日，民政局作成の「マッカーサー草案」が政府に提示され，これに基づき政府は第2次の政府案を再提示し，その教育条項に「教育ヲ受クルノ権利」「教育ハ無償」(第23条)と規定した。マッカーサー草案でも教育条項は「無償の普通教育を設けなければならない」(24条)であったから，それは，当時の政治状況を反映し，第1次政府案で削除された文言が復活したことを意味する。この経緯にみられるように，憲法の「教育を受ける権利」は，その実現を求める戦前からの内外の要求や運動が結実したものである。

3　判例にみる教育を受ける権利の解釈

「教育を受ける権利」を解説した文献は今日まで膨大な数にのぼるが，公的な解釈のひとつは判例であり，その最初でもっとも詳しく解釈をのべたのは，1970年7月の東京地裁・教科書裁判判決(**杉本判決**)である。そこでは次のように述べている。

——憲法第26条の規定は，「生存権的基本権のいわば文化的側面として，国民一人ひとりにひとしく教育を受ける権利を保障し，その反面として，国に対し右の教育を受ける権利を実現するための立法その他の措置を講ずべき責務を負わせた」。「憲法がこのように国民ことに子どもに教育を受ける権利を保障するゆえんのものは，民主主義国家が一人一人の自覚的な国民の存在を前提とするものであり，また，教育が次代をになう新しい世代を育成するという国民全体の関心事であることにもよるが，同時に，教育が何よりも子ども自らの要求する権利であるからだと考えられる。…子どもは未来における可能性を持つ存在であることを本質とするから，将来においてその人間性を十分に開花させるべ

く自ら学習し、事物を知り、これによって自らを成長させることが子どもの生来的権利であ」る。「教育の本質は、このような子どもの学習する権利を充足し、その人間性を開発して人格の完成をめざすとともに、このことを通して、国民が今日まで築き上げられた文化を次代に継承し、民主的、平和的な国家の発展ひいては世界の平和をになう国民を育成する精神的、文化的ないとなみというべきである。」「教育を受ける権利に対応して子どもの教育をする責務を担うものは親を中心として国民全体」であり、「このような国民の教育の責務は、いわゆる国家教育権に対する概念として国民の教育の自由とよばれる。」「国家に与えられる権能は、教育内容に対する介入を必然的に要請するものではなく、教育を育成するための諸条件を整備することであると考えられ、国家が教育に介入することは基本的に許されない」「教育の外的事項については、一般の政治と同様に代議制を通じて実現されてしかるべきであるが、教育の内的事項については、…一般の政治のように政党政治を背景とした多数決によって決せられることに本来的にしたしまず、教師が児童、生徒との人間的ふれあいを通じて、自らの研鑽と努力によって国民全体の合理的な教育意思を実現すべきものであり、また、このような教師自らの教育活動を通じて直接に国民全体に責任を負い、その信託に応えるべきものと解される(教育基本法10条)」―

このように杉本判決は、「教育を受ける権利」の保障を、次代の主権者の育成と子どもの人間的成長、人格の完成のための生来的権利である学習権を実現するための国民の責務・権利ととらえ、国の「教育の外的事項」(教育条件)整備義務と「教育の内的事項」(教育内容・方法)の不介入原則を明示しており、国家教育権説に対して「国民の教育権」説とひろく受けとめられた。

1976年5月の旭川学力テスト事件に関する最高裁判決は、必要かつ相当の範囲で国の教育内容決定の権能を認めた反面、人間の内面的価値は党派的な政治的利害になじまないとの観点から、教育内容への国家的介入は「できるかぎり抑制的であることが要請される」とし、包括的な国家教育権説を否定した。

3 現代における人類の普遍的人権としての教育への権利

1 国際教育法のルール―条約と勧告・宣言の性格

　国際連合は，戦前の国際連盟の伝統を受け継ぎ，各国の教育は基本的に内政問題との立場から，教育制度の独立・統一性・多様性の維持のため「加盟国の国内管轄権に本質的に属する事項に干渉することを禁止」（ユネスコ憲章1条3項）し，現在，国際人権規約，「教育における差別待遇の予防に関する条約」（1960年，ユネスコ総会採択，日本未批准），子どもの権利条約（1989年，国連総会採択，日本は1994年批准），有給教育休暇に関する条約（1974年，ILO総会採択，日本未批准）の4条約を除き，教育に関する政府間合意・確認は，すべて勧告・宣言・計画等の法的拘束力のない形式である。

　しかし，加盟各国は，それらを無視・軽視してよいのではなく，真摯に受けとめ，尊重し，できるかぎり具体化する責任を課されており，日本国憲法も「日本国が締結した条約及び確立された国際法規は，これを誠実に遵守することを必要とする。」（98条2項）と明記している。

　とりわけ，「教育への権利」は，人類普遍的人権として各条約に規定された最高の教育国際合意であり，各国におけるその解釈の深化と保障の徹底が要請されている。

2 世界人権宣言，児童権利宣言と「教育への権利」

　1945年創設の国連は，当初，国際人権章典（宣言，条約，実施措置の3部構成）の作成をめざし，まず世界人権宣言を採択した（1948年12月10日，第3回国連総会）。その第26条第1項は，「すべて人は，教育への権利（the right to education）を有する」と定め，第2項は，教育の目的について，「教育は，人格の完全な発展並びに人権及び基本的自由の尊重の強化を目的としなければならない。教育は，すべての国民又は人種的若しくは宗教的集団の相互の理解，寛容及び友好関係を増進し，かつ，平和の維持のため，国際連合の活動を促進するものでなければならない。」と規定している。

同条についてスイスの心理学者ジャン・ピアジェ (1896-1980) は，ユネスコの依頼により国際教育局事務局長の立場で長大な解説文「現代の世界における教育を受ける権利」(ユネスコ『精神の諸権利』，人権叢書第1巻) を執筆し，心理学者として教育論を全面的に展開している。国際教育局は，国際連盟が教育に関する機関を設置しない事情のもとで1925年に創設され，1929～67年，政府間機関として存続し，その間，ピアジェが事務局長を務めた。それは，国際教育年鑑の発行，国際公教育会議の開催，教育に関する勧告の作成などの活動を継続し，1968年，ユネスコの一局となった。ピアジェはその論考でこうのべている。

―「教育をうけるという権利を肯定することは，だから各人に読み書き算の取得を保証するよりもはるかに重い責任を負わせることである。それは本当の意味で子どもに彼らの精神的機能の全面的発達と，それらの機能を現在の社会生活に適応するまで行使することに対応する知識ならびに道徳的価値の獲得とを保証してやることである。したがって，それはとりわけ，―各個人の区別をなす体格と能力とを考慮しながら―個人のなかにかくされていて，社会が掘りおこさなければならない可能性の重要な部分を失わせたり他の可能性を窒息させたりしないで，それらの可能性を何一つ破壊もせず，だいなしにもしないという義務をひきうけることである。」(H. ワロン・J. ピアジェ，竹内良知訳『ワロン・ピアジェ教育論』明治図書，1968年)

1959年11月，児童権利宣言が世界人権宣言に基づき制定され，その第7条に「教育を受ける権利」(is entitled to receive education) が規定された。そこでは，権利に値する教育として，「一般的な教養を高め，機会均等の原則に基づいて，その能力，判断力ならびに道徳的および社会的責任感を発達させ，社会の有用な一員となるような教育を与えられなければならない。」と明記されている。

これらの宣言は，その後，各国の遵守を義務づける条約になる。

3 国際人権規約と教育への権利

国連では国際人権章典制定の方針に基づき，国際人権規約の作成作業は，世

界人権宣言採択前後から国連人権委員会（現在，人権理事会）で始まり，54年に草案が仕上がり，それを土台に54～66年の12年間を費やし，第3委員会で逐条審議・修正が行われ，国連第21回総会（66年12月6日）で全会一致で採択された。審議の過程では1951年（第7会期）に提案されたユネスコ案が基礎になり，主な論点として条約とその「教育への権利」の内容に教育目的を規定することへの是非が議論されたが，ファシズム下の教育の体験から教育の濫用，誤用を防ぎ，教育の人間形成・社会発展に果たす積極的役割を明示することが期待され，世界人権宣言の教育目的規定が復活した。この間の冷戦がその作成着手後，20年という歳月を必要とする背景であった。

経済的，社会的及び文化的権利に関する国際規約［A規約］（＝国際社会権規約）は，前文に国連憲章の「人類社会のすべての構成員の固有の尊厳及び平等のかつ奪い得ない権利」が「人間の固有の尊厳に由来する」とのべ，第13条に「<u>教育についてのすべての者の権利</u>」を規定した。

第1項＝「この規約の締約国は，教育についてのすべての者の権利を認める。締約国は，教育が人格の完成及び人格の尊厳についての意識の十分な発達を指向し並びに人権及び基本的自由の意識を強化すべきことに同意する。更に，締約国は，教育が，すべての者に対し，自由な社会に効果的に参加すること，諸国民の間及び人種的，種族的又は宗教的集団間の理解，寛容及び友好を促進すること並びに平和の維持のための国際連合の活動を助長することを可能にすべきことに同意する。」

第2項は，その「権利の完全な実現を達成するため」，初等教育から高等教育までのあらゆる段階の「無償教育」の導入，奨学金制度，教職員の物質的条件の改善の義務を定めている（後述）。

条約では世界人権宣言の教育の目的に追加して，「人格の尊厳」や「社会への参加」が新たに規定された。

4 ユネスコ「学習権宣言」

1985年，第4回ユネスコ国際成人教育会議が採択した「学習権宣言」は，

次のように述べている。「学習権とは、読み書きの権利であり、問い続け、深く考える権利であり、想像し、創造する権利であり、自分自身の世界を読み取り、歴史をつづる権利であり、あらゆる教育の手だてを得る権利であり、個人的・集団的力量を発達させる権利である。…学習権なくして、人間的発達はありえない。…このように学習権を理解することは、今日の人類にとって決定的に重要な諸問題を解決するために、わたくしたちがなしうる最善の貢献の一つなのである。…学習権はたんなる経済発展の手段ではない。それは基本的人権の一つとしてとらえられなければならない。…人々を、なりゆきまかせの客体から、自らの歴史をつくる主体にかえていくものである。」

この宣言は、人権規約の「教育を受ける権利」との関係には言及していないが、ユネスコは国連の機関であり、それが採択した人権規約を成人教育にも広げる観点から作成されたものと解される。1965年、第3回ユネスコ成人教育推進国際委員会は、ポール・ラングラン（同教育局継続教育部長）のワーキング・ペーパーに基づき、「生涯教育」に関する勧告を事務局長に提出したが、宣言は、その20年後、それを受け、生涯学習権として発展させたものである。また、ラングランの後任の生涯教育部長で『生涯教育―抑圧と解放の弁証法』（前平泰志訳、東京創元社、1983年）の著書もあるエットーレ・ジェルピ（1933-）の理論を反映し、労働者や第3世界の人々の解放と社会変革の思想がその底流にあるものと解される。同著は、既成の生涯教育に対置し、「進歩的な生涯教育の3要素」として、「自己決定学習」「個人の動機」「新しい生活の方法（社会参加―引用者註）のなかで発展する学習システム」をあげている。

5　子ども（児童）の権利条約と教育への権利

1989年、国連総会が採択し、1994年に日本政府が批准した「子ども（児童）の権利条約」は、第28条、第29条に教育への権利と目的を定めている（外務省訳文による。ただし「児童」はここでは「子ども」と表現）。それは、「教育についての子どもの権利を認め、その達成」のため、初等・中等教育の無償教育の導入と次の教育の目的を指向することを定めている。

「(a)子どもの人格，才能並びに精神的及び身体的な能力をその最大限まで発達させること。(b)人権および基本的自由並びに国際連合憲章にうたう原則の尊重を育成すること。(c)子どもの父母，子どもの文化的同一性，言語及び価値観，子どもの居住国及び出身国の国民的価値観並びに自己の文明と異なる文明に対する尊重を育成すること。(d)すべての人民の間の，種族的，国民的及び宗教的集団の間の並びに原住民である者の間の理解，平和，寛容，両性の平等及び友好の精神に従い，自由な社会における責任ある生活のために児童に準備させること。(e)自然環境の尊重を育成すること。」(原文は各項改行)

同条約は，前文と54条からなり，教育への権利と目的のほか，子どもの権利を総合的に規定しており，それらが十分に尊重されなければならない。

4 教育を受ける権利（教育への権利・学習権）の意義と教育権

1 教育を受ける権利の意義

「教育を受ける権利」（「教育への権利」「学習権」）は，以上の経緯から明らかなように，今日では，内外の教育基本法規に規定された人類普遍的な基本的人権として確立しており，解釈の深化とその精神に即した確実な実現が各国の課題となっている。「教育を受ける権利」の多様な意義をまとめてみよう。

①一人ひとりにかけがえのない個別・具体的権利である。それを抽象的権利にとどめず，各自の社会的地位や発達の必要・ニーズに応じて，確実にきめ細かく保障されなければならない。
②「人格の完成」をめざす能力の最大限かつ全面的な発達の権利である。
③人間の尊厳など，人類普遍的な教育の目的・価値を修得する権利である。
④自他の文化・文明を尊重し，諸国民との友好，平和を実現する権利である。
⑤知識・技能を学び，探求，思考，想像，創造し，社会参加する権利である。
⑥「不当な支配」が禁止され，教育や学習の自由が保障される権利である。
⑦教育の無償制や奨学措置など教育条件の整備確立を国に義務づけ，請求できる権利である。
⑧特定の機関や人からだけではなく，すべての人から教育を受け，学ぶ権利で

ある。すべての人々が教育に参加し共同する権利の根拠である。
⑨あらゆる場所，機会，生涯の各時期に教育を受け，学ぶ権利である。
⑩精神の自由な発達と教養を高め，幸福を追求する権利である。

2 教育権

「教育権」は，①「教育を受ける権利」「教育への権利」，②親の子を教育する権利（民法第820条「親権を行う者は，子の利益のために子の監護及び教育をする権利を有し，義務を負う。」)，③公教育の組織・運営権，④教育内容の決定・実施権，などに区分されるが，①がその基本となり，他はそれに制約される関係と解される。

日本では，④は教育の権利が問題，論争となる1950年代後半以降に多用され，とくに国の教育政策の「逆コース」を背景とする国の教育内容統制の強化と教職員組合の反対運動の過程で争われた"三大教育裁判"－教員の勤務評定（58年～），学力テスト（61年～，学習指導要領の法的性格が争点)，教科書（65年～，教科書検定が争点）の裁判以降，頻繁に使用される。

その教育権の中心は，教育内容に関する権限の主体をめぐる論争であり，主体が国家，国民，教師のいずれに属するかをめぐる論争である。「教育を受ける権利」（憲法第26条）に対する「教育をする権利」の主体が争われ，それを国家と解する説（国家教育権説)，国民と解する説（国民〔父母，親を含む〕の教育権説)，国民の信託を受け子どもの学習権を専門的に保障する教師にあるとする説（教師教育権説）に大別される。そこでは，憲法と一体的に制定された教育基本法（旧法）が主たる解釈の根拠となり，とくに同法10条の教育行政の任務規定－教育における不当な支配の禁止と教育条件整備義務－について解釈が争われた。国家教育権説では，国家の教育統制は正当，教職員組合等の教育介入は不当，教育条件整備は「教育の内的事項」のそれを含み，学習指導要領の法的拘束力や教科書検定が正当化される。国民と教師の教育権説では，国家の教育統制は不当な支配であり，教育条件整備は「教育の外的事項」に限定され，それらの違法性と国民の教育の自由が主張される。

考えてみよう
1. 『論語』にみられる教育への権利意識の萌芽ついて。
2. 『ユートピア』の学習権思想と当時の社会状況との関係について。
3. ルペルチェの「教育を受ける権利」提起の思想的背景。
4. 国際条約が規定する「教育を受ける権利」の教育目的の意義について。
5. 国家教育権説と国民の教育権説との争点について。

参考文献
1. 『論語』金谷治訳，岩波文庫，2001年（第4刷）（本論の引用も本書による）
2. トマス・モア『ユートピア』（原著1516年）平井正穂訳，岩波書店，1957年（本論の引用も本書による）
3. 牧柾名『教育権』新日本出版，1971年（本論のフランス革命期とその後の教育条項は本書による）
4. 第2次教科書裁判第1審判決（杉本判決）（1970年7月17日），学力テスト旭川事件最高裁判決（1976年5月21日）。
5. 堀尾輝久・河内徳子編『平和・人権・環境　教育国際資料集』青木書店，1998年
6. 国際教育法研究会編『教育条約集』三省堂，1987年

第8章 教育の理念

　教育理念とは，教育のあり方についての規制的原理であり，教育実践や教育政策が指針とすべき規範的な方向や原理である。教育改革に際し，その指導的理念として鮮明に提起される場合が多い。ここでは，近代公教育の成立以降の主要な教育理念を説明する。それは，教育の公権力からの独立，教育の機会均等と無償制，教育における参加と共同，教育条件の整備の4点に絞ったが，長い教育の歴史のなかで形成された教育理念・条理はこれにとどまらない。第4，5，6章の教育学説史を参照してほしい。

1 教育の公権力からの独立

　西欧における教育の公権力からの独立の思想は，中世からの大学自治の伝統，近世のルネッサンス，宗教改革，市民革命などを契機とする神からの人間の解放と権威への抵抗の思想などに見られる。それらは，18世紀末の啓蒙思想を背景とするフランス革命期の教育改革に集約的に表明される。コンドルセ（1743－1794）は，1792年4月，立法議会に「公教育の全般的組織についての報告と法案」を説明し，「教育の独立」の項でこうのべている。

　「われわれは公教育を他のあらゆる公権力から独立させた（中略）教育の独立はいわば人類の権利の一部をなしている。人間は自然から完成能力を受け取った。（中略）人間にとって新しい真理の認識はこの幸運な力－人間の幸福と栄光の源泉である能力を伸ばす唯一の手段である。（中略）真理のみが有用であり，誤謬はすべて害悪なのだから，どんな権力であれ，いかなる権利によっても，どこに真理があり，どこに誤謬があるかを厚かましく決定することなどできようか。」「教育を外的権力に従属させることの弊害」の実例は，エジプト，イン

ド，中国，ローマ，ギリシャにみることができる。「人間精神の自由な歩みをおしとどめるものは，すべて警戒しなければならないのである。」

　彼の論説は，前年の1791年の雑誌論文「公教育の本質と目的」(『公人叢書』)でも詳しく展開されている。そこでは，「法律を，精神に対する規範として与えてはならない(中略)権力が一度誤謬を侵すならば，数世紀もの間この誤謬に服従することになるであろう。」とのべている(阪上孝編訳『フランス革命期の公教育論』岩波書店，2002年)。

　コンドルセは，数学者，造幣局長官，科学アカデミー会員などを勤め，フランス革命期に立法議会の公教育委員会の中心メンバーとして公教育法案をまとめたが，急進派に逮捕され獄中で自殺した。その教育論は，教育の公権力からの独立，真理を教える自由，思想の自由，教育の平等とあらゆる段階の教育の無償制などを特徴とし，フランスはもとより，人類普遍的な教育理念として，その後，各国の教育制度原理に生かされる。

　日本でも教育の公権力からの独立の主張は，明治維新の頃から主張されている。学制期(1872年)の教科書自由発行・採択制はその象徴である。当時，土佐の自由民権運動家で，フランスに留学し仏学塾を開いた**中江兆民**は，「教育の干渉」論で教育の自由論をのべている。―教育の「自由を妨げずして自由を助るのみ。…唯だ全国の父兄をして必ず子弟を教育せしめ政府をして能く全国の教育を奨励せしめんとする謂にして，復た地方の教則を掣肘箝束するの謂には非らざるなり」(「干渉教育」『東洋自由新聞』1881年)。「教育の干渉」とは，教育奨励のための関与であり，教育の自由の保障を条件としている。同じく土佐の民権派，**植木枝盛**は，「自由ノ教育ヲ施シ…学科上ノ事ニハ決シテ干渉スル事ナシトス」といい，その日本国々憲案(1881年)に「日本人民ハ何等ノ教授ヲナシ何等ノ学ヲナスモ自由トス」と明記している。教学聖旨(1879年)，教育勅語(1890年)などを契機に公教育の自由は統制の一途をたどるが，民間ではそれが主張され続けた。

　大正自由教育では，私立学校や師範学校附属学校で，国の教育体制から自由な教育が試みられた。たとえば，千葉師範附属学校主事の手塚岸衛は「自由教

育」論を唱え，「児童の村小学校教育信条」(1924年)は「学校生活は生徒及び教師の自治によって一切の外部干渉を不要ならしめ」と宣言している。教員組合運動では，啓明会「**教育改造の四綱領**」(1920年)は「三，教育自治の実現」を掲げ，「教育者を現代の隷属的地位より開放し，自由なる人格の主体として生気あふれる教育を行わんが為には教育者の教育管理—教育自治を実現せざるべからず。」と主張した。**日本教育労働者行動綱領** (1930年) は，「一切の反動教育反対」「国定教科書 (伏せ字) 反対，教員による教科目，教科書選択の自由」「職員会，教員会，教育会の自主化」「強制的指導授業，研究授業反対」「講習会，講演会，研究会，競技会への強制出席参加反対」などを掲げた。

公権力からの教育の自由と独立の思想は，戦後初期教育改革の原理となる。憲法は「思想及び良心の自由」(第19条)，「学問の自由」(第23条)を定め，教育基本法は，「真理と平和を希求する人間の育成」(前文)，「学問の自由」(第2条)，「教育は，不当な支配に服することなく，国民全体に対し直接に責任を負つて行われるべきものである。」(第10条)などと規定した。

その基礎となった教育改革の設計図，**米国教育使節団報告書** (1946年) はこうのべている。—「自由は自由の実行からのみ生じる」「教師の最善の能力は，自由の空気の中においてのみ十分に現される。この空気をつくり出すことが行政官の仕事なのであって，その反対の空気をつくることではない。子供の持つ測り知れない資質は，自由主義という日光の下においてのみ豊かな実を結ぶものである。」(序論)

憲法・教育基本法に由来する教育の自由に関する解釈例として，**学力テスト最高裁判決** (1976年) を見ておこう。—「殊に個人の基本的自由を認め，その人格の独立を国政上の原理としている憲法の下においては，子どもが自由かつ独立の人格として成長することを妨げるような国家的介入，たとえば，誤った知識や一方的な観念を子どもに植えつけるような内容の教育を施すことを強制するようなことは，憲法26条，13条の規定上からも許されない。」「教基法が前述のように戦前における教育に対する過度の国家的介入，統制に対する反省から生まれたものであることに照らせば，同法10条が教育に対する権力的介入，

特に行政権力によるそれを警戒し，これに対して抑制的態度を表明したもの」。

2 教育の平等と無償制

　700万年に及ぶ人類史の99％以上の期間，人類の教育は平等な無償であった。1万年ほど前の文明の成立，階級の発生，貨幣経済や資本主義の発達とともに，教育の不平等化と有償化が進行し，今日に至る。国際人権規約13条のあらゆる段階の無償教育の規定は，人類史の逸脱の軌道修正を意味している。無償教育は，公費で個人のかけがえのない教育を受ける権利を保障し，その成果は個人の私的利益とともに，公的利益に還元され，個人の発達，社会の発展の源泉となる。

1　西洋の場合

　古代ギリシャの時代，ポリス国家の中心のアテネの知識人の間では，自由人・市民（他に非市民である多数の奴隷が存在した）の教養が重視された。哲学者たちは貨幣による「贈与社会」や教育の侵害を警戒し，教育の本質は人格的接触であり，それは報酬，対価になじまないと考え，教育で報酬を稼ぐソフィスト（詭弁家）を批判し，彼らの経営する私塾は無償とし，ときに納められる費用も対価ではなく謝礼とみなされた。

　プラトン『国家』（BC375年頃）は，「知を求める人」は「金銭を愛し求める人ではない」とのべ，ソフィストを「賃銭をもらって個人的に教える連中」と批判する一方，師のソクラテスと同じく無償の学園アカデメイアでの教育に力を注いだ。それは弟子のアリストテレスのリュケイオンにも引き継がれている。

　16世紀，イギリスのトマス・モアは，すべての人が平等に学習できる社会を「ユートピア」として描いた（第7章1節）。

　17世紀，チェコの教育思想家**コメニウス**は，教育の機会均等の立場から，『大教授学』（1632年）を著し，「あらゆる人にあらゆることを教える」ため，鳥の成長や印刷術をモデル化した教育方法など体系的教育論を展開し，すべての民衆を対象とする学校制度を構想した。また，学問を特権階級のラテン語ではな

く母国語に翻訳し,「汎知学」により一般教養を体系化し, 絵付き教科書『世界図絵』(1658年) を作成するなど, 知識を普及する活動を行った。かれは, フス派の宗教改革の中心人物で, ハプスブルク家支配と闘う民衆運動家であり, 教育の普及活動は祖国の解放と国際平和の念願と一体であった。

18世紀半ば, **ルソー**は『エミール』(1762年) で教師の資格を論じ, その第一に「金で買えない人間」をあげ, こうのべている。「よい教師に資格についてはいろいろ議論がある。わたしがもとめる第一の資格…それは金で買えない人間であることだ。金のためにということではできない職業, 金のためにやるのではそれにふさわしい人間ではなくなるような高尚な職業がある。軍人がそうだ。教師がそうだ。…教師! ああ, なんと崇高な人だろう」

これらの思想の底流は, 18世紀末の**フランス革命期**, 教育の機会均等と無償制の主張となって浮かび上がる。1791年制定の憲法は,「すべての市民に共通で, 不可欠な教育の部分について, 無償の公教育が組織される。」と規定している。同年9月, タレイランが公教育について報告したが, 立法議会は解散し, 10月, 新議会の公教育委員会委員に選ばれた**コンドルセ**は, 公教育案をまとめ, 92年4月20, 21日,「公教育の全般的組織についての報告と法案」を報告し, 長文 (10頁) の「教育は無償」の項で次のように説明した。

「以上4段階 (初等教育, 中等学校, 学院, リセー—引用者注) の教育はすべて無償である」。その意義は「財産の差違から生まれる不平等を減少させ…諸階級を融合する手段」となり,「親の負担を増やさず」にすむ。有償であれば「生徒数を増やそうとする教授間に競争…学校間の競争が生まれ…教育についての意見が計算ずくめのものになる」。「無償の教育という問題は, とくに社会的平等との関係で考えられなければならない」「教育のあらゆる段階において, 教育が無償であることは, 一見して考えられるよりもはるかに多くの人々に利益をもたらすのである。」また,「第2の設問 公教育の全段階は国費でまかなわれるべきか」の項でも,「完全に無償にすることによって, 教育はより広まり, より平等でより自由で, 臆見からより独立したものになるであろう。技術と科学はいっそう究められ, 祖国にいっそう奉仕するであろう。」と繰り返し熱心

に説明している。

　教育の平等の徹底を重視したその後のルペルティの「国民教育法案」(1793年)は，「教育を受ける権利」の保障として「すべての子どもは共和国の費用で育てられる」と規定している。

　1848年の**フランス2月革命**期の憲法第1次草案(6月13日)は「教育権は，すべての市民が，国家による無償の教育を通じて，各自の肉体的・精神的・知的能力を全面的に発達させるための手段を享受する権利」，「労働権の本質的保障は…無償教育」と規定し，初等教育法案(6月30日，文相カルノーが議会に提出)は「公立学校における教育は無償とする」と明記した。

　そこには，マルクス，エンゲルスらの「科学的社会主義」の理論が反映している(『共産党宣言』「すべての児童の公共的無償教育」)。

　1918年，社会主義革命により成立したドイツの共和制の**ワイマール憲法**は，「小学校および上級教育学校の授業料および学用品は無償」(145条)，「学資の補助」(146条)を規定した。

　第2次世界大戦後，1946年10月26日制定の**フランス第4共和国憲法**前文は，教育の機会均等と無償制について，次のように定めている。「国家は，児童および青年が教育・職業教育および教養を均等にうけ得ることを保障する。あらゆる段階における無償かつ世俗的な公の教育を組織することは，国の義務である。」

2　日本の場合

　日本では5世紀初頭の儒教の伝来以来，学問が民衆の習慣として根付いていく。無償教育の思想を広めた事例として，たとえば，7世紀初頭，学校の起源とされる聖徳太子の**法隆寺学問所**での学資支給による学問の奨励，8世紀，空海の**綜芸種智院**での給費による庶民への学問の開放などは，根強い各太子信仰，弘法信仰とともに無償教育の精神を浸透させたであろう。

　江戸時代やそれ以前，日本の庶民の教育機関は，寺子屋と総称される私的な塾が中心であり，その教師は武士，僧侶，神官が多かった。**新渡戸稲造**(1862-

1933)の『武士道』(原著:*Bushido : The Soul of Japan*, 1900年, フィラデルフィアで公刊. 訳書:奈良本辰也訳, 三笠書房, 1997年)によれば,「武士道は損得勘定をとらない」「武士道は無償, 無報酬の実践のみを信じる」などの見出しで無償教育論を展開している. たとえば,「『私を生んだのは父母である. 私を人たらしめるのは教師である.』この考えがいきわたるとともに, 教師が受けた尊敬はきわめて高かった (中略) 精神的な価値にかかわる仕事は, 僧侶, 神官であろうと, 教師であろうと, その報酬は金銀で支払われるものではない. それは無価値であるからではなく, 価値がはかれないほど尊いものであるからだ.」

新渡戸稲造は, 札幌農学校, 東京帝国大学各卒業, 農政学・植民政策専攻, 京都帝国大学教授, 第一高等学校長, 東京帝国大学教授, 東京女子大学学長, 国際連盟事務次長などを務め, 人格の向上のための教養論を展開し, 学生の教育に情熱を注いだ.

R. P. ドーア『江戸時代の教育』(原著:*Education in Tokugawa Japan*, 1965年, ロンドンにて公刊. 訳書:松井弘道訳, 岩波書店, 1970年)は, 寺子屋の費用についても詳しく研究し, こうのべている.

「1800年 (寛政12) 頃までは殆どの教師が武士だったようである」「生徒, 教師, 父兄間の関係は単なる経済的関係を超えるものだった. 学問は単に商品として扱うには余りにも尊ばれていたし, また自らの学問を他人に伝えることを一途に人類に対する義務の遂行と信じて疑わない学者の伝統は未だにかなり強く残っていた.」「親から教師に対する支払いは感謝のしるしであって, その額は感謝の深さと親の懐具合によって決まり, 適当な贈答の時期に然るべく包んで差し出すものだった.」師匠は, 寺子に報酬を要求せず, 親が「束脩」として物品その他を任意に贈呈する習わしであった. 「束脩」の原意は, 束ねた干し肉であり, 古く中国ではじめて師を訪れるとき, 贈物としてそれを持参した習わしがあり, 転じて月謝の意である. 江戸末期には寺子屋は全国約1万, 江戸では1000〜1200を数え, 当時, 世界有数の教育普及国であったが, その理由として庶民の学習に過度の負担をかけない無償教育の慣習があげられよう.

ドーア (1922-) は, ロンドン大学卒業後, 1950年, 江戸教育研究のため東京

大学に留学し，その後，社会学者として母校の教授などを務めた。

　明治維新後，1872 (明治5) 年，欧米をモデルに制定された「**学制**」は，前文に「邑に不学の戸なく家に不学の人なからしめん事を期す」と謳い，教育の機会均等の理念を鮮明にし，単線型学校制度を導入した。しかし，当時の財政制度の未整備のまま学校制度が発足した事情もあり，「受業料」納入義務 (93章) が規定された。1900年の小学校令で小学校の義務制とその無償制 (57条「授業料ヲ徴収スルコトヲ得ス」) が規定されたが，中等学校以上は有償であり，それが進学要求を抑制した。

　これに対し，『労働世界』9号 (1889年) は「何人にても無価にて教育を受ける筈の者なり」，社会民主党宣言 (1901年) は「人民をして平等に教育を受けしむる為に，国家は全く教育の費用を負担すべきこと」を宣言するなど，無償教育を求める運動がすすめられた。1919 (大正8) 年8月，日本教員組合啓明会「**教育改造の4綱領**」の「二　教育の機会均等」は，「学習権」保障のため，あらゆる教育の無償制と奨学金給与，学校制度の整備，大学の社会人開放などを唱えた。

　「教育を受ける権利―学習権―は人間権利の一部なり，従って教育は個人義務にあらずして社会義務なりとの精神に基づき，教育の機会均等を徹底せしむべし。小学より大学に至るまでの公費教育―(1)無月謝。(2)学用品の公給。(3)最低生活費の保障―の実現を期す。(中略) ㈠教育費は国庫負担とす。(中略) ㈣公費教育に適応すべく学校系統を整理す。㈤大学は正式講座と自由講座とに分ち，自由講座にありては，年齢，性，職業，予備教育の如何を問わず，一般人に開放す。」

　これらの要求や運動が背景となり，戦後初期の教育改革では，日本国憲法 (1946年11月公布) に「教育を受ける権利」と「義務教育は，これを無償とする」(第26条) ことが規定され，「法の下の平等」(第14条) などとともに，その具体化として教育基本法に以下の通り「**教育の機会均等**」(第3条) が定められた。

　「すべて国民は，ひとしく，その能力に応ずる教育を受ける機会を与えられなければならないものであつて，人種，信条，性別，社会的身分，経済的地位

又は門地によつて，教育上差別されない。
2項　国及び地方公共団体は，能力があるにもかかわらず，経済的理由によつて修学困難な者に対して，奨学の方法を講じなければならない。」(2006年の改正法では第4条に継承される)

同条は憲法第14条も規定しなかった「経済的地位」による教育差別を禁じ，加えて「経済的理由による修学困難な者」に対し，政府の奨学義務を規定し，経済的格差の解消を積極的にめざしたことが特筆される。

日本では9年間の義務教育について「授業料は，これを徴収しない」(教育基本法第4条)との規定により，授業料無償は国公立小中学校等に限定されてきたが，低所得者には学校納付金補助(就学援助制度)(1956年)，高校・大学等の学資貸与(奨学金制度)(1944年)が行われ，2010年度より公立高校の授業料無償と私立高校の「就学援助金」支給が始まった。

3　国際法規

戦後，国際教育法規は，教育の機会均等と無償制について初等・基礎教育の無償制(世界人権宣言26条，1948年12月。児童権利宣言，1959年11月)から**国際人権A規約13条**(1966年)のあらゆる教育の無償制導入へと発展している。同条1項は「教育についてのすべての者の権利」を規定し，2項は次のようにのべている。

「この締約国は，1の権利の完全な実現を達成するため，次のことを認める。(a)初等教育は，義務的なものとみなし，すべての者に対して無償のものとする。(b)種々の形態の中等教育(技術的及び職業的中等教育を含む。)は，すべての適当な方法により，特に，無償教育の漸進的な方法により，一般的に利用可能であり，かつ，すべての者に対して機会が与えられるものとする。(c)高等教育は，すべての適当な方法により，特に，無償教育の漸進的な方法により，能力に応じ，すべての者に対して均等に機会が与えられるものとする。(d項省略)(e)すべての段階にわたる学校制度の発展を積極的に追求し，適当な奨学金制度を設立し及び教育職員の物質的条件を不断に改善すること。」(原文は各項改行)

日本政府は，1979年，同条約を批准し，条約として締結されたが，第13条2項(b)(c)については留保しており，条約としての効力はなかった。
　これに対し，2001年8月31日，社会権規約委員会は「最終見解」を採択し，日本政府が，「留保を撤回することがないことに特に懸念を表明する」といい，「第13条2項(b)及び(c)への留保の撤回を検討することを要求する。」「第3回報告を2006年6月30日までに提出し，その報告の中に，この最終見解に含まれている勧告を実施するためにとった手段についての，詳細な報告を含めることを要求する。」などとのべ，無償教育導入の検討を迫った。同委員会の審査過程における意見陳述で日本政府がのべた留保理由は，経費の「非進学者との負担の公平」「私立学校の占める割合の大きいこと」「奨学金制度，授業料減免措置等の充実」の3点であったが，同委員会は納得せず，「最終見解」を発表した。同項の留保国は，2012年8月現在，条約締約国160カ国中，日本のほか，マダガスカルの2カ国であった（ルワンダは2008年12月批准）。日本政府は，同年9月14日，その留保撤回を閣議決定し，国連に通告・受理され，同項は条約としての効力が発効した。
　なお，「適当な奨学金制度の設立」を定めた同13条2項(e)は，1979年に批准した条約であるが，今日まで，政府の公的奨学金は「貸与」制（大半が有利子）のみであり，「適当な奨学金」である「給付」制奨学金は未実施である。今後の高校・大学の学費無償化とともに給付制奨学金の導入が課題となる。
　子どもの権利条約（1989年）の第28条1項は，人権規約の無償教育条項を18歳未満に適用し，次のように規定している。
「締約国は，教育についての子どもの権利を認めるものとし，この権利を漸進的かつ機会の均等を基礎として達成するため，特に，(a)初等教育を義務的なものとし，すべての者に対して無償のものとする。(b)種々の形態の中等教育（一般教育及び職業教育を含む）の発展を奨励し，すべての子どもに対し，これらの中等教育が利用可能であり，かつ，これらを利用する機会が与えられるものとし，例えば，無償教育の導入，必要な場合における財政的援助のような適当な措置をとる。(c)すべての適当な方法により，能力に応じ，すべての者に対して

高等教育を利用する機会が与えられるものとする。」(原文は各項改行)

同条は保留していないが，政府の見解は中等教育の無償教育の導入は例示であるから実施しないという立場であった (2010 年度，高校無償化法成立)。

3 教育における参加と共同

教育における参加と共同の原理は，教育史上，はやくから唱えられたが，普遍的な教育の理念として重視され浮上するのは比較的最近のことである。

古くから学校という組織の利点のひとつとして競争・序列化・規律化による教育効果の向上が強調された。たとえば，教育方法としてクインティリアヌス，エラスムスは「ライバル意識の喚起」を，コメニウスは「席順や褒美のかかった競争試験」を唱え，イエズス会のコレージュは席取りの「競技場」と化し，ベルとランカスターのモニトリアル・スクールは成績優秀者に金・銀メダルを与える「競争と褒賞が学校の基礎」とした。アダム・スミスは，競争心を賞賛・共感への欲望から論拠づけ，適度であれば是認できるとした。近代学校の普及につれ，多人数の生む共感と表裏の競争は，個人の自己改善，集団の統合に寄与する教育原理として浸透する。しかし，それは他面で，ルソーやオーウェンが批判するように競争は人間の堕落，友愛の破壊をともない，人々の選別，不安，孤立化をもたらし，学校は機能不全に陥る。

戦後，学校の競争主義・能力主義の弊害は，実証的にも研究され，**共同 (協同) 原理**による**学習改革論**が提起され (例：アルフィ・コーン，山本啓・真水康樹訳『競争社会をこえて』法政大学出版局，1994 年)，今日，欧米では協同学習が普及している。そこでは，仲間との協同による驚きや発見，学びの内容の創造，他者との共同による自立など自主的共同的学力・人格形成が促される。

学習方法としての共同に加え，学校経営や社会における参加と共同の思想が，欧米では 1960 年代から高揚し，それらを背景に国際教育法規も各国が具体化すべき教育改革原理として規定し，それは時代とともに鮮明になっている。たとえば，フランスの「学校管理委員会」(1968 年)，ドイツの「学校会議」(1973 年) における生徒参加である。1966 年，国連総会が採択した国際人権 A 規約

13条1項は，1948年の世界人権宣言の教育目的にはない社会参加の能力を追加し，「教育が，すべての者に対し，自由な社会に効果的に参加すること…を可能にすべき」と規定した。

　これを受け，ユネスコの諸文書は，以下の通り，とくに冷戦体制崩壊後の1990年代以降，教育における参加・共同論を強調している。その経過を主要な法規で例示すれば以下の通りである。

①「国際理解，国際協力，および国際平和のための教育と，人権と基本的自由についての教育に関する勧告」(1974年11月。以下，"ユネスコ国際教育勧告"という。)

　「教育政策の主要な指導原理」のひとつは「個人がその属する社会，国および世界全体の諸問題の解決への参加を用意すること」

②「国際教育に関するカリキュラム，教科書，他の教材の開発，評価，改訂のための指針と基準－ユネスコが組織した教育専門家会議を基礎として検討された指針」(1991年3月，以下，"ユネスコ国際教育指針"という。)

　「学習者は，共有する課業を他者と協働することに価値を認めることができ，共通の目標に達するために他者や他の集団と協力的に働くことができなければならない。」「学習者は，自分たちの地域，国，地域圏，国際社会の各レベルにおいて意思決定に影響を与え，参加する能力を発達させなければならない。」「国際教育は，すべての人々が平和と正義の原則に基づく世界の建設に参加することを求める」「学習経験は…特に地域レベルにおける積極的な参加と社会的行動を通じて問題の解決に学習者を熱中させていく」「参加が促進されること。特に学習者が，グローバルな問題の解決法を地域レベルで実行できるようにする」「授業の中で，またカリキュラムや教材を通して個人主義的あるいは競争主義的な目標体系に対抗するものとして協力的な目標体系を強調する」「連帯という考えが人類の存続にとって重要な要因のひとつであると考えることを促す」「教室のすべての成員間の協力，参加，平等という考え方を促進する，小グループでの研究活動のような教授方法を選択する。」

③「人権と民主主義のための教育に関する世界行動計画」(1993年3月)

「あらゆる権利が尊重され平和で人民参加型の市民社会の実現」のため，「市民としての社会参加の態度…の学習を含む」「学習が参加型学習…学習者が先生でありその逆も正しい」「人々の真の要求に応じる参加的で総合的な学習環境とカリキュラムの開発」が必要。

④「**平和・人権・民主主義のための教育宣言**」(1994年10月)

「平和・人権・民主主義の推進に参加する市民の教育に責任を持つ」「それらの問題に積極的に取り組む，責任感のある市民を育成」「教師が…すべての協力者との協同を追求」

⑤「**平和・人権・民主主義教育に関する総合的行動要綱**」(1995年9月)

「すべての人びとの積極的・民主的な参加を育成できるように教育機関により大きな自治を与える」「効果的な運営及び参加の形態は，全体として民主的な学校運営－教師，生徒，父母，地域社会が関与する－の試みを促進するものでなければならない。」「学校に対する強化された自治の保障は，教育の結果に対する大きな責任を，教師と地域社会の側に負わせることになる。」「教育運営の効率性は，教育の過程に関わるあらゆる関係者（政府，教師，父母等）が行う意思決定に関する研究によって高められるべきである。」

⑥「**成人の学習に関するハンブルク宣言**」(1997年7月)

「参加型社会」をめざし，「青年・成人教育の目的（は）…積極的な参加を創造すること」であり，「21世紀への挑戦」には「人生のあらゆる場面での，完全で，自由で，活発な参加も必要」

参加・共同教育の進展の国際的潮流と日本との落差について，国連・児童の権利委員会「最終見解・日本」(2010年6月20日)は次のように警告している。「委員会はまた，高度に競争的な学校環境が，就学年齢にある児童の間で，いじめ，精神障害，不登校，中途退学，自殺を助長している可能性があることを懸念する」「極端に競争的な環境による悪影響を回避することを目的とし，学校及び教育制度を見直すことを勧告する。」

4　教育条件の整備

　教育条件の整備は，一人ひとりの子どもにゆきとどいた教育を行うために，きわめて重要な教育理念・条理であり，その世界史における発展は無償教育思想の系譜に確かめることができる。

　日本の戦後初期の教育改革では，「教育を受ける権利」(憲法第 26 条) の保障原理として，教育基本法第 10 条は，**「教育条件」**を教育の権利保障に不可欠な教育的価値・要素として規定し，その整備に当たる教育行政の任務の重要性を明示した。教育史上，画期的な規定である。同条は，戦前の教育行政の特徴であった教育内容への過剰介入 (教科書国定制など) と教育条件整備の軽視 (「70 人学級」など) を逆転させ，教育行政が教育の「内的事項」(内容・方法) に「不当な支配」を行うことを禁止し，「教育の目的を達成するに必要な諸条件の整備確立を目標として行われなければならない」と明記した。2006 年の教育基本法では「教育の目的…」以下が削除されたが，教育条件整備の重要性は教育条理として無視できない。

　一般に「教育条件」とは，広義には制度的条件などを含むが，狭義には教育の「外的事項」といわれる財的条件 (予算，運営費，給与，報酬など)，物的条件 (施設，設備，教具，教材など)，人的条件 (学校・学級規模，教職員など) をさし，現行法では，「教育条件」(私立学校振興助成法第 1 条，「教育条件の維持及び向上」) という用語は後者の意味で使われている。教育条件の具体的内容は，主に教育財政法に規定され，それらは教職員の給与 (義務教育費国庫負担法)，学校施設費 (学校施設費国庫負担法)，学級・教職員定数 (学級・教職員定数標準法) 等にわたる。

　国際法では，1966 年，国連が採択した国際人権 A 規約 13 条は，「教育への権利」(1 項) の「完全な実現を達成するため」，無償教育・奨学金・学校制度とともに「教育職員の物質的条件を不断に改善すること」を規定している。

　その具体的内容は，同年に国連付属機関の ILO／ユネスコが作成した**「教師の地位に関する勧告」**(1966 年 10 月，ユネスコ特別政府間会議採択，以下は政府訳による) に定められている。そこでは，教育条件として，教員の給与，無償・奨

学金・学生の財政的援助, 学校建物・施設, 教授・学習条件 (学級規模, 補助職員, 教員の勤務時間・授業時間・休暇), 教員の社会保障などを規定している。また, 3節「指導原則」では, 「教員の勤務条件は, 効果的な学習を最大限促進し, かつ, 教員がその職務に専念しうるようなものとする。」(8項) と定め, 教員の勤務条件が学習条件として重視され, 国家予算は, 「教育の発展のために国民所得の適当な割合が優先的に確保されるものとする」(10項(i)) と定め, 教育予算優先の原則が明示されるなど, 教育条件整備の原則も規定されている。関係条項は以下の通りである。

教員の地位に関する勧告

5節「教員養成」(11～30項)
- 「教員養成課程の学生に対しては…十分な奨学金又は財政的援助を与えるものとする。権限のある当局は, できる限り, 無償の教員養成制度を設けるよう努力するものとする。」(16項)
- 「当局は, 教員団体と協議の上, すべての教育が無償で利用しうる広範な現職教育制度の確立を促進するものとする。」(32項)

9節「効果的な教授及び学習の条件 (Conditions)」(85～113項)
- 「教員は価値ある専門家であるから, 教員の仕事は, 教員の時間と労力が浪費されないよう組織され援助されなければならない。」(85項)
- 「学級規模は, 教員が生徒一人ひとりに注意を払うことができるようなものでなければならない。」(86項)
- 「教員がその専門的業務に専念できるように, 学校には授業以外の業務を処理する補助職員を配置しなければならない。」(87項)
- 「授業時間を定めるにあたっては, 次に掲げる教員の勤務量に関するすべての要素を考慮に入れるものとする。①教員が教えなければならない1日及び1週あたりの生徒数 ②授業の適切な計画及び準備並びに成績評価に必要な時間 ③毎日の授業科目数 ④教員が研究, 課外活動並びに生徒の監督及びカウンセリングに参加するために必要な時間 ⑤教員が生徒の発達について父母に報告し, 及び父母と相談するために必要な時間」(90項)

・「学校の建物は，安全であり，全体のデザインが魅力的であり，かつ，設計が機能的であるものとする。」(108項)

10節「教員の給与」(114～124項)

①教員の地位の影響要因における給与の重視，②教員給与の考慮事項（a 教育の重要性と教員の重要性・責任の反映，b 類似・同等の資格の職業の給与に対する有利性，c 合理的な生活水準の確保と研修・文化活動による資質向上の保障，d 高度の資格・経験・責任を伴う教職の考慮），③教員団体との合意に基づく給与表，④不公平・変則を生じない給与体系，⑤授業時間の最大限を超える場合の追加報酬，⑥給与間差の客観的基準（資格水準，経験年数，責任の程度等）と最低・最高の合理的関係，⑦学位のない職業科・技術科教員の給与における実務・経験の考慮，⑧1年単位の算定，⑨定期的昇給（1年1回原則），最低・最高期間10～15年以内原則，試験・臨時任用期間の昇給，⑩給与表の定期的検討（生計費，生活水準，一般の賃金・給付の上昇等の考慮）と生計費指数による自動的給与改訂における教員団体の参加，⑪給与決定目的の能率評定制度における教員団体との事前協議・承諾。

11節「社会保障」(125～140項)

①社会保障制度一般の適用，②ILO社会保障条約の掲げる事故の措置（医療，疾病，失業，老齢，業務災害，家族，母性，廃疾，遺族の各給付）の適用又は同程度の基準とその権利保障，③以下の教員の特殊な勤務条件の考慮，④医療施設の少ない地域の交通費支給，⑤疾病給付の勤務不能期間，第1日目の支給と隔離の場合の期間延長，⑥学校内外の災害の補償，⑦生徒とに接触による伝染病の職業病認定，⑧国内の教職経歴の年金への通算，⑨定年退職後の教員勤務の年金の加算，⑩最終所得を考慮した老齢給付，⑪疾病給付の補償不備の年金による補償，⑫部分的障害によるパートタイム制の場合の一部的疾病給付，⑬最終所得を考慮した疾病給付と医療給付措置と社会復帰施設の設置，⑭遺族の生活水準，遺児の福祉・教育を確保する遺族給付，⑮教員の社会保障の一般的制度の適用と不備の場合の特別の制度，低い場合の補完的制度の設置，⑯特別・補完的制度の運営における教員団体の参加の考慮。

12節「教員の不足」(141〜145項)

①臨時措置としての教員の緊急補充問題，教員不足対策（過大学級，授業担当時間の延長）の廃止，②応急教員養成課程の充実，③同課程の学生の給与全額支給と特別研修休暇，④無資格者の専門職資格者による監督と指導，⑤教員の社会的・経済的地位，生活条件及び労働・雇用条件の重要性。

考えてみよう
1. コンドルセの教育の公権力からの独立論の論点について。
2. 国際人権A規約13条の無償教育条項と日本政府の対応について。
3. 寺子屋の謝礼の意味について。
4. ユネスコ諸文書の教育における参加・共同論と日本の教育との比較。
5. 「教師の地位に関する勧告」に照らした日本の教育条件整備の問題。

参考文献
1. 『フランス革命期の公教育論』コンドルセ他，阪上孝編訳，岩波書店，2002年
2. R. P. ドーア，松井弘道訳『江戸時代の教育』岩波書店，1970年（原著：*Education in Tokugawa Japan*，1965年，ロンドンにて公刊）
3. 三輪定宣「教育を受ける権利と無償教育の条理と思想」『高校のひろば』75号，2010年春号
4. 国際教育法規集：①国際教育法研究会編『教育条約集』三省堂，1987年，②堀尾輝久ほか編『平和・人権・環境　教育国際資料集』青木書店，1998年
5. ILO／ユネスコの「教員の地位に関する勧告」1966年10月，ユネスコ特別政府間会議採択

第9章　教育の目的

　教育の目的は，大別すると個人や社会が教育に要求する基本的抽象的目的（狭義の「教育目的」）とその達成に必要とされる当面の個別的具体的目標（「教育目標」）になる。たとえば，「人格の完成」という教育目的の達成のために「真理」の希求を教育目標に掲げる場合である（教育基本法，後述）。また，教育目的は，教育への要求や期待の表現であり，教育の本質や条理に基づく教育内在的目的と社会が教育に要求する教育外在的目的に区分できる。前者は主として個人や教育専門家から，後者は主として国家や経済界などの団体や教育専門家以外の立場から強調される。たとえば，「人格の完成」に対する「人材の育成」（文部科学省設置法第3条）のごとくである。

　個人にとって教育の目的は，内面的価値に属し，一人ひとりが自主的に考えるべき精神的自由，人格的独立の領域であり，国家をはじめいかなる団体も個人も，特定の教育目的を強制することは，近代市民社会では許されない。しかし，教育の歴史的現実は，一面で統制の歴史であり，とりわけ国民国家や資本主義の成立，発展を背景とする学校教育制度においては，それは社会の支配的階級の要求を反映して恒常的一般的であり，しばしば異常，過剰な教育統制が行われてきた。

　とりわけ第2次世界大戦における日本，ドイツ，イタリアなどファシズム国家の過剰な教育統制が，人類史上，未曾有の惨害につながった痛恨の経験に基づき，国際社会は，人間の尊厳，恒久平和の達成のため，人類普遍的な教育目的を明確にし，各国で遵守する規律を創出する。それは現代における教育の自由と公共性普遍性との調整の態様である。それを凝縮した現行国際教育法とその歴史的背景を以下に略述する。

とりわけ「人間（個人）の尊厳」原理は、今日、平和の原理にとどまらず、それを脅かし侵害するさまざまな人類的諸問題の規制、解決の原理として深く広く自覚され、教育の基本原理として重視される必要がある。

1 人間（個人）の尊厳

1 人間の尊厳とその思想史

「人間の尊厳」の思想が、人類普遍的な教育の目的として国際法に規定されるのは第2次世界大戦直後、数千万人の人命の犠牲をともなう地球規模の惨害を契機とする。

1945年6月25日に作成された<u>国際連合憲章</u>の前文はのべている。「われらの一生のうち二度まで言語に絶する悲哀を人類に与えた戦争の惨害から将来の世代を救い、基本的人権と<u>人間の尊厳及び価値</u>と男女及び大小各国の同権とに関する信念をあらためて確認」する。

これを受け、同年11月16日採択の<u>ユネスコ憲章</u>は宣言する。「戦争は人の心の中で生まれるものであるから、人の心の中に平和のとりでを築かなければならない。(中略) ここに終わりを告げた恐るべき大戦争は、<u>人間の尊厳</u>・平等・相互の尊重という民主主義の原理を否認し、これらの原理の代わりに、無知と偏見を通じて人間と人種の不平等という教義をひろめることによって可能にされた戦争であった。文化の広い普及と正義・自由・平和のための人類の教育は、<u>人間の尊厳</u>に欠くことのできないものであ」る (ユネスコ憲章、論文)。

戦闘での殺傷、一般市民を巻き込んだ無差別殺戮、ナチスのユダヤ人虐殺、思想・言論の圧殺などによる厖大（ぼうだい）な人命喪失、人間性や生活の破壊は、人類史上、未曾有の惨禍であり、人間の尊厳が人類史的規模で問われる事態であった。

国際社会の焦眉の課題は、その惨害防止のためのファシズム国家の平和的民主的再生と戦争予防の国際的体制の構築であった。その所産が日本国憲法 (1946年11月公布) の「個人の尊厳」、ドイツ連邦共和国基本法 (ボン憲法、ボン基本法)(1949年5月) の「人間の尊厳は不可侵」などの条文である。

以下、国連憲章に集約された「人間の尊厳」の思想の歴史的系譜を概観する。

古代，紀元前5世紀の**ギリシャ・ローマ時代**，都市国家（ポリス）のアテネでは，人間への驚異，讃歌，教養，平等，民主主義などが唱えられ，西洋ヒューマニズムの源流となった。しかし，当時，それは支配階級である少数の市民（自由人）にとどまり，大多数の奴隷には無縁であった。

　西洋中世の人間観は，神の被造物である人間の神への絶対的服従であり，原始キリスト教における良心と真実の幸福の覚醒，神の下の平等の思想は人間の理性と平等への契機となるが，カトリック教会・神聖ローマ帝国下の統制のもとで，その発展は抑圧された。人間の尊厳は，人間の悲惨から救済されるための神への信仰，同一化，神の似姿への完成の限りで唱えられる。中世末期，13世紀，中世最大のスコラ哲学者・神学者**トマス・アクィナス**（Aquinas, T., 1225頃-1274）は，「人格は尊厳を含有する」，「人間の尊厳」とは「人間の自発的な自由であって自己のために存在する」などとのべ，信仰と理性の調和を説き，倫理を基礎とする平和を志向した（章末参考文献，ホセ・ヨンパルト著）。

　近世前期（15～17世紀）は，絶対主義の準備期で大勢は旧態のままであったが，**「人間の発見」の時代**でもあった。ルネッサンス期，有閑有識者の間で人間的なもの（ヒューマニズム）が強調され，宗教改革は，信仰における内心の帰依と人間の霊性，そのための世俗の学業，教養を重視し，民衆の人間的主体性を高め，実学主義は，理性や科学的精神の啓蒙を促した。

　ルネサンス期のイタリアでは，キリスト教的中世文化の閉塞，退廃を背景に，古代ギリシャ時代の異教徒的古典文化に基づく人間の理想・尊厳の探求（人文学研究）が活発になり，神と人間との調和思想のもとに個人や人格についての認識が発展する。15世紀，学者でありフィレンツェのメディチ家の政治家，教皇の秘書のジャンノッツォ・マネッティ（1396-1459）は『人間の尊厳と優越について』を著し，アリストテレス学派とキリスト教の立場から，中世的な「人間の悲惨」論を論駁し，神の贈り物としての人間の幸福と最善，徳による尊厳と優越を主張した。そこでは，人体の傑出した生理的構造を解剖学により考察し，人間の能力の無限性をのべ，神の業の完成者としての人間像を描いている。

　ボローニャ大学など各地の大学を遍歴しアリストテレスやプラトンを学究し

教皇庁書記長を務めたピーコ・デッラ・ミランドラ (1463-1494) は, 16世紀最大のヒューマニストのエラスムスに絶賛され, その親友のトマス・モアはミランドラの伝記を英訳しヨーロッパにその思想を広めた。ルネサンス哲学で最も有名とされるその著『人間の尊厳についての演説』は, ローマでの公開討論の演説原稿であり, 人間の尊厳の根拠としての自由とその尊厳を実現する哲学への礼賛 (第1部), 人間の卓越の根拠としての神に与えられた人間の自由意思と霊魂の浄化向上による神的平和への到達 (第2部) を論じている。その公開討論用『提題』(900項目) は異端, 有罪とされ, 著者は幽閉された。

近世後期 (18世紀～), 啓蒙時代は, 知性の自由, 人間性, 人知・人力, 人格・人権の尊厳が強調され, 教育思想の新人文主義では人間教育, 人間性完成の理念が主張された。**カント**は, 「人格は客観的目的」であって「手段」ではなく, 「等価物の存在をゆるさぬ」「内的価値」であるとし, 同時に, 理性の事実として道徳的法則を認め, 自由・自律はその結果, 条件であるとのべている。人間の尊厳は無条件であるが, それを放棄しない義務, 人間の権利への畏敬と尊敬の精神, 道徳的品性を育てる教育の意義が強調される (カント『実践理性批判』(波多野精一・宮本和吉訳, 岩波書店, 1925年 (初版)),『教育学講義』(伊勢田耀子訳, 明治図書, 1971年) ほか)。

以上は, 国連憲章に集約され, 戦後世界の教育目的の基本原理となった「人間の尊厳」思想の歴史的系譜の概要である。

2　個人の尊厳

日本の場合, 注目されるのは, 戦後教育改革期, 「人間の尊厳」ではなく「個人の尊厳」と表現され, 教育の最優先原理に据えられたことである。1947年の教育基本法前文の「個人の尊厳を重んじる」という教育の最優先原理の規定には, 特殊日本的な歴史的事情が反映している。史料に即して検討してみよう。

連合軍の対日占領政策, **ポツダム宣言** (1945年7月26日, 「日本国ノ降伏条件ヲ定メタ宣言」) は, 「民主主義的傾向ノ復活強化」「基本的人権ノ尊重」などを掲げた。これを受け, 戦後教育改革の設計図, **米国教育使節団報告書** (1946年3

月31日）は，「教育制度は，<u>個人の価値と尊厳</u>を認めること（中略）これらはすべて国連憲章とユネスコ規約の草案に記された基本原理と一致する」とのべ，「個人の価値と尊厳」が国連秩序下の教育改革原理（＝「人間の尊厳」）と一致するものとして明示した。

また，同年11月公布の日本国憲法は，「教育を受ける権利」（第26条）のほか，「すべて国民は，個人として尊重される」（第13条），「法の下に平等」（第14条），婚姻・家族に関する「個人の尊厳」（第24条）など，国政における「個人」の尊重，尊厳の原理を規定した。その制定過程では，連合国軍総司令部（GHQ）職員・通訳の**ベアテ・シロタ・ゴードン**（当時22歳）が，マッカーサー草案の人権条項を担当し，ワイマール憲法ほか各国憲法の調査（日本の大学での文献収集）に基づき原案を作成した。彼女は父（ドイツ人，東京芸大教授）の勤務で10年間，日本に暮らした体験から，日本女性の無権利状態を見聞しており，日本政府委員の抵抗と格闘しながら起草したと証言している（2000年5月2日，参議院憲法調査会，同3日付け朝日新聞ほか）。

このような経緯を経て，1947年3月31日，教育基本法が制定され，教育の最優先原理に「個人の尊厳を重んじ」（前文），「教育の目的」に「人格の完成をめざし（中略）個人の価値をたつと」ぶこと（1条）が規定された。

「個人の尊厳」の成立には，国際的背景・外的事情とともに，戦前日本の特殊な歴史的背景・内的事情が関係している。

1945年12月，**ポツダム宣言履行に関する貴族院委員会**は，「教育における民主主義」の項目で，「被教育者は（中略）一個の人格者」「教育者と被教育者との関係は人格者相互の関係」であるとのべている。そこでは，子どもは一人の独立した人格者であり，教育と子どもの関係は，教え教えられるという一方的関係，上下関係ではなく，教え合い学び合い，ともに人間として成長することをめざす人格者相互の対等な関係であることを教育における民主主義原則として確認している。翌46年2月，**米国教育使節団に協力すべき日本教育家委員会報告書**は，教育勅語は，「人間そのものの本質を構成する普遍的道徳」を欠き，「個人と人類の価値を認めぬ」ものと手厳しく批判している。

戦前の**教育勅語**(1890年)は，国民は「臣民」(天皇の家臣)であり，「一旦緩急アレバ義勇公ニ奉ジ以テ天壤無窮ノ皇運ヲ扶翼スベシ」(戦争など国家的事変の際は天皇に奉仕すべき)と命じ，その解説書の文部省『**国体の本義**』(1937年)は，西洋の「個人主義」を非難し，「忠」は「天皇に絶対随順する道」であり「天皇の御ために身命を捧げることは…国民としての真生命を発揚する所以」とのべている。教育勅語は，個人を天皇・国家に従属させ，滅私奉公の精神訓辞により個人の自覚を剥奪する根本であった。

「個人」という言葉は，戦前，政府により極端に敵視されたが，それは封建社会，江戸時代以前には存在しなかったといわれ，明治初期，英語のindividualの訳語として「ひとり」「人民各個」など試行錯誤のすえ，1884(明治17)年頃からしだいに定着し，「個人主義」のように使われている(柳父章『翻訳語成立事情』岩波書店，1982年，42頁)。

西洋ではindividualの語源は，ラテン語individuumであり，それは「分割されぬもの」の意であった。12世紀におけるカトリック教会の告解(罪の告白)の普及は自己の内面の自覚を促し，都市の成立は青年の共同体からの解放と独立の契機となり，18世紀には国家に対する個人的自覚の概念として「市民」が成立する。individualが，「ただ一人の人間」の意味でひろく使われるのは1742年頃からといわれる(前掲ホセ・ヨンパルト著)。それによれば，日本は西洋に比べ，「個人」の自覚的使用が150年ほど遅れていたことになる。

しかしその反証もあり，江戸期の儒学者・貝原益軒の医療の啓蒙書『**養生訓**』(1713年)には，「人身は至りて貴とくおもくして，天下四海にもかへがたき物にあらずや」(巻第一)などの言葉があり，江戸時代前期には庶民にも「個人の尊厳」に相当する思想のひろがりがみられる。遡れば，6世紀(538年)伝来の仏教の根本思想，釈迦の悟りの極地とされる「天上天下唯我独尊」(生命あるものはだれもが自分自身をいちばん愛しく思う)の人間観は，民衆に個人・自他の尊厳の自覚を促したと考えられる。

教育基本法制定過程では，同法の審議にあたった教育刷新委員会第1特別委員会では，務台里作の「個人の尊厳」が「教育の精神の基礎」，などの主張が

あり，同委員会第1回建議「教育の理念及び教育基本法に関すること」(1946年12月27日)では，「教育の目的」に「個人の尊厳をたつとび」と記され，翌47年1月30日の教育基本法案では前文にそれが格上げされ，3月31日，国会で可決成立する(鈴木英一『教育行政』東京大学出版会，1970年)。

　3月13日からの衆議院での教育基本法案の審議において政府委員は，次のように答弁している。―日本の最大の欠点は「個人の覚醒がなかった」ことであり，「この点が国を誤らしめた」ので，「これから先，文化的な平和国家を建設するがためにも，どうしてもこの個人の尊厳を認め，個人の価値を認めていかなければならぬ」「教育基本法においては，まず人間は人間たるの資格において品位を備えているものであって，何ら他のものと代えられるべきものではないという意味において，その前文において，『個人の尊厳』を重んじとうたっている。次に，人間のうちに無限に発達する可能性がひそんでいるという考えを基礎にして，教育はこの資質を啓発し，培養しなければならないのであって，これおば第1条に，『個人の価値をたつとび』といっている。」

　教育基本法制定後の5月15日，その趣旨徹底指導者講習会で辻田力文部省調査局長は，「『個人の尊厳を重んずる』とは，「人間一人々々がもつ侵すべからざる尊厳と，人間のうちに宿る無限に発展してやまない能力，これを重んじたっとぶ」「人間の真の自由を発揮せしめんとするもの」と説いている。

　同年12月発行の文部省・教育法令研究会『教育基本法の解説』(国立書院)は，次のようにのべている。

　「個人の尊厳を重んずるには(中略)第一は目的の面であって，教育が人間を人間たらしめるものであり，人格の完成をめざさなければならないことをいう。軍国主義の教育は，人間を戦争の道具にまでつくりあげようとする点において，又極端な国家主義の教育は，国家のためのよき手段たるべき人間をつくろうとする点において，同じく個人の尊厳を重んじないものである。又教師，両親等の利己主義によって子供の教育をゆがめることもこの趣旨に反するものである。第二は方法の面である。個人の尊厳をたっとぶ教育とは，学生，生徒を人間らしく取り扱わなければならない。」

「個人の尊厳というのは，すべての人間としての一様に有する貴さである。これに対して個人の価値というのは，人間が有するそれぞれ特色ある価値，いわば個性というほどの意味である。個人の資質のもつ測り知れない発展能力，個人の生み出す業績，それらをば互にたっとび合うところに個人の発展があり，社会の可能となるのである。この個人の価値を軽視する形式的画一的教育の弊は，断然改められなくてはならない。」

以上は「個人の尊厳」に関する教育基本法の立法者意思を示す史料例である。それによれば，「個人の尊厳」とは，人間の尊厳という人類普遍的価値が個人について確認された概念であり，新生日本の文化的な平和国家の礎とされ，「個人」の自覚が剥奪され欠落した戦前日本の特殊歴史的所産であった。それは，一人ひとりの人間が不可侵，平等，かけがえのない絶対的存在と認められ，それを損なう教育の軍国主義，超国家主義，画一主義は許されないことを意味する。子どもは，国籍，出生，年齢，性別，障害，信条，能力などのちがいによって差別されず，教師と子どもとの関係も人格的に対等とされる。教育目的では，個人の無限の発達可能性を信頼し，その実現のために「人格の完成」がめざされ，教育方法では，子どもは人間の尊厳の原理に合致し人間として大切に扱われるべき方針が明確にされた。2006年改正の教育基本法にもこの文言は継承されている。

2 人格の完成と人間の全面的発達

教育の目的としての「人格の完成」は，「人間の尊厳」の思想を基礎とし，その実現の理念として提起され，今日，内外の教育法規にも定められ，人類普遍的な教育理念となっている。その例は，以下の通りである。

教育基本法；「教育は，人格の完成を目指し，平和で民主的な国家及び社会の形成者として必要な資質を備えた心身ともに健康な国民の育成を期して行われなければならない。」(第1条)

下線は1947年教育基本法と同内容部分である。当時，占領下にGHQとの協議により確認された「人格の完成」の英語の表現は，the full development of personality であり，直訳は「人格の完全な発達」となる。personality には，「人格」のほかに，「人としての存在」「人間であること」などの意味があり，それは「人間性の最大限の発達」などと訳すこともできる。「人格の完成」は国際的にも先駆的規定であり，世界人権宣言 (1948 年) は「教育は，人格の完全な発展…を目的としなければならない。」(26 条)，国際人権 A 規約 (1966 年) は，「教育が人格の完成及び人格の尊厳についての意識の十分な発達を指向」(7 条)，子どもの権利条約 (1989 年) は，「子どもの人格，才能並びに精神的及び身体的な能力をその可能な最大限度まで発達させること。」(29 条) (the development of the child's personality, talents and physical abilities to their fullest potential. 政府訳，ただし，「児童」は「子ども」と表現) と定めた。

「**人格の完成」の規定の経緯**は，以下の通りである。文部省大臣官房審議室は，田中耕太郎文部大臣の強い意向を受け，1946 年 10 月，教育刷新委員会第一特別委員会第 5 回会議に提出した「教育基本法要綱草案」に「教育は，人格の完成をめざし」との表現を盛り込んだ。しかし，同会議では議論の末，「人格の完成」が「人間性の開発」に修正され，同委員会第 13 回 (12 月 29 日) の同法参考案，同法案 (47 年 1 月 15 日) にも継承されたが，「『人間性』という言葉は一般に熟していないので，法律用語とすることに対する疑問」がある，との法制局の見解 (1 月 22 日) により，「人格の完成」に再修正された。「人格の完成」か「人間性の開発」かは，同法制定過程における重要な論点であったが，今日の解釈としては，それは二者択一の問題ではなく，前者に後者が包摂されていると解するのが妥当であろう。今日，「人間性の開発」はあらためて注目，強調されるべきであろう (第 3 節参照)。

「人格の完成」論の基礎には，古代ギリシャ時代から西欧のヒューマニズムの底流をなし，19 世紀に際立つ人間の全面的発達論がある。その系譜をたどってみよう。

1848 年のフランス 2 月革命の憲法第 1 次草案は，「教育を受ける権利」は「肉体的・精神的・知的能力を全面的に発達させる」権利 (7 条) と規定している。革命指導者は，フーリエ，ルイ・ブラウンら社会主義者であり，この憲法案に

も当時の社会主義理論が反映し，たとえば，その直前，エンゲルスは「すべての人間が自分の能力を完全に発達させる権利」(エルバーフェルトの演説)を主張している。当時の「空想的社会主義」に対し「科学的社会主義」を唱えたマルクス，エンゲルスは，人間の全面的発達の理論を空想や理念ではなく，現実の資本主義的生産様式の発展の矛盾から説いている。その要点はつぎの通りである。

—資本主義の発達の初期(イギリスでは16世紀半ばから18世紀の最後の3分の1までの時期)，工場制手工業(マニュファクチュア)の段階では，人間の労働力は生産過程の「自動的一面的器官に転化」し，労働者を「奇形物」とし，人間を一面的部分的に発達させる。しかし，ワットの蒸気機関発明後の機械装置を基本とする工場制大工業は，「労働の転換，機能の流動，労働者の全面的可動性」「労働者の能う限りの多面性」「人間の絶対的利用可能性」をもたらし，「一つの社会的細部機能の担い手たるに過ぎない部分個人に，種々の社会的機能を交互転換的活動様式とする全体的に発達した個人を置き換える。」

それに対応し，手工業下の児童労働を制限し，就学を義務づける工場法の制定とその適用の拡大による「半学半労の制度」が評価される。「ロバート・オーエンについて詳細に究明し得るように，社会的生産の増大のための一方法としてのみではなく，全面的に発達した人間の生産のための唯一の方法として，一定年齢以上のすべての児童のために，生産的労働を学業と結合するであろうという将来の教育の萌芽は，工業制度から発したのである。」(『資本論』本章末参考文献3)—

このように18世紀末期の産業革命を契機とする機械・技術の進歩，競争を基礎とした大工業の発展が，全面的に発展した人間の必要を不可避とし，それを育成する教育制度の可能性が洞察されている。1848年2月革命期，人間の全面的発達をめざす公教育の主張は，その社会的基盤の科学的洞察と一体的であった。

ロバート・オーエンは，工場主としてニューラナークの工場に性格形成学院を付設し，半労半学を実践して子どもの人格形成に顕著な成果をあげるなど，

内外から注目され，それを基盤に児童労働を制限する工場法の改善に尽力し，子どもの全面的発達をめざす実践と啓蒙活動に足跡を残した。

3 人間性の育成

　1947年教育基本法の制定過程では，戦前の国家による過剰な教育統制と教育の自律性の喪失への痛恨の反省から，教育固有の目的と理想的人間像の法定が優先され，「人格の完成」と「人間性の開発」の対案で前者が選択された。当時，文明論的批判を含む「人間性」の議論は機は熟していなかった。今日，人類史的観点から「人間性の開発」を論ずる意義は大きい。

　そこで，ユネスコ「21世紀教育国際委員会」報告書，『学習：秘められた宝』(1996年，訳書：天城勲（同委員，元文部事務次官）監訳，ぎょうせい，1997年）に注目しよう。同委員会（委員長ジャック・ドロールほか委員計15人）は，1991年11月のユネスコ総会の事務局長への要請に基づきユネスコとは独立の組織として1993年初頭に発足し，以来，活動を続け，1996年4月に本報告書を提出した。委員の国籍は15カ国，肩書きは大臣経験8人，学者・教授6人，専門や経歴で教育関係者は5人（重複）であった。報告書は，1990年代前半の冷戦構造崩壊直後の激動期に，各国の代表的有識者が，世界的視野から21世紀の教育政策の展望を総合的に論じた全員合意の提言である。

　それは，序文，第1部「展望」(第1～3章)，第2部「教育の諸原則」(第4～5章)，第3部「方針」(第6～9章)，エピローグからなる。本節との関連では「第4章　学習の四本柱」－「知ることを学ぶ」「為すことを学ぶ」「（他者と）共に生きることを学ぶ」「人間として生きることを学ぶ」－のうち，第3，第4の柱が注目される。「共に生きることを学ぶ」では，暴力や紛争を生む偏見，経済活動や教育が助長する競争の危機に対処し，「他者の発見」や「共通目標のための共同作業」が主張される。「人間として生きる」(Learning to be) では，「人間の自由」を広げる能力，「自由な思考力，判断力，感受性，想像力」など，とくに「想像力と創造力」の育成が強調される。人間性の本質である共同性や精神の自由が教育の目的として重視されている。その指摘の通り，『人間とし

て生きる』(*Learning to Be : The World of Education Today and Tomorrow*, 日本語訳『未来の学習』)は，1972年発表のユネスコのエドガー・フォール報告書の題名でもあり，ユネスコの長年の基調的教育論である。また，「第3章　経済成長から人間開発へ」では，「生産性至上主義」ではなく「人間の幸せこそが開発の最終目標」，「人間開発の目的は生産手段としてではなく，あるがままの人間存在を完全なまでに花咲かせること」などの教育目的が提起される。

　「エピローグ」は，全員一致の本論のほかに11人がのべた個人見解の収録であり，そのなかで，**ロベルト・カルネイロ**（ポルトガル）はのべている。—「次世紀が抱えるテーマは，希望をもつことである。」「21世紀は，大きな挑戦，つまり『人間共同体の再構築』に立ち向かうことになる」。「隣人関係の価値」「連帯と新しい共同体意識」が排除に代わる。「共同体の目的に沿った教育をとおして，人は『同胞への狼』ではなく，『人間の友』になれる」「単なる一市民ではなく，共同体における生活に参画する責任感をもった市民を育成する」「教育が人間の連帯の絆を粉々に壊してしまう経済的凶器の単なる一部分であることをやめること」「民主主義的参加を原則とした『複合的教育共同体』を構築する」「新世紀は『新鮮な展望』を意味する。人間を中心に据えたこれらの展望は，必然的に教育をその優先事項とする」。—

　ここには「人間性の育成」の究極的目的として，人間の本質の共同性などの人間的自然の回復が指摘されている。人間は，進化の過程で自然的生物的本質・特性として生命力，個性（個体性），共同性・社会性，コミュニケーション能力，共感，思いやり，助け合い，平等，自由，感性，良心，自尊心などの人間的善性，人間の尊厳＝**人間性の本質**を形成し，それが人間のさらなる進化を加速し，社会的文化的存在としての人間の基底をなしている。しかし，社会や文化・文明の発展の過程でそれは抑圧，損壊され，人間性が歪められ，社会的文化的装置である学校などの制度化された教育がそれを助長してきた。その弊害が拡散する現代社会状況で，人間の発達をめざすいとなみである教育は，その原点に立ち返り，人間性の本質の回復と形成，とくに自然的生物的主体性の回復を教育の目的として鮮明に意識することが求められている。

18世紀、ルソーは、人間の「自然状態」を理念、規範とし、その回復を教育の目的としたが、21世紀の今日、その思想は、自然破壊にともなう人間の内的自然の破壊、心の病理などのもとで現実味を帯びている（尾関周二「心と人間性の基礎としての"自然さ"」柴田義松編『現代の教育危機と総合人間学』学文社、2006年）。

4 市民の育成と平和の創造

1 社会の形成者と市民

1947年教育基本法は、教育目的に「平和的な国家及び社会の形成者」（1条）、政治教育の課題に「良識ある公民たるに必要な政治的教養は、教育上これを尊重」する義務（8条）を規定し、2006年改正法も継承している。

教育は、人間社会の維持・発展の基本的いとなみであり、社会の存続と発展、そのための社会の形成者の育成が、個人の人間的発達とともに、教育の目的として自覚されるのは、教育論・教育思想の歴史とともに古く、その内容は時代や社会によりさまざまである。教育は、階級社会の成立・発展とともに、共同社会の維持のほか、支配階級の被支配階級に対する統治の手段として利用されてきた。とくに国民国家の成立、学校制度の発達とともに、教育は、愛国心などのイデオロギーの注入や戦争などの国策遂行の手段とされる傾向が強まる反面、民族・国家間の対立を克服し、国際社会の理解・連帯・平和を希求する教育の潮流も鮮明になる。

国際的には、冷戦後、ユネスコが、1994年の平和教育宣言（第8章3節）に「平和・人権・民主主義の推進に参加する市民の教育に責任を持つ」と明記して以降、市民性教育は各国で重視される。1998年の高等教育世界宣言は（第11章3節）、「世界的な展望をもった、市民性の獲得と社会への能動的参加のための内発的な能力」を高等教育の目標として重視している。

教育目的としての社会の形成者像は、多様であるが、ここでは近年の国際的潮流、「市民の育成と平和の創造」について考察する。「市民」とは、社会の統治主体であり、社会の範囲は、地域、自治体、国家、世界にわたる。20世紀

末以降の地球規模（グローバル）社会の出現にともない，人類的課題の解決を担う「地球的市民」の育成，そのための国際教育が切実な課題となり，とりわけ，国際平和とその基礎をなす平和文化の形成が市民の教養の中核として浮上している。市民としての教養は，社会に実践的主体的に参加し，人々と共同して問題を解決する能力・活動と不可分であり，教育理念として掲げた「教育の参加と共同」原則（第4章第3節）と一体的に考えられる必要がある。「国際教育」とは，諸国民・国家間の友好，人権・基本的自由の尊重に基づく国際理解・協力・平和のための教育の総称とされている（後述の1974年ユネスコ国際教育勧告参照）。

2　世界の平和教育思想

はじめに，市民性の中核である「平和」意識の育成に関する平和・平和教育思想の歴史を概観する。

紀元前5世紀，古代ギリシャ時代の都市国家アテネの哲学者プラトンやアリストテレスは，国家の理想としての平和とその教育による追求を論じ，同時期，中国では長い戦乱への内省から生まれた孔子「論語」が徳による統治を説いた。古代ローマ時代，原始キリスト教は万人同胞愛を唱え，「パクス・ロマーナ」（ローマの平和）（紀元180年までの200年間）では，軍事力・教会による平和が維持された。中世，ローマ教会のもとでアウグスティヌス，トマス・アクィナスは正義・不正義の戦争を唱え，16〜17世紀，大航海・新大陸発見時代には征服・宗教戦争を背景に，ヒューマニスト（エラスムス，トマス・モア，モンテスキューら）の平和論，ラトケ，コメニウスの平和教育論が登場する。18世紀には国民国家の相克のなかでルソー，カントの平和論，平和教育論が光彩を放つ。19世紀，帝国主義戦争の時代，社会主義者（マルクス），無政府主義者（クロポトキ），作家（トルストイ），民衆政治家（ガンジー）らの反戦論が影響を与えた。

たとえば，教育学を講じたカントは，『永遠平和のために』（1795年，訳書：宇都宮芳朗訳，岩波文庫，1985年）で国際平和論を論じ，常備軍全廃，他国への暴力的干渉の禁止，戦時の信頼否定行為の禁止，国家組織の代表制共和制，国際

連合，国際法，世界市民法などの構想を提起している。そこでは，「人を殺したり人に殺されたりするために雇われる」常備軍が，「人間性の権利」に反するとしている。永遠平和への不断の努力を人間の生き方の究極の目的とし，人間的自然の合目的性，道徳的理念の促進・完成の観点から論じており，平和教育論としても重要である。

20世紀前半，人類は第1次世界大戦(1914〜19年，死者約2000万人)，第2次世界大戦(1939〜45年，同6000万人)，原爆投下など未曾有の惨害を経験した。**国際連盟**(1919〜39年)は，締約国の「戦争に訴えざる義務」，国家による戦争の違法化を制度化し，平和教育を促進した。その「**知的協力国際委員会**」(ICIC，キュリー夫人，アインシュタイン，代表幹事・新渡戸稲造〔国際連盟事務局次長〕ら，戦後のユネスコに継承)は，『国際連盟についての教育』(1923年，専門化委員会設置，その小冊子)，『教科書の改訂』(1932年)，『教科書と国際理解』(1934年)，『歴史教育に関する宣言』(1937年)などにより，国際間の友好を阻む教科書や歴史教育の改訂を各国に呼びかけた。パリ不戦条約(「戦争放棄に関する条約」1928年)は，「国際紛争解決のため戦争に訴えること」を禁じ，「戦争を放棄」することを宣言し，国際紛争解決は「平和的手段」に限定した。

第2次世界大戦を契機に国際連合が結成され，ファシズム国家の平和的再生を基本に平和活動が展開する。

国連憲章(1945年6月)は，「戦争の惨害から将来の世代を救」うため，「平和に生活し，国際の平和及び安全を維持するためにわれらの力を合わ」せることを決意し，国際紛争の平和的手段による解決，武力による威嚇・武力行使を禁じ，「教育的分野の国際協力の促進」などを規定した。

その機関である**ユネスコ憲章**(同年11月)は，「戦争は人の心の中で生まれるものであるから，人の心の中に平和のとりでを築かなければならない」こと，政治的平和は永続的ではなく，「平和は，失われないためには，人類の知的及び精神的連帯の上に築かなければならない。」ことなどを宣言した。ユネスコの創設とその平和教育論は，国際連盟の「知的協力国際委員会」，その内部機関の国際教育局(1925年，本部・ジュネーブ)，それらの設置を提唱・推進した

「新教育連盟」(NEF, 1921年, 本部・ロンドン) などの組織や思想を継承している。

世界人権宣言 (1948年) は,「人類社会のすべての構成員の固有の尊厳と平等で譲ることのできない権利とを承認することは, 世界における自由, 正義および平和の基礎である」(前文) とし, 第26条「教育への権利」(the right to education) では,「教育は, すべての国民又は人種的若しくは宗教的集団の相互の理解, 寛容及び友好関係を増進し, かつ, 平和の維持のため, 国際連合の活動を促進するものでなければならない。」と規定した。**国際人権A規約** (1966年) は, これらをほぼ継承し (13条), **同B規約**は, 戦争宣伝と憎悪の唱道を禁じ (20条),「少数民族の権利」(27条) などを規定している。**子どもの権利条約** (1989年) は, 教育の目的として, 国連憲章の原則, 文化的同一性, 異文明, 他の集団間の理解, 平和, 寛容, 友好などを掲げている (29条)。

3 ユネスコの平和教育論

ユネスコの平和教育論は, 侵略的戦争, 武力・暴力, 人種的差別の反対, 各自の国際平和維持の責任などに加え, 1990年代 (冷戦終結) 以降,「積極的平和」(「構造的暴力」の否定),「平和文化」など「心の中の内面的平和」が重視される。その主な文書をみてみよう。

① **「国際理解, 国際協力, および国際平和のための教育と, 人権と基本的自由についての教育に関する勧告」**(1974年11月)

同勧告は, 国際理解, 国際協力, 国際平和のための教育を「国際教育」とも表現しているが, 平和教育の包括的発展的定義, いわば「平和教育勧告」の性格をもつ。たとえば, ―「教育は, 拡張, 侵略, および支配を目的とした戦争, あるいは抑圧を目的とした武力や暴力の使用に訴えることが許されるべきでないことを強調すべきであり, かつ, あらゆる人々に, 平和の維持に対する各自の責任を理解させ負担させるようにすべきである。教育は, 国際平和と世界平和の強化に貢献すべきであり, あらゆる形態と表現による植民地主義と新植民地主義に対する闘争, および, あらゆる形態・種類の人種差別, 全体主義, およびアパルトヘイトならびに民族的, 人種的憎悪を助長するような, この勧告

の目的に反するイデオロギーに対する闘争における諸活動に貢献すべきである。」
(「Ⅲ　指導原則」6項)(『教育条約集』三省堂。第7章参考文献)

② 「国際教育に関するカリキュラム，教科書，他の教材の開発，評価，改訂のための指針と基準—ユネスコが組織した教育専門家会議を基礎として検討された指針」(1991年3月)

「一般的な基準」の「文化的視点」(20項)において，「(e)国家主義的な解釈や思考方法は最小限におさえること。(f)他の民族や文化の現状や経験が公正に表現されるよう，自民族中心的な見方は避けられていること。」などとのべている。また，「個別的基準」の「平和の維持」(25項)は次の通りである。「(a)平和についての個別的視点；個人・家族・地域・国・地域圏・国際の各レベルにおいて，人々が平和のうちに生きることのできる方法を探す提案が提供されていること。(b)積極的平和；地域・国・地域圏・地球的な規模のそれぞれの条件における具体的な例を使って，消極的平和と積極的平和の概念が記述されていること。(c)平和の創造；経済・文化・政治的関係を通して，また国際法の維持を通して平和の創造のための様々な方法が積極的に扱われていること。(d)軍事紛争(略)。(e)軍拡競争(略)。(f)科学技術(略)。(g)軍縮(略)」。

「積極的平和」とは，単に戦争がないという「消極的平和」にとどまらず，「構造的暴力」(人権侵害，飢餓，貧困，環境破壊など)(ヨハン・ガルトゥング)の克服や国際理解，異文化・他文化理解などにおよぶ。

③ 「平和・人権・民主主義のための教育宣言」(1994年10月，ユネスコ第44回国際教育会議)は，「平和・人権・民主主義の推進に参加する市民の教育に責任を持つ」，教育は「平和の文化の建設に積極的に参加」することなどを謳い，市民教育を「新たな課題」として提起した。

④ 「平和・人権・民主主義教育に関する総合的行動要綱」(1995年9月，ユネスコ第28回総会)

同要綱は，ユネスコの総意として「平和の文化」建設を提起した画期的な国際平和教育宣言である。それは，次のようにのべている。「行動戦略のすべてが，平和の文化の建設に果たすべき本質的な役割を担っている。このことは，教育

行為の伝統的な様式を転換することを要請している。」(1項),「平和・人権・民主主義教育の最終目的は,平和の文化が達成されるような普遍的な価値と行動様式の感覚があらゆる個人において達成することである。」(6項),「教育は,非暴力的な紛争解決の能力を発達させなければならない。したがって,教育は,寛容,いたわり,分かち合い,思いやり等の特性を生徒がより確実に身に付けられるように,心の中に内面的平和を発達させるように促すべきである。」

⑤「21世紀に向けての高等教育世界宣言—展望と行動」(1998年10月)

この20世紀最後の国際教育宣言は,前文で「教育は,人権と民主主義,持続可能な開発および平和の基本的な柱」であり,「新たな千年紀の出発において,平和の文化の価値とよび理想が支配的に広ま」ることをめざし,結文では「われわれは,平和への誓いを厳粛に再確認する。この目的のため,平和をめざす教育を最優先する」とのべている(2009年7月,高等教育・学術声明も同趣旨)。

⑥国連「平和の文化に関する宣言」(1999年)

国連は1999年,「平和の文化に関する宣言」を議決し,「教育や対話,協力を通じて生命を尊重し,暴力を終わらせ,非暴力を促進し,実践すること」を呼びかけ,2000年を「平和の文化国際年」,2001～2010年を「世界の子どもたちのための平和と非暴力の文化国際10年」と定めた。2000年,ノーベル平和賞受賞者たちが「わたしの平和宣言」を発表し,ユネスコはその署名を呼びかけ,同年,日本では民間の「平和の文化をきずく会」が結成された。

4　日本の平和教育思想

日本では,20世紀前後から約半世紀,日清戦争(1894～95年),日露戦争(1905～06年),韓国併合(1910年),第1次世界大戦時の対中華21箇条要求(1919年),満州事変(1931年),日中戦争(1937年～),東アジア・太平洋戦争(第2次世界大戦)(1941年～45年)など,侵略的戦争・行為が断続的に行われ,教育勅語(1890年)を頂点とする天皇制軍国主義教育体制が強化された。これに対する反戦平和の運動や教育が続けられ,たとえば,日本教員組合啓明会「教育改造の四綱領」(1920年9月)は,「全人類愛の精神に立脚して敵愾心を助長すべき教科の排

斥」を掲げ，国際連盟に「国際教育会議の開催を要望」し，その建議書は「国際教育局」「教科書審査委員会」設置を求め，新渡戸国連事務次長を通じて「国際教育局」「知的協力国際委員会」の設立に寄与した。日本教育労働者組合＝新興教育研究所（1930年11月）は，「軍国主義教育に反対する闘争」「植民地における帝国主義特殊教育反対」などを掲げたが，治安維持法体制下で統制，弾圧された。

日本国憲法（1947年3月施行）は，侵略戦争の反省，国際社会の日本の民主的平和的再生の方針（ポツダム宣言）のもとで制定され，世界史上画期な戦争放棄を定めた。その前文は，「政府の行為によって再び戦争の惨禍が起こることがないようにすることを決意し」「日本国民は，恒久の平和を念願し（略）平和を愛する諸国民の公正と信義に信頼し（略）平和を維持し，専制と隷属，圧迫と偏狭を地上から永久に除去し（略）全世界の国民が，ひとしく恐怖と欠乏から免れ，平和のうちに生存する権利を有することを確認する。」と宣言した。これを受け第2章第9条は，「日本国民は，正義と秩序を基調とする国際平和を誠実に希求し，国権の発動たる戦争と，武力による威嚇又は武力の行使は，国際紛争を解決する手段としては，永久にこれを放棄する。（2項）前項の目的を達するため，陸海空軍その他の戦力は，これを保持しない。国の交戦権は，これを認めない。」と定めた。

現在，「憲法9条を守る会」は，全国各地に結成され，思想・信条を超え，9条を守るという一点で共同の活動が広がっている。

日本国憲法は，その後，世界平和に隠然たる影響を与え続けている。たとえば，ハーグ世界平和市民会議の決議（1999年，オランダ，国連を通じ全世界の国家元首に送付）は，各国議会による「日本国憲法9条のように，政府の戦争行為を禁止させる」決議の採択（1項），「世界のあらゆる学校での平和教育の必修化」（9項）を明記している。

なお，コスタリカは，1949年，憲法に常備軍廃止を定め，米州機構の集団安全保障条約に加盟している。

教育基本法（1947年3月施行）は，憲法の平和主義を前文に次のように具体化

した。―「われらは，さきに，日本国憲法を確定し，民主的で文化的な国家を建設して，世界の平和と人類の福祉に貢献しようとする決意を示した。この理想の実現は，根本において教育の力にまつべきものである。われらは個人の尊厳を重んじ，真理と平和を希求する人間の育成を期する（以下略）」。これを受け，第1条（教育の目的）は「教育は，人格の完成をめざし，平和的な国家及び社会の形成者として（略）国民の育成を期して行われなければならない。」と規定した。

侵略戦争の被害・加害への反省，核兵器・原爆（8月6日広島，9日長崎）の被害（1951年の長田新編『原爆の子』は各国で翻訳）は，平和教育，核戦争反対の原点となった。

しかし，1950年前後から「冷戦」を背景に**教育の反動化・「逆コース」**（レッド・パージ，池田・ロバートソン会談〔愛国心教育の密約，1953年〕，教育2法〔政治教育・活動の制限，1954年〕，教育3法案〔教育委員任命制，1956年〕，学習指導要領の改訂，教員の勤務評定〔1958年〕など）が募り，平和教育の危機が叫ばれ，日教組の教育研究集会（1951年）など民間団体や学校現場では平和教育実践が強化された。1960年代から安保闘争（1959年～），ベトナム反戦運動（1966年～）などに多くの学生，教職員も参加し，それらを背景に平和教育は意識的にすすめられた。1970～80年代，被爆教師を中心とする広島平和教育研究所（1972年設立，1981年『平和教育実践事典』発行），日本平和教育研究協議会（1974年設立，『平和教育』発行），日本教育学会（1976年～大会の課題研究，89年～専門委員会）の活動等はその例である。

1990年代，冷戦終結による緊張緩和，グローバリズムを背景に，ナショナリズム，民族主義が台頭し，日本でも教育界では自由主義史観研究会（95年～），「新しい歴史教科書をつくる会」，「教科書改善の会」などの侵略戦争正当化の教育論が浮上する。それらの動きと連動して，2006年12月，教育基本法が改正され，保守勢力の長年の願望，「愛国心」の教育が目標に盛り込まれた。しかし，同法は旧法の「世界の平和と人類の福祉」への貢献，「平和的な国家及び社会の形成者」の育成の文言を取り入れ，新たに「国際社会の平和と発展に寄与する」ことを規定するなど，平和教育の理念を引き継いでおり，国際法に

反する国家主義教育は認めていない。

5 平和教育をめぐる最近の国際情勢

2000年代は2001年の「9.11テロ」(ニューヨーク)とその報復戦争(対アフガニスタン・イラク戦争。2011年9月までの10年間に死者約25万人，うちイラク民間人12万人)のもとでテロ防衛体制が強化され，反イスラム主義，保守勢力が高揚する。

アメリカでは対テロ戦争を推進した共和党ブッシュ政権に代わり，2009年，民主党政権が成立し，オバマ大統領の核兵器廃絶宣言(2009年4月，チェコのプラハ，「アメリカは核兵器のない世界へ向けて確固とした第一歩を踏み出す」)とそれに関連するノーベル平和賞受賞は国際平和の気運を高めた。アメリカの核弾頭数は，1967年3万1255発から2009年5113発に減少し(国防総省)，米ロ合わせた核弾頭数は，新戦略核兵器削減条約(新START)により2009年9484発から2017年3100発に削減される計画である。東西陣営に加盟しない非同盟諸国(1961年設立)は，2011年5月，120カ国となった。2011年初頭からの中東革命(1月，チュニジアから始まりリビア，エジプトなどに連鎖)は，情報通信手段(ケータイ，パソコンなど)を主力とする独裁政権に対する民衆の民主化を求めた革命であり，その気運は世界に広がっている。

他方，アメリカの圧倒的軍事費(2009年，6600億ドル，世界の総軍事費の約半分)を背景とする世界戦略や世界の軍事力の増大，地域的紛争，核抑止論，核兵器拡散(テロリストを含む)，核兵器に直結する原子力発電の増大，劣化ウラン弾，軍事衛星・宇宙軍，生物・化学兵器，無人・ロボット兵器，「サイバー戦争」，民間軍事会社・戦争広告代理店等の拡大など戦争の危機要因は地球を覆い，21世紀の平和教育は試練を迎えている。

考えてみよう
1. 内外の教育法規が教育の目的を規定することをどう考えるか。
2. 「個人の尊厳」が教育基本法に規定された歴史的背景をどう考えるか。

3. マルクスの全面発達論は,資本主義分析とどのように関連しているか。
4. 21世紀国際教育委員会『学習:秘められた宝』の人間性育成論の特徴はなにか。
5. 国際連盟下で平和教育活動はどのように展開したであろうか。
6. 「平和文化」という教育理念の形成とその意義を考えてみよう。

参考文献
1. ホセ・ヨンパルト『人間の尊厳と国家の権力』成文堂,1990年
2. 佐藤三夫『イタリア・ルネサンスにおける人間の尊厳』有信堂,1981年
3. マルクスの全面発達論については『資本論』1867年(訳書:向坂逸郎訳,岩波文庫,初版1947年,本章の訳文は同書による。)
4. 平和教育思想史に関する文献:①深山正光『国際教育の研究』新協同出版社,2007年,②佐貫浩『平和的生存権のための教育』教育史料出版会,2010年,③岩間浩『ユネスコ創設の源流を訪ねて』学苑社,2008年,など
5. ユネスコ「21世紀教育国際委員会」天城勲監訳『学習:秘められた宝』(同委員会報告書)ぎょうせい,1997年(原著,1996年)

第10章　教育学と教育研究

　本章は，教育実践における学問・研究の意義，または，教育の充実・発展の基礎として，教育学教養や教育研究能力の重要性について考える。

　教職は，学科・学問を教える「専門職」として志向され，「学問の自由」が保障され，その免許資格には所定の学科目・学問の修得が要件とされている。また，法律は「教育公務員は，その職責を遂行するために，絶えず研究と修養に努めなければならない。」(教育公務員特例法21条)と規定している。「修養」とは学問の修得を根幹とする人格形成であり，研究とともに学問の不断の修得が教師の義務とされている。教育とは学問的実践であり，教師には実践と学問の統一は生涯の追究課題であり，「知識基盤社会」(ユネスコの用例では人類的課題の解決に知識が鍵となる社会)といわれる21世紀には，人格の高潔さとともに，「研究者としての教師」が国際的に強調される趨勢にある。

1　教育と学問，教育学

1　文明の発展と教育，学問，教育学

　1998年のユネスコ教育宣言(第11章3節参照)は，「21世紀は教育の役割により決定される」とのべ，文明を制御する教育を社会の最優先課題としている。その観点から，人類の文化遺産の真髄である学問の伝達・継承，教育の智慧の結晶である教育学の意義，役割があらためて問われるであろう。

　文明の発展とは，正負両面を含むが，正の部分の核心が精神的な文化遺産とみなされる(物質的な文化遺産はユネスコ「世界遺産」など)。それは，人類史のなかで形成・蓄積され，次世代全体に遺産として伝達，継承されるべき優れた諸文化(知識・道徳・技術など)のことであり，その真髄が真理探究の営為とその

成果である「学問」といえよう。それが，適切に伝達，継承されるか否かは，文明の発展か停滞，崩壊かを左右する社会の重大事である。教育は，人間の能力の可能性を引き出し，発達させるいとなみであるが，文化遺産，とくに学問の伝達，創造が，文明の発展とともに，その中心的な課題となる。

　古来，人々の教養の糧として学問の意義が説かれてきた。たとえば，日本では，『論語』（日本伝来は5世紀初頭）の最初の言葉は他章でもみたが，「学びて時にこれを習う。亦た説ばしからずや」である。『徒然草』（1331年頃）は，「大きなる職をも辞し，利をも捨つるは，ただ学問の力なり」とのべている。江戸時代の「百姓伝記」（宮崎安貞「農書全書」）には，「蔵の宝は朽ちるものだが，人の身にしみこんだ宝（学問）は朽ちるものではない」「人として生まれたからには，いろいろ学問をしなければ，よい仕事ができない」などの言い伝えが記録されている。「学問は身を立るの財本」を説いた福沢諭吉のベストセラー『学問のすすめ』（1872年）は，江戸時代の民衆の学問要求に根ざしていたのであろう。国民の基本的権利である「学問の自由」（憲法第23条）の思想の系譜は日本民衆史に求められる。

　外国でも，早くから教養論，学問論が説かれ，たとえば，12世紀以降に誕生する中世大学の予備課程でリベラルアーツ（自由7科）が重視された。17世紀初頭，「近代学問の父」といわれるイギリスの哲学者F. ベーコン（1561-1626）は，『学問の進歩』（1605年）を著し，学問は治世の繁栄と幸福，精神の治療と改善・発達の源泉であり「真理が善を印刻」「学問の楽しみと喜び」は最高，学問は不死不滅など，学問の尊厳と価値を多面的に説いている。

　塾や学校は，学問を学び教える場所として，内外で古くから存続し，近代以降，それは学校制度として発達，普及し，学問，文化による教養の修得が人間形成において重視されてきた。

　それにともない，いかに学問的知識を適切に伝えるかを専門的に探究する教育に関する学問（教育学）が発達し，人々の関心事となり，近現代ではそれが国民的教養と考えられるようになる。たとえば，日本の場合，昭和初期のマンモス教育学辞典，『教育学辞典』（全5巻，各600頁前後。岩波書店，1933年）の

1　教育と学問，教育学　　**185**

　「序」は刊行の趣旨をこうのべている。「国家社会の革新が教育を度外視して到底画策され得ないと考えられるやうになった現代に於いては，教育は独り教師の学ぶべき知識技術であるばかりでなく，社会に於ける一般の教養として国民の修むべき常識となって来た」。教師のほか，親，市民，労働者，専門家，学習者など，それぞれの立場での教育・学習の必要性，重要性が高まり，教育学への関心や需要が増大するのは時代の要請である。

　とはいえ，教育学は「役に立たない」などの批判もある。教育学の観念性（または，思弁的，規範的，演繹的，仮説的，ドグマ的な傾向），体制的傾向，講壇的性格，陳腐・煩雑・非体系性，専門的細分化，教員免許状付与のための形式的学問・授業，採用試験の暗記科目化などが問題にされ，実際の教育実践，教育問題の解決，教育政策の立案などに無力，非力，参考にならないなどの批判である。批判は教育学の発展の契機として自覚的に生かされる必要がある。

　教育学の反省と公正な評価のため，教育学自体を学問的考察の対象にする教育学の分野が発達してきた。「20世紀は分析の時代」といわれ，学問一般について思弁から分析を重視する傾向が強まる。20世紀初頭，教育学の規範性と実証性の混合などの反省に基づき主張されたヴィルマン(Willmann, Otto, ドイツの教育学者)の「科学教育学」と「実践教育学」の区分，デュルケム(フランスの社会学者・教育学者)の「教育科学」と「教育学」の区分などはその先駆である。現代では各分野の学問の発展・成熟を背景に，それぞれの学問自体を全体として理論的に考察し，分析，反省，総括するメタ理論(meta-theory，meta＝「包括的」の意。「**メタ教育学**」など)が国際的に成立し，その視点から，各学問分野の再構築が志向されている。教育学の膨大な蓄積や成果は，最近ではインターネット検索で確かめることができる(本書の附属資料の参考文献はそのごく一部)。それらを素材に教育学の有用性，意義，役割，成果を検証し，それを修得，継承，創造，再構築することができる。

2　教育学とその意義

　ここでは，教育学の一般的意味と有用性について考えてみよう。

第10章 教育学と教育研究

「**教育学**」とは，教育に関する学問であり，一面では教育の事実・実践・問題の実証的研究，他面では教育の価値・条理・法則の規範的研究などを課題とする固有・自律的な学問である。教育の分野は，本質・理念・目的，思想，歴史，子どもの発達や心理，制度・行政・政策，学校教育（教育課程，教育方法，道徳教育，生活指導，教育相談，進路指導，課外活動），家庭教育，地域教育，社会教育・生涯教育（学習），スポーツ，文化・芸術等やその内外の比較など広汎多岐にわたる。広義の教育学は，それらの各分野に専門化した多様な教育学（教育○○学）＝「教育諸科学」の総称であるが，とくにそれらの要となる教育学原論・原理・基礎などをとくに「教育学」（狭義の「教育学」）という場合がある。

教育学と教育実践との関係では，便宜上，教育実践の技術学の性格の分野（教育心理学，教育方法学など）と，教育の本質・条理・理念の探求，広い知見の獲得など，教育実践・問題の省察や解決に役立つ分野（教育史，教育思想，教育行政学など）に区分できるが，いずれにせよ，教育学的教養や教育学的研究方法の能力は，本来，教育実践の基礎であり，有効に生かされるべきである。

教育学的教養で共通に重視されるべき分野のひとつは，狭義の「教育学」＝「**教育学基礎（原論）（概論）**」である（本書もその一例）。そこでの主要な問題は，「教育とはなにか」「教育はどうあるべきか」という教育の基本的問題であり，教育諸科学を樹木とすればその根幹に相当する。その発展は専門分化・高度化のすすむ教育諸科学の統合化に不可欠な課題である。

そのもうひとつの共通分野は，**教育思想史・学説史**である。教育学は，教育についての意識的実践や理論的関心に基づき，人間社会の教育をめぐるさまざまな経験や考察を反映し，その歴史は，いわば人類史における教育の叡智の結晶，文化遺産として存続，発展してきた。それは，各時代の教育に関する先人の実践，考察，苦闘の足跡であり，そこには教育の歴史を創り動かしてきた思索・思想・理論が蓄積されている。それは，単なる過去の教育の出来事の知識にとどまらず，当面する教育の実践や考察のための智慧の源泉，宝庫であり，教育の未来への跳躍台，羅針盤ともなる。

とりわけ，**教育学の古典**は，各時代の教育思潮を代表し，教育史の一里塚と

して衝撃波のように教育に影響を与え，今日なお内外で脈々と継承されており，教育学教養として不可欠な文献である。それは，教育の真髄ともいうべき子どもへの愛情や幸福への祈念，人間についての深い考察，教育の真実への探求，忌憚のない社会・政治批判などを含み，現代という時代に生きる人々を鼓舞し，不当な支配や危機から教育を守る歴史的責任や主体性の自覚，確立に役立つにちがいない。

2 教職教養としての教育学

1 教職教養としての教育学の国際的趨勢

　教育学は，教育に関係するすべての人の学問であるが，とりわけ，近代以降，専門的職業として教育を担う教師の基礎的教養として継承され発展している。実際の教育は，それぞれの時代の政治，社会，文化などにより複雑に規定されるが，その発展を方向づけてきた根底の力は，良かれ悪しかれ，教育学－教育の思想・理論・学問－であり，教師がその体現者，構築者であった。人間を育てるという職業は，時代とともに複雑，困難で責任の重い仕事となり，その任務を果たすには，現在の内外の教育学はもとより，紀元前から脈々と引き継がれてきたその豊富な財産を継承し力量の土台に取り込むことが求められる。

　古来，専門的職業の資格には深い学問的教養が必要とされ，西洋の中世，12世紀以降，「専門職」（医者，聖職者，法律家など）の養成機関として大学が発達した。日本でもたとえば，江戸時代の医者・儒学者の**貝原益軒**『**養生訓**』（1713年）は，「医学と臨床実習とを前後あわせて20年くらい努めたならば，必ず良医になる」「博学と精緻とは医学を学ぶための要綱である」「技術を学ぶには学問を根本におかなければならない。学問がなければ技術が上達しても理論に弱く，技術もそれ以上に進歩しない」などとのべ，深く広い学問の修得を医師に求めていた。

　総じて，「**専門職**」といわれる職業は，高度の専門的能力，自律的判断，厳しい責任や倫理などが必要とされる専門性・人権性・公共性の高い職業であり，それを裏付ける高い学問的基礎が要求され，その養成，評価，維持向上のため，

長期の養成期間，厳正な試験，不断の研修が必要とされている。

　教師の場合は，教育に関する学問（教育学）が教養の基礎になるが，その専門の中心は文化遺産の真髄である学問的知識の伝達であり，専門教科を中心とする深く広い学問的教養，その根源となる学問愛好の精神が職責遂行上，必要とされる。また，学問的知識の伝達には，単なる知識の注入ではなく，生徒の知的好奇心，未知の世界や真理の探求心を刺激し，学ぶ喜びや楽しさ，その意義や習慣を体得，育成することが重要になり，その指導の前提として，教師自身の学問研究能力（後述）や学問への憧憬，愛好の精神が求められる。教職は「学問的実践」（1970年，教科書訴訟杉本判決）といわれる。

　このような理念に基づき，教職は，戦後初期の教育職員免許法制定当時（1949年）から，学問の修得を基本とする専門職性の確立がめざされ，それは，1966年のILO・ユネスコ「**教師の地位に関する勧告**」以降，確固たる国際的趨勢となっている。

　その勧告はこうのべている。「教育の仕事は，<u>専門職</u>（profession）とみなされるものとする。教育の仕事は，厳しい不断の研究（study）を通じて獲得され，かつ，維持される専門的知識および特別の技能を教員に要求する公共の役務の一形態であり，また，教員が受け持つ児童・生徒の教育および福祉に対する個人および共同の責任を要求するものである。」（6項），「教職にある者は，専門的職務の遂行にあたって<u>学問の自由</u>（academic freedom）を享受するものとする。」（61項）。

　勧告の定める教員養成の学問分野，教育課程（カリキュラム）の領域は，①一般の学問，②教育学（教育の哲学・心理学・社会学，教育の理論と歴史，比較教育，実験教育学，教育行政，各教科の教育方法），③教科の学問，④教育実習と課外活動，に区分されている（20項）。日本の制度にみられない「**実験教育学**」とは，20世紀初期，欧米でブームとなったビネーの知能尺度に代表される授業過程，生徒の反応とそれらの条件に関する厳密な実験，観察，調査による実証的科学的な教育研究方法であり，戦後も欧米では教育学界の底流をなし，現代は一段と重視される趨勢である。一般教養を意味する「一般の学問」や「課外活動」は，

「大学における教員養成」の不可欠の一環である。グローバル時代には，教職教養として国際的教養の比重が高まることは必至であり，「比較教育」(外国教育)がますます重要になる。これらの内容は，日本の教員養成・免許基準では欠落している。

国際教育局(所在地ジュネーブ，初代局長はピアジェ。戦前からの国際教育機関，戦後はユネスコの補助を受け1969年に統合)が1954年実施した質問紙調査(58カ国，加盟国の8割)によれば，教育学の開設科目は，教育学概論(哲学を含む)，教育史，教育心理学，教育社会学，教育行政，教育方法，教科教育法，教育実習などが主であり，その他，各国では学校衛生，比較教育，実験教育学，職業指導など多様な科目が置かれている。ILO・ユネスコ勧告は各国の実状とともにこの国際調査を踏まえ，反映しているであろう。

同勧告が採択された1966年，国際教育局主催の国際公教育会議は，「**教育学研究**」に関する勧告を採択している。そこでは，教育の改善の条件，教育の科学的諸基準の基礎として「教育学研究」が重視され，その主要目的は，教授法の発展・進歩のための教育過程の客観的法則・原理の発見とされている。

1966年勧告の30周年を記念して採択された1996年の「**教師の役割と地位に関する勧告**」(勧告1～9で構成)は，21世紀の激動する複雑困難な社会に備え，それに「ふさわしい学問的専門的資質を身につけた教師を養成し，最も能力のある若者を教職に惹きつけるため，教師の教育者のための知的挑戦プログラムの開発・提供」(勧告1)の必要とそのためのカリキュラム等を提起し，そこに「教育学研究方法の基礎的訓練」を位置づけている(第11章2節参照)。

1990年代から教育における研究，実践，政策の協同が国際的に重視されるようになり，OECDの教育研究革新センター(CERI)を中心に各国の連携，協力がすすめられている。とくに21世紀に入り，教育実践・政策の改善のため「**研究者としての教師**」の役割が重視される傾向にある。

近年，医療系教育では国際基準が作成される趨勢(例：世界医学教育連盟〔2003年〕，WHOの看護学教育)にあり，教師教育でもユネスコ勧告のほか国際研究交流，世界教育学会(2009年)の結成などの気運のなかでその検討がすすむであろう。

2　教育職員免許状と教育学

　日本では教職教養としての教育学（教職科目）を含む教員養成カリキュラムの基準は，**教育職員免許法とその関係法令**に規定されている。同法は，1949年に教職の専門職としての確立をめざし，免許状主義，大学における教員養成，開放性，現職教育の重視などの原則に基づき制定され，その後，幾度か改正され今日に至っている。

　同法（2016年度現在）は，「教育職員の免許に関する基準を定め，教育職員の資質の保持と向上を図ることを目的」とし，都道府県教育委員会が行う免許状授与の基準として「基礎資格」（一種免許状なら学士の学位），「大学において修得することを必要とする最低単位数」，その領域として「教科及び教職に関する科目」を規定している。この法律は，大学の教員養成カリキュラムの基準を直接に定めるものではないが，教員免許状の授与権者である都道府県教育委員会が依拠すべき免許状授与基準を定めることにより，間接的に大学の教員養成カリキュラムの基準となっている。それに加え，教員養成を行う大学は，「文部科学大臣が免許状授与の所要資格を得させるための適当と認める課程」の認定（**課程認定**）を受ける必要があり，「体系的な教育課程の編成」が求められており（教育職員免許法施行規則第2章），その基準性が強化されている。現在，認定課程大学（2019年4月現在）は，大学756校（総数の80.2％），短期大学332校（同76.7％），大学院623校（同66.3％），教員免許状授与件数20.0万人（2019年度），教員採用試験の受験者14.7万人，採用者3.7万人，倍率4.0，学歴別採用状況は一般大学卒62.7％，教員養成大学25.9％，大学院卒9.1％，短期大学卒2.4％（2017年度）である（文科省調査）。

　1991年，大学設置基準改正により学士の卒業要件の「一般教育科目については，人文，社会及び自然の三分野にわたり36単位」が廃止され，教員免許状の基礎資格でもそれが適用され，それを契機とする教員養成における**一般教養の縮小，形骸化**が大きな問題となる。

　小学校・中学校・高校の教諭免許状の場合，教育学に相当する「教科及び教職に関する科目」の区分とそれぞれ「各科目に含めることが必要な事項」（カッ

コ内，要約）は，①「教科及び教科の指導法に関する科目」（教科の専門的事項，各教科の指導法），②「教育の基礎的理解に関する科目」（教育の理念・歴史・思想，教職の意義と教員の役割・職務内容，教育の社会的・制度的・経営的事項，幼児・児童・生徒の心身の発達及び学習，特別の支援を必要とする幼児・児童・生徒の理解，教育課程の意義と編成方法，③「道徳，総合的な学習の時間等の指導法及び生徒指導，教育相談等に関する科目」（道徳，総合的な学習の時間，特別活動の理論・指導法，教育の方法・技術，生徒指導，教育相談，進路指導，キャリア教育の理論・方法」），④「教育実践に関する科目」（教育実習，教職実践演習），⑤「大学が独自に設定する科目」の6領域であり，それぞれの科目に専門の教育学分野が対応する。教育職員免許法施行規則は，当初から教職科目に対応する教育学分野の名称を定めていたが，1988年改正以降，廃止された（「序」参照）。

なお，公立学校の正規の教員資格を得るには，大学で教員免許状の必要単位を取得し，大学の所在する都道府県教育委員会から免許状が授与される（された）ことを基礎資格として，同教育委員会（政令都市教育委員会）が行う「**選考**」（教育公務員特例法，1949年）に合格しなければならない（私立学校の教員選考では試験を行わない場合がある）。選考試験の内容は，一般教養のほか免許基準に示された教育学，教科等が中心になる。また，採用後も教員には不断の「**研修**」（＝「研究と修養」）（同法21条）が義務づけられ，教育学についての継続的な現職研修が求められている。

戦後の教育学は，免許基準充足のための制度的所産であり，学校・教師教育学に偏することになった。学問の府＝「**大学における教員養成**」ならば，大学の学問研究を基礎に自治と共同による独自のカリキュラム編成が望ましいが，それがこの法的基準により規制を受ける。戦後教育改革の模範となったアメリカでは，民間学術団体が教員養成の基準を設け，大学がカリキュラムを編成，実施し，当団体が各大学を基準に照らして評価・認定する仕組みであった（現在も継続）が，それとは異なる制度化であった。同法は，時々の政治的背景も絡み，主なものでも1954年，88年，98年，2007年，2016年に改正された。たとえば，88年改正では「**実践的指導力の基礎**」の育成を主眼に，「教職に関

する科目」と学習指導要領との関連性が強化され，2007年改正では「**免許状更新講習**」（免許状の有効期間は10年とされ，30時間の同講習の修了認定を経て更新）が制度化された。このシステムや運営は大学の教員養成，教育学を規制する幾多の問題を含んでおり，絶えざる批判と改善が課題となる。

3 教育学とその専門分野，学会活動

(1) 教育実践と教育学的考察

とくに教師の場合，教育専門職として教育実践を高めるには，教育学の成果（知識や技術）とともに，教育の真理を探究する学問的精神・研究能力に基づく「**教育学的考察**」が有用であり，その必要から教員養成で教職科目が必修とされるとともに卒業研究が重視される。

教師の教育実践の経験的蓄積，それに裏づけられた個人的な熟練や勘は有意義であるが，「井の中の蛙」となる恐れがある。教育実践は高度な精神的・学問的実践であり，その過程や前後で教師の不断の「**教育的省察**」が行われるが，「教育学的考察」はそれを理論的に支え補強する関係にある。教育学は，長い過去からの無数の教育に関する実践や事実の理論的集積であり，その修得は，個人や時代の限界をこえ，因習，伝統，マンネリ，予断や偏見を打破し，教職の視野を広め，力量を高めるために有用である。「教育学的考察」は，教育に関する単なる反省的省察にとどまらず，教育学的教養・研究能力と一体的な学問的考察であり，それが，教育実践に理論的基礎，自信，見通し，柔軟性，協働性，普遍性，発展性などをもたらし，専門職的教育実践の促進力となる。「教育的省察」と「教育学的考察」とは区分して統一する視点が求められる。

(2) 教師の研究会・学会活動

教師が，教育実践の能力，専門の教科や教育学の教養を修得するには，図書・文献・情報，研修会・講演会・学習会の参加等による個人研修のほか，教育研究組織・団体（グループ，サークル，研究会，研究集会，研究所）や学界・学会活動への参加などの集団研修が有益である。

教育研究組織・団体は，教職員をはじめ研究者，市民などで構成される。教

職員組合は，労働組合のほか教育研究・研修団体の性格をもち，学校，地域，全国の各レベルの教育研究集会の開催，機関誌・新聞・図書の発行，研究所の運営などの活動を行っている。**民間教育研究団体**は，研究対象が教科別・分野別・テーマ別・問題別などの組織やそれらの総合的な組織があり，全国規模の団体は約60を数える（ウェブサイト「きょういくネット」掲載団体は58）。それらは，通常，規約に賛同する会員で構成され，会費で運営され，研究（集）会の開催，機関誌・ニュースの発行などの活動を行い，会員から選ばれる運営委員が会の運営を担当する。教育研究所は，国公立民間立の大小さまざまなものがあり，教育研究団体と同様な活動を行っている。

　学会は，通常，大学教員や研究機関等の研究者が主な会員であるが，現職教員も参加している。教育学会の分野，種類は，時代とともに範囲の拡大，専門分化，学際化がすすみ，今日では全国規模の**教育学関連学会**は数十を数える。日本教育学会機関誌『教育学研究』（79巻1号）に2012年度大会日程が掲載されている全国規模の学会は以下の51学会である（日本○○学会の「日本」と「学会」は省略。「日本」が付かない学会は下線。掲載順）。<u>異文化教育</u>，教育史，教育思想史，教育哲学，教育目標・評価，<u>世界新教育</u>，数学教育，大学教育，<u>日英教育，日仏教育</u>，カウンセリング，学習社会学，家政，学校教育，カリキュラム，教育行政，教育経営，教育工学，教育社会，教育情報，教育心理，教育政策，教育制度，教育法，教師教育，高校教育，公民教育，国際教育，国際理解教育，子ども社会，社会科教育，社会，社会教育，生涯教育，心理，生活指導，体育，デューイ，道徳教育，道徳教育方法，特殊教育，特別活動，特別ニーズ，発達心理，比較教育，仏教教育，ペスタロッチー・フレーベル，保育，モンテッソーリ，理科教育，<u>フランス教育</u>。このほかにも教育学関連学会は少なくない。

　その規模は，会員数が100人程度から3000人程度など大小さまざまである。通常，どの学会でも会則に賛同し，会費を納入すれば会員になることができる（推薦制が併用の場合もある）。学会の運営は，任期毎に会員が選挙する会長（理事長，代表理事）と理事会を中心に行われ，その主な活動は，年1回程度の研究大

会・総会の開催，課題別の研究委員会の組織と活動，学会誌（年刊，季刊など），定期的ニュースの編集発行，国際研究交流などであり，会員はそれらに参加し，発表，投稿する権利がある。研究大会ではテーマ別に課題研究，自由研究の発表などが行われ，参加費を払えば会員，会員外を問わずだれでも参加できる。学会誌の論文掲載は，編集委員（レフリー）の審査に合格することが原則であり，論文の信頼性が高くなる。会員でなくとも，学会や会員の研究成果を，学会誌の論文の参照，大会の出席などにより，適宜，活用することができる。

(3) 世界教育学会の発足

地球時代の今日，学会活動も例外ではなく，その国際化が潮流になっている。教育学では，それぞれの学会が国際交流をすすめているが，それらを基礎に2006年から「世界教育学会」（WERA＝World Education Research Association）結成の気運が高まり，2007年，2008年の創設準備を経て2009年4月，アメリカのサンディエゴにて世界各国24学会が参加して結成された（事務局ワシントンDC，初代会長 Ingrid Gogolin（ヨーロッパ教育学会会長））。2008年11月には3年計画が作成され，ウェブサイト開設，重要研究部門の設置，若手研究者の講習，教育研究指標部会の設置，研究題目の決定が盛られた。2010年11月，マレーシアのクアラルンプールにて第1回大会（フォーカル・ミーティング）が開催され，以後，隔年に開催される（第2回，2012年12月，シドニー）。会員団体は，各国の教育学会，地域ごとの教育学会の連合体，分野別の国際教育学会であり，個人会員制ではないが，ウェブサイトや加盟教育学会を経て情報入手・発信が可能である。

規約によれば，同学会は，世界規模の教育研究の能力と関心の向上，研究政策・実践の前進，利用と応用の促進のため国際的・互恵的に協働する。その原則は加盟学会の力量や長所を生かし，伝統や言語の多様性を踏まえ，各学会内で達成可能なことを超える批判のコミュニティとされ，世界規模の教育研究の視野を拓き，その卓越・包括性を促し，全世界の公益に役立つことがめざされる。規約には，その目的として，教育研究についての，①世界規模の進歩，②地球規模の企画能力の拡大，③国際的交流・協力，④各境界を越えた伝達・普

及，⑤国際的な研究政策・実践の前進，⑥世界規模の公開調査の促進，⑦醸成・規制条件の認識の世界的喚起，⑧利用・企画の国際的醸成の８項目が掲げられている。「世界教育学会」の発展のいかんでは，教育研究のグローバル化が大きく前進し，各国のそれを刺激し，その相乗作用により教育学は教育のグローバル化に対応するネットワーク，コミュニティを確立することになろう。

アジア諸国における教育学研究の交流・協同も進展している。

3 教育研究

1 学問研究の本質と研究能力

教育研究とは教育に関する研究である。**研究**とは，「よく調べ考えて真理をきわめること」（『広辞苑』〔第六版〕），「物事について深く考えたり調べたりして真理を明らかにすること」，「真理」とは，「だれも否定することのできない，普遍的で妥当性のある法則や事実」（『大辞林』〔第三版〕）などと一般に定義される。これによれば，教育研究とは，教育に関する真理の究明であり，教育の実践のなかで意識するしないにかかわらず，行われていることである。大学教員など教育研究を職業としている者ばかりでなく，学校の教師をはじめ教育に専門的に従事している者は，教育実践と不可分の関係で日常的に研究を行う立場にある。親，保護者，一般市民なども，課題や困難な問題に直面した場合など，研究的考察や研究活動を行う。子ども・学生も学習課題はもとより，必要に応じ教育その他の問題を研究的に探究し，現に，自然科学系など，その発表の場を設けている学会もある。子どもにとって学習活動は，未知の新しい知見との出会い，探究，発見であり，教師が研究能力を発揮して子どもの研究心を適切に刺激するならば，学習の充実感，達成感，学びがいが深まり，学習効果が高められる。魅力ある教育実践に教師の研究能力は貴重である。

「大学における教員養成」の理念には，「学問の府」である大学の特質にふさわしく学問的教養や研究能力を育成することが含まれる。教師は「不断の研究」が職務とされ（教育公務員特例法21条），「大学における教員養成」がその基礎となる。大学教育では研究能力の修得のため，日常の授業のほか，その特別の過

程として卒業論文（卒業制作など）の作成が課せられることが普通である。それは，大学での学習の整理，集約，総仕上げの機会となり，問題に対する実証的・客観的態度など学問研究による人間形成の契機を含み，その水準・成果によっては，学会発表や学会誌への掲載など，学界の発展にも寄与している。研究能力の養成では，修士・博士論文の作成を中心に学部以上に研究活動が重視される大学院が有効であり，「大学院における教員養成」が時代の趨勢になりつつある。

　研究は学習と基本的に異なる面に注意したい。学習は，学習者にとって新しい知識や技術を習得することを主目的とし，その知識や技術は，すでに過去の研究などにより解明，開発されたものを前提にしている。これに対し，研究は，オリジナルな知見の発見を本質とする。学習は文化遺産の継承，研究はその創造の活動である。

　真理の探究を本質とする研究活動には，特別の**研究能力**が必要とされる。たとえば，何ごとも疑ってみる懐疑心，旺盛な問題意識や知的好奇心・探究心，自由な精神，批判的・反省的精神（クリティカルシンキング，critical thinking），複眼的俯瞰的考察（メタ認知，metacognition），分析・総合能力，客観的・実証的態度，権威に迎合しない主体性と真理・真実への謙虚さ，問題解決などの能力である。これらの能力は，研究活動の前提であるとともに，それを通じて修得される。研究は精神を自由にし，それを通して物事の本質が何であったか，何であるかが解明され，何をなすべきかが明らかになる。研究は実践や政策のパイロットであるといえよう。研究能力は，リサーチリテラシー（research literacy）ともいわれる。

　研究は，大学という学問の府で特別に重んじられるが，「学問の自由」が国民の基本的人権（憲法第23条）とされているように，大学に限定されない。研究は，学校における教育実践はもとより教育行政から社会のあらゆる場面で物事の真実を究明する場合に必要な知的行為であり，卒業後，就職をはじめどのような進路を選択しても，研究能力は，仕事，生活，活動の推進力として生かされ，重宝される。人はどのような立場でも，解決・開拓・創造すべき問題や場面に遭遇するのであり，その都度，問題を発見し，実証的に検証，考察し，

結論を得るという研究能力に準ずる能力が必要とされる。それはだれもが仕事や生活のなかで身につけられる基本的教養であるが，それを集中的に修得できるのが大学教育の主な効用である。

2 研究方法と研究論文の要件
(1) 研究の一般的作法

研究の一般的作法について概説する。研究には，文系理系を問わず基本的な研究作法は共通している。それは，問題（研究題目）の決定，仮説の設定，検証と考察，結論という段階を踏むことである。大学教育の場合は，指導教員の指導のもとに卒業論文など研究論文・製作を作成する過程で体得するが，大学以外でも研究方法に関する文献により基礎的なことは習得できる。教育研究の場合，規範的研究と実証的研究，教育学の分野などによる方法の違いがあるが，ここでは文系教育学の研究作法の共通事項についてのべてみよう。

①**研究問題の決定**　研究分野・目的・対象・範囲・仮説などの決定であり，それは研究すべき問題の焦点化，選定・発見・限定，仮設の提起を意味する。研究問題，それを表現する題目の決定じたいが，先行研究の検討，通説への批判を含むひとつの研究過程，その到達点の反映であり，一定の研究蓄積が必要とされる。研究の進行，発展とともに，問題や題目が変化することもありうる。

②**研究資料の収集**　研究資料とは文献・資料・データなど研究の基礎となる材料であり，その種類により，収集方法は異なる。図書，論文などの文献は，大学・研究室の図書室，図書館，書店（専門図書店，古書店を含む），インターネットなどで収集する。学術論文は審査（レフリー）をパスした学会誌論文がそれのない大学の紀要・研究集録等より学術的価値が高いとされる。歴史研究では，文献収集や史料批判のほか，史跡，史料館，関係する人や場所の訪問などが必要になる場合がある。近年，インターネットが研究情報収集の手段として一般化しており，国立国会図書館のNDL-APAC，国立情報学研究所のCiNii，Google Scholarなどの情報サービスや調査研究関係機関へのアクセスにより，著者，文献（PDFによりコピーも可），データ，出版（発表）年月，発行者，所蔵

場所，引用状況などの情報を容易に入手できる。外国の関係機関から直接，外国語の文献，データを収集することも可能である。

データは，既存のデータの利用のほか，独自の調査（量的質的調査），実験，観察，面接等により収集，作成するのが通例であり，比較研究では外国での実地調査も行われる。量的調査（定量的〔数量的〕研究）は，無作為比較実験（randamized controlled trial，実験群と参照群の比較）やメタ分析（meta analysis，先行研究の分析）など，質的調査（定性的研究）は，フィールドワーク，アクション・リサーチ，ライフ・ヒストリー，エスノグラフィー（ethnography，民族誌学＝民族学研究の資料収集の学問）などの方法が開発されている。

資料収集は，人文・社会科学の研究分野では，研究活動の主要な過程であり，その量と質が研究水準を規定する。それじたいが研究活動の重要な一環であるから，苦労をいとわず，工夫を凝らし，ねばりづよく収集に努めることが必要である。資料の扱いは，借用の場合は保管に気をつけ，返還期日を厳守するなど研究上のマナーも求められる。

③**研究資料の分析**　研究資料の分析の目的は，先行研究の成果・到達点，その欠点・未開拓分野の把握，資料の解釈，自分の説・主張の論拠の裏づけ，法則や傾向・特徴・意義等の究明，最終的にはオリジナルな知見の獲得など多岐にわたる。人文・社会科学の研究分野では，研究活動の中心的過程であり，そこに研究能力の真価が発揮される。

④**研究の総括と検証**　研究資料の分析過程を総括し，結論を導き，それを仮説等に照らし最終的に検証することである。研究の内容（独自性，独創性，実証性など），方法・過程等について厳しく自己点検・評価・総括し，成果，課題や教訓，仮説の当否などを明らかにする。

⑤**研究の発表**　研究の成果は主として論文や発表会で公表される。論文の執筆とは，研究成果を論理的に記述することであり，よい論文は深い研究から生まれるが，文章技術も軽視できない。

(2) **研究論文の要件**

研究論文は，通常の作文・論文とは異なり，その要件として以下の事項がほ

ぼ共通に指摘されている。

①**形式性**　問題，仮説，論証，結論の各部から構成されること。本論の区切りや最後に脚注，参考文献，基本資料などを付記する。

②**正確性**　記述内容・表現が正確であること。誤字・脱字は厳密にチェックする。

③**客観性**　記述内容・表現が客観的・不偏的であり，特定の立場や予断にとらわれないこと。

④**論証性**　記述が論理的・実証的であり，読者の追証が可能であること。単なる私見や主張を避け，概念の使用が一貫し，解釈，推理，判定，結論に無理がなく合理的であること，などの点に留意する。単なる自己主張は研究論文ではない。

⑤**説得性**　文章は達意，平易，明快，的確で説得的であること。十分に推敲を重ねること。

⑥**独創性**　先行研究にみられないオリジナリティをふくむこと。それは自分なりの独特の知見・見解であり，しかも，誰でも検証，証明できるもの，などである。

(3) 研究発表の要領

研究の成果は論文のほか，研究発表会（学会など）において口頭で資料をもとに発表する場合がある。とくに大学・大学院の卒業・修了研究では論文の提出のほか，その審査の一環として口述試験（発表）が控えている。それは，研究能力の重要な要素である研究発表能力の審査の機会であり，研究内容の理解力・説明力が試される。発表の方法は，大学や指導教員の方針に従い，発表資料（要旨，資料等）と発表原稿を用意し，制限時間内に研究の独自性を中心に成果を要領よく発表する。質疑にも的確に答えられる準備，練習が必要である。パワーポイントなどの発表技術の上達も求められる。

考えてみよう

1．教育学が「役に立たない」といわれるのはなぜか。

2．教育諸科学の要として「教育学基礎」の意義をどう考えるか。
3．教育学教養としての教育学説史の意義をどう考えるか。
4．研究能力とはどのような能力か。
5．研究論文の要件にはどのようなことがあげられるか。

参考文献
1．教員の専門職性，免許資格と教育学：ILO・ユネスコ「教師の地位に関する勧告」（1966年），教育職員免許法及び関連政省令。
2．教職員組合等の主催する全国教育研究集会の年次集録：例，日本教職員組合関係『日本の教育』，全日本教職員組合関係『日本の民主教育』
3．教育研究方法の古典的論文：①阿部重孝「教育研究法」岩波講座『教育科学』第20冊，1938年，②宗像誠也『教育研究法』河出書房，1950年
4．教育研究方法論：①立田慶裕編『教育研究ハンドブック』世界思想社，2005年，②秋田喜代美・恒吉僚子・佐藤学『教育研究のメソドロジー』東京大学出版会，2005年，③OECD教育研究革新センター編，岩崎久美子ほか訳『教育とエビデンス―研究と政策の協同に向けて』明石書店，2009年，④国立教育政策研究所編『教育研究とエビデンス―国際的動向と日本の現状と課題』明石書店，2012年
5．卒業論文の作成：①斉藤孝・西岡達裕『学術論文の技法　新訂版』日本エディタースクール出版部，2005年，②佐良木昌『Wordを使った大学生のための論文作成術』明石書店，2004年，③小笠原喜康『新版・大学生のためのレポート・論文術』講談社現代新書，2009年，④田中幸夫『卒論執筆のためのWord活用術』講談社，2012年

第11章 現代における教師の役割と教員養成・教育学の課題

　21世紀の幕開けの前後から,「ミレニアム」(millennium, 千年紀) という言葉が頻出し, 来る50年, 100年とともに1000年への出発であることが強調され, 各方面で将来の文明や社会への期待と裏腹に人類史的な危機認識が表明されている。それは現代文明の制御不全への警鐘とも解され,「文明と教育の乖離」(第3章66頁) のもとで, 絶対的限界のある教育を飛躍的に高めることを提起する教育最優先の思想 (ユネスコの1998年教育宣言) はその一解決策であろう。

　2011年3月11日, 日本に突発したマグニチュード9,「1000年に1度」の**東日本大震災**とそれによる人類史上最大級, チェルノブイリ原発事故 (1986年, 旧ソ連) なみ「レベル7」の福島原発事故は,「文明の暴走」の証として全世界に衝撃を与えた。直後のドイツ, スイス, イタリア等の脱原発方針の決定は端的な反応であり, 日本政府も2030年代までの脱原発を決定した (2012年9月)。この事故は, 地球規模の経済競争と政治システムに先端科学・技術が組み込まれて制御不全・不能となり, 人間や自然に致命的破壊をもたらす現代文明の危機の本質を露呈したものと解される。

　近年, 冷戦終焉後のアメリカ中心の経済のグローバリズム, 市場原理主義が世界を席巻し, 2008年の「リーマンショック」(世界金融危機), 2011年の世界同時不況などで世界経済は大混乱に陥っている。**市場原理主義**は, その暴走の歯止めとなる各国の民主主義の無力化, 公共性, 伝統的生活や基本的価値観の破壊を招き, 紛争・戦争の危機や独裁を増幅させる。経済「発展」と表裏の自然環境・生物多様性の破壊は, 自然である人間の生存条件と内面を侵害する。コンピューターやインターネットなどの情報技術革命は, 社会や人間に想定を超えた深刻な影響を及ぼしつつある。膨大に蓄積され, 専門化・細分化した科

学，技術，学問は，一般の人々の理解を超え，手の届かない反自然・人間的領域が肥大し，科学者，技術者の個人的倫理ではその制御は困難となっている。

たとえば，英「エコノミスト」編集部『2050年の世界』(2012年) は，近未来，2050年までの世界の予想を，人口，病気，情報技術・インターネット，言語，宗教，気候，戦争，自由・民主主義，高齢化，ビジネス，科学などの分野別に論じている。そこでは文明の「光」とともに深刻な「陰」が描かれ，とくに情報技術，コンピューター演算脳力の「指数函数」的伸び (「ムーアの法則」では保存情報18カ月で2倍)，電子通信の爆発的普及による人の孤立化・非人間化，脳の書き換えによる「ネット・バカ」，脳へのセンサー・携帯電話埋め込み，兵器の無人化・ロボット化，サイバー戦争，核テロなどの脅威が指摘されている。エネルギー消費増大・気候変動による世界的干魃の拡大などの深刻な地球規模のリスク，経済第一主義・私益肥大化のもとでの公共心・公益の崩壊と民主主義の危機などの予想も「陰」の一端である。世界のGDPに占める割合が，日本は5.8％ (2010年) から1.9％ (2050年) に縮小するなどその凋落も予想されている。

今日，未来の教師には，このような文明暴走の危機を直視し，人類史的・文明史的・ミレニアム的観点から，次世代を育てる自らの役割，その学問観，とりわけ教育に関する学問の再認識，統合・再構成が問われている。内外の若干の文献に即し，21世紀の教師の役割と教育学のあり方を考えてみよう。

1 日本学術会議「日本の展望－学術からの提言」(2010年) の意義

日本学術会議「日本の展望－学術からの提言」(2010年4月5日) と分野別提言・報告は，教養・教養教育，教育学を含め，学術の立場から21世紀近未来の展望を論じている。総括提言は，多元化する科学の包括・統合，相互の連携・協働，国際的・人類的視野，地球市民の育成，生命科学の教養などを重視し，「知の統合」の観点から，人文・社会科学を排除し，基礎研究を軽視する「科学技術施策」を改めるように「学術政策」の転換を求めている。

「提言」は，学術・科学政策の国際的動向と連動している。その起点の世界科学会議「科学と科学的知識の利用に関する世界宣言」(1999年7月，「ブダペスト宣言」)は，「未来が全地球的な生命維持システム」と不可分とし，科学者の「人類全体への奉仕」，「持続可能な環境」への貢献，人間の尊厳や平和など「高度な倫理的基準」の確立など科学の社会的責任を訴えている。

　「知の統合」を基軸とするこの総括「提言」は，次世代に学問を教える専門家の教師に示唆的である。たとえば，「個人の生存様式の条件」として国家，市場に加え「共同体」をあげ，個人は「自足しえない存在」であり「個人の他者への根源的依存性を人間の根源的な特質の一つ」として重視する。その観点から，「現代社会が構造的に生みだす人々の『心の空洞化』を乗り越えるには，『ともに生きる価値』の再認識に向けての人文知の貢献が必須である」という。また，「21世紀は生命科学の時代」といい，その第1課題に「生物多様性」の尊重を掲げ，その衰退は自然生態系の喪失，ひいては「人間自身の存続基盤の脆弱化」をまねくという危機意識から，生物多様性の尊重や他の生物との共存の必要性が説かれる。それらは，本書の基調でもある人間の本質である共同性，人間と自然との共生など教育の現代的・将来的課題でもある。折しも2010年の国連「国際生物多様性年」には名古屋市で「国連地球生きもの会議」(生物多様性条約第10回締結国際会議＝COP10〔2年に1度〕，193カ国・約1万人参加)が開催された。そこでは，自然破壊の元凶に自然認識の衰退が指摘され，「自然環境」教育(子どもの権利条約29条)の緊要性が浮上している。

　「知の創造」分科会提言「**21世紀の教養と教養教育**」(全26頁)は，グローバル化，メディアと知の地殻変動下の教養再構築の視点として，自己・自国・強者中心から多様性・自他の違いの尊重と相互信頼・連帯・協働の倫理に裏打ちされた教養，市民的・社会的・本源的公共性を担う市民的教養を提起し，大学の教養教育のあり方を論じている。「教育学の展望」分科会報告「**『質』と『平等』を保障する教育の総合的研究**」(全22頁)は，(1)教育学の社会的貢献の重点に，①保育・幼児教育統合・無償化，②教師の専門職化・高度化，③学びの様式の革新，④高等教育の質的構造改革をあげ，(2)教育改革課題には，①未来投

資，②学ぶ権利の保障，③教育環境の改善，④専門的自立性と民主的統制の統一，⑤新たな評価・経営システム，さらに，(3)教育学の自己革新には，①研究の総合・協同，②国際化などを掲げる（詳細は各提言参照）。

これらの提言は，未来の教育学と教師教育の構想に有益な視点となろう。

2 ユネスコ「教師の役割と地位に関する勧告」(1996年) の教師論

1 勧告の概要

1996年のユネスコ「**教師の役割と地位に関する勧告**」(通称。正式名称は，「ユネスコ第45回国際教育会議宣言・勧告」)は，1996年9月30日～10月5日，ジュネーブにて各国教育大臣が出席して開催された同会議で採択され，作成以来16年を経過しているが，21世紀の教師の役割を論ずるうえで必須の国際文書である。その構成は，会議の「宣言」，「前文」，勧告1～9（1「教員の採用」，2「養成教育」，3「現職研修」，4「教育改革のプロセスへの教師と他の担い手の参加」，5「教育過程における教師とそのパートナー」，6「情報」，7「教師の地位と労働条件の改善のための戦略としての教職の専門化」）からなり，1966年のユネスコ・ILO「教師の地位に関する勧告」制定30周年を記念し，その反省を踏まえて作成され，教師の地位論と対比して役割論が主になっている。

その基本的特徴は，グローバリゼーションなど社会の激変のもとでの教育危機に対し，すべての人々の教育への責任と共同，学校の自治と責任の拡大，学校から教育制度全般にわたる教育改革，学校や教育が存立する地域づくりなどを呼びかけ，その中心的担い手としての教師の役割を提起していることである。そこでは66年勧告と同様，教職の専門職性の確立がめざされるが，その地位向上の戦略は，教師の権利の特権的強調ではなく，人々との教育共同のなかでの教師の社会的信頼・権威の向上による社会的合意の形成，それによる地位確立の観点である。勧告の特徴的な部分をみてみよう（訳文は主に訳註の文部省仮訳，部分的に筆者が原文に即し補正）。

2　宣言，前文と勧告1～9

「前文」は，勧告の背景をこうのべている。—「確かに，経済，文化および情報に影響を与えつつあるグローバライゼーション，諸関係の国際化と増大する個々人の移動，コミュニケーション・メディアの根本的な革新，コンピューターの日常生活や労働職場への大規模な導入は，教育制度に対する挑戦と機会を表現している。同時に，多くの社会と教育制度は，社会統合の深刻な問題に直面している。その中で特に言及すべきことは，民族間の紛争や暴力，増大する失業（特に青年），道徳的価値観の低下，子どもの社会化における家族の絆の役割方針の弱体化と変化である。これらの挑戦や問題が短期間に克服されなければ，未来の世代に特に有害な不安や悲観を強める危険があろう。社会にとっての希望，とりわけ若者がより尊厳のある，民主的で実り多い人生を送れるという希望は，教育と結びついている。教育は，人間性を発達させる主要な手段と考えられるからである。」(前文2)

そこにはグローバリゼーション，コンピューターをはじめとする地球規模の社会変動が，子どもと教育を直撃するなかで，短期間にそれを克服し，未来の世代に希望を育み，人間性を発達させる教育の重要性が指摘されている。

この前提から教師の新たな役割が提起される。すなわち，教師・学校・自治体の自治（自律性）と責任の増大，その方向での教育改革の推進役，さまざまな教育の共同者の調整役（コーディネーター），地域づくりの担い手などである。以下，その内容を詳しくみてみよう。

「前文」に先立つ「宣言」では，前書きで，個人，国家，世代間の理解と連帯の重要性を確認し，社会の「根本的変化」や貧困等の拡大のもとで，教育の「変革は緊急の優先課題」であり，教員が「教育の変革に貢献することの重要性を認識」し，教員は教育制度から学校・学級にいたるあらゆるレベルで「教育の変化において，鍵となる当事者」であると指摘する。また，加速する変化のもとで，教師は，学習者の知識の指導だけでなく，かれらが「アイデンティティを自覚し，他者や他の文化にたいして寛容で心を開き，生涯を通して学習を追究することができ，かれらが自信をもって将来に立ち向かうことができる

ようにしなければならない」という。学校教育は学校だけで完結せず，社会における学習者の主体的な生き方，そのための生涯にわたる学習意欲や自主的・市民的道徳の形成における教師の役割が強調されている。

「宣言」の掲げる重点項目は，①教育改革への参加，②教師の地位の向上，③学校の社会統合の役割，④困難な地域の教師の援助，⑤教育関係者の責任，⑥「国際教師の日」の６点である。各内容には以下の諸点が含まれる。①教育改革への参加では，「協議，調整の形態による教育制度改革の過程に，教師およびすべての教育パートナー（共同者）の積極的参加を保障する」こと。②教師の地位の向上では，「意欲のある有能な個人を採用し，雇用を継続し…教師の専門的自治と責任を強め」ること。③学校の社会統合の役割では，「社会的統合の達成と民主的価値・平和文化の育成のために，学校を主要な手段のひとつとする」こと。⑤教育関係者の責任では「すべてのパートナー，たとえば，教師とその団体，学習者自身，道徳的精神的権威，家族，企業，メディア，知識人，芸術家，科学者が，学習，道徳・精神・市民・職業教育の活動的なセンターと考えられる学校の発展のために，また，その教育が変化する世界に対して不断に適応できるように，貢献することを呼びかける」こと。⑥「国際教師の日」は，教師の役割と地位の重要性を全世界で共通に認識し啓蒙宣伝する行動計画の提起である。要するに，社会の変動や危機のもとでの社会統合・民主主義・平和の土台である学校づくりと教師やすべての人々の教育改革への参加の呼びかけである。

これにつづいて「前文」は，教師の役割を提起する。「教師は学習を援助するだけでなく，市民性の育成と社会への積極的な統合を促進し，好奇心，批判的思考と創造性，自発性と自己決定能力とを発達させなければならない。教師の役割はますます，集団における学習者の援助者（ファシリテイター，facilitator）という役割となるだろう。」「現代の教師は，地域の変革の効果的な担い手（agents）」，地域の「教育活動の調整役（co-ordinator）」などとのべる。斬新な視点の提起である。

「前文」のあとに勧告１～勧告９がつづく。勧告１の見出しは，「**教師の採用**

＝最も有能（適格）な青年を教育に惹きつけること」(RECRUITMENT OF TEACHERS : ATTRACTING THE MOST COMPETENT YOUNG PEOPLE TO TEACHING) であり，そこには全勧告の理念が凝縮されているといえよう。医者，弁護士など典型的な専門職を含め，さまざまな職業分野のなかで，「最も有能（適格）な青年を教職に惹きつける」という提案は大胆，衝撃的であり，21世紀の教師政策の国際的基本指針として刮目に値する。competent という言葉には，「有能な」を主に「適格な」「要求にかなう」などの意味があり，ここでの「最も有能」とは，偏差値などで図られる一面的な知的有能さではなく，学力とともに「人格的資質」を含み，教職という職業に「最も適格」な，という意味に解されよう。勧告1は，その具体化の第一に「人格的資質」(personal qualities) の重視をあげている（勧告1：1・2項）（詳しくは後述）。

　勧告4は，「教育改革の過程への教師と他の担い手の参加：自治 (autonomy) と責任」と題し，「国家の性格がどうであれ，教育改革は，地域や学校のレベルの教育の意思決定では，より大きな自治とより大きな結果の責任の方向に向かっている」という。「宣言」も「教員の職務上の自治と責任の強化」についてのべている。社会的困難が増大するなかで，国際的な教育改革の潮流は，人間の発達を担う地域，学校，教師の自治と責任を拡大する方向であり，裏返せば，教育の中央集権的国家統制の全面的縮小・緩和の方向である。

3　ユネスコ・高等教育に関する方針

1　「高等教育の教育職員の地位に関する勧告」(1997年)

　ユネスコの高等教育政策の展望は，日本の「大学における教員養成」政策の基調，ガイドラインとして参考になり，未来の教師が，大学でいかに学ぶかのヒントが含まれている。

　1997年11月に採択されたユネスコ「高等教育の教育職員の地位に関する勧告」(前文と77条で構成)は，教育職員の地位保障の基本原理として「学問の自由」を重視している。―「教育および教育研究への権利は，高等教育機関での学問の自由と自治の雰囲気のなかでのみ十分に享受しうることができること，

そして，発見や仮説および見解の自由な交流こそが，高等教育の中心に存在し，かつ学問および研究の正確さと客観性をもっとも強固に保障する」(前文)。それは「大学における教員養成」の基本原理でもある。

2 「21世紀に向けての高等教育世界宣言－展望と行動」(1998年)

勧告1「教師の採用＝最も有能（適格）な青年を教育に惹きつけること」という提案は，国連機関の「教育最優先」政策のあらわれであり，「教育は21世紀の最優先事項」の観点に立つ2年後の文書，1998年のユネスコ「**21世紀に向けての高等教育世界宣言－展望と行動**」(別に行動計画を添付。以下，「宣言」という。)と共通の認識である。この時期(1997年以降)，各国(イギリス，フランス，アメリカなど)で「教育最優先」政権が成立したが，国連，ユネスコでもそれが国際政策の原理として熟していたのであろう。

「宣言」は，1998年10月5～9日，パリのユネスコ本部で開催された世界高等会議で審議，採択された。そこには，加盟国162カ国から教育大臣120カ国，元首10カ国(日本は事務次官ほか)を含む約2500人が参加し，20世紀の最後・最大の権威ある国際教育会議となった。世界各地域の協議を経てその会議に用意された「予備案」は，21世紀を「知識基礎社会」「グローバルな知識社会」との見通しのもとに，「教育は，人権と民主主義，持続可能な開発および平和の基本的な柱であり，したがって，21世紀の世界の最優先事項(the first priority)であることを確信する」と明記した。

「予備案」の「最優先事項」の部分は，「宣言」の前文にこう表現されている。－高等教育は「生涯を通じてすべての者が利用できるようにすべきである…21世紀を目前にひかえて直面する諸問題の解決は，将来の社会の展望によって，かつ教育一般，とりわけ高等教育に課せられた役割によって決定される。<u>新たな千年紀の出発において，平和の文化の価値および理想が支配的に広まり，知的共同体がこの目的のために動員される</u>」べきである。－

「新たな千年紀の出発」を意識し，教育は，平和をはじめ21世紀の人類的課題の解決の「基本的な柱」であり，社会や個人の「最優先事項」であることが

そこに確認されている。そのための高等教育の「変革と再生」により,「価値観の深刻な危機を経験しているわれわれの社会は,単なる経済的な考慮を超えて,いっそう深い道徳性と精神性の次元を組み入れる」という展望がのべられる。経済発展のため人材開発競争に傾斜するグローバル化教育に対する警鐘であり,それと対峙する改革理念の発信である。

「宣言」によれば,教育,とくに高等教育は,人類的諸課題の基本的解決の知的基盤であり,解決を担う主体は教育を受けた若い世代であるから,高等教育機関の関心の中心は学生に置かれるべきであり,その知的人格的成長の促進が基本任務とされる。学生が身につけるべき能力は,「世界的な展望をもった,市民性の獲得と社会への能動的参加のための内発的な能力」「民主主義的な市民性」「批判的かつ公平な見方」「倫理的および科学的,学術的精密さ」「批判的かつ先見的な役割」「研究能力」「人類愛によって鼓舞され,かつ英知に導かれる高い教養と意欲をもち,かつ高潔な個人」「創造的で批判的な分析,独自の思考と共同作業」「平和に対する責任…平和をめざす教育を最優先」などと随所で表現されている。とりわけ民主的市民としての能力とその基軸となる批判的思考の重視が注目される。これらは,教職をめざす学生にも共通に大学で養成されるべき教養のコアであり,新しい時代を拓く推進的能力であろう。

「宣言」は,それらの能力の養成のためには「新しい教育学,教授学」,「教育学（高等教育を含む）…の分野で研究の強化」が必要であるという。従来の教育学は,中等学校以下や社会教育・生涯教育が主たる対象であったが,ここでは高等教育を含む「新たな教育学」が提起されている。また,「宣言」は,高等教育の教育制度全体,教員養成との関係を重視し,こうのべている。－「高等教育は,とくに教員養成の改善,カリキュラムの開発および教育研究を通じて,教育制度全体の発展への貢献を強めなければならない。」(5条(c)),「教員養成にあたるすべての高等教育機関は,教育課程の不断の刷新,最善の教育方法および多様な学習形態への精通のための刺激を与えるよう,明確な政策を確立しなければならない。」(10条(b)) という。

高等教育機関が,学生の批判的創造的思考の育成をはじめ,人類的課題の解

決に役立つよう主体性を発揮するうえで，公権力に対する「学問の自由」「大学の自治」が不可欠とされるが，それは人類史のなかで確立してきた高等教育の普遍的原理の確認である。「宣言」は，「完全な学問の自由と自治」（2条(e)）の原則を定めている。

3　高等教育世界会議コミュニケ「社会の変化と発展をめざす高等教育と学術研究の新しい力」(2009年7月)

1998年宣言の約10年後，2009年7月，ユネスコの高等教育世界会議コミュニケ『社会の変化と発展をめざす高等教育と学術研究の新しい力』が発表された。それは，前文と全52項から成り，98年宣言を踏まえ発展させており，次のような観点が注目される。―現代は「知識社会」を築く高等教育の役割がかつてなく重要な時代であり（前文），高等教育機関は，「グローバルな課題」に取り組む「グローバルな知識の一般化」に寄与すべきである（2項）。それは，自治と学問の自由のもとで，「学際的分野を増やし，批判的思考力と能動的市民性を促進する」ことが，「持続可能な発展，平和，福祉と両性の平等を含む人権の実現に貢献する」（3項）。それは技術のほか，「平和の建設，人権の擁護，民主主義の価値を尊重する倫理的市民の教育に寄与しなければならない。」（4項）ここには自然科学のほか人文・社会科学の役割が強調される。

以下，これらの文書を踏まえ，現代における教師の役割にふさわしい教員養成，とくに教育学の改革課題について考えてみよう。それは，教職をめざす学生の学習課題でもある。

4　教育学教育の改革課題―6年制教員養成の確立

1　6年制教員養成の展望

21世紀初頭の現在は，「新たな千年紀の出発」（「宣言」）の展望のもとに，教員養成のグランドデザインが構想されるべき時代であろう。「最も有能（適格）な青年」の教職への結集（96年勧告）がその基本課題となり，教職の専門職制の学問的基礎の拡充がその基本戦略となる。

当面，学生各自の自覚的修学，教員の教育研修・研究やカリキュラム改革の努力が求められるが，制度構想の方向は，教員養成の年限延長・高学歴化・高度専門職化を基本とするその飛躍的拡充と教師の生涯研修基盤，とくに大学・大学院の自主的研修機会の拡充となろう。教員養成年限が4年から6年（部分的にはそれ以上）に延長されれば，教員免許状の取得に必要な最低修得単位数の大幅増加が可能となり，教育実習期間の延長，教職科目の拡充をはじめカリキュラム編成の水準，自由度，創意工夫の余地が広がり，養成段階の教師としての基礎的専門力量は確実に高まる。たとえば，教職科目の現行免許基準（一種免許状，小学校41単位，中学校31単位，高校23単位）の大幅な引き上げによる教育学教育の拡充が可能であり，教科の科目等も同様である。

　「大学における教員養成」の理念のもとでの教員養成4年制は，60余年前，1949年の教育職員免許法に規定された。高学歴が指向される「知識社会」といわれる21世紀は，「大学院における教員養成」，**教員養成6年制が国際的趨勢**となっている。これに対し，日本のその現状（2010年度）は，現職教員に占める大学院卒業の割合は，幼稚園1.2％，小学校3.2％，中学校6.9％，高校14.0％にとどまる。

　諸外国では，20世紀末から教職の社会的地位の向上策として，初等・中等学校の教員養成年限の6年程度への延長が顕著な趨勢となり，たとえば，フィンランド（1996年以降，全員修士号），アメリカ（2003年に48％が修士号），フランス（学部＋2～3年の教職専門教育），ドイツ（同様），アジア地域（韓国，台湾，香港，シンガポールで20％以上修士号，中国では2001年の北京師範大学の修士課程の専門職学位「教育修士」制以降の全国的拡大）などである。教員の学歴の国際比較では，たとえば，中学校2年の理科教員の最終学歴が大学院卒である割合は，10年前の2003年の時点で，日本9％，45カ国平均22％（ロシア89％，アメリカ59％，オーストラリア56％，ニュージーランド51％，スウェーデン30％，台湾27％，韓国25％，イギリス24％など）（2003年，TIMSS＝国際数学・理科教育動向調査）である。

　日本では高校卒業者の高等教育進学率（過年度を含む）（2011年）は79.5％（大学・短大56.7％，専修学校・専門課程等22.8％）に達し，大半の若い親・国民の学歴が，

都市部を中心に教員のそれとほぼ同等になりつつある。また，大学院進学率は平均12.8％であるが，理学系44.7％，工学系38.2％などに比べ教育系7.4％にとどまる。民間企業の自然科学系では，大学院修士課程卒業が主流になり，科学・技術の発展，平均寿命の延長等にともない，さらに上昇する。医師，弁護士，臨床心理士，薬剤師（2006年度から6年制）等の養成期間・基礎資格は，原則6年制・修士課程（博士課程前期課程）卒業である。

　このような社会全体の高学歴化の反面，教師の社会的地位は相対的に低下し，教師のプライドや意欲，国民の教師への信頼や尊敬が損なわれ，教職の地盤沈下がすすんでいる。現状でも，進路希望度の指標ともいえる入試偏差値は教員養成系学部で低くなる傾向がみられ，教育系学生は屈折した心理を抱いている。

　これらの趨勢や実態に照らし，高校以下の教員養成年限・基礎資格を6年制・修士課程修了に計画的段階的に延長し，博士課程を整備し，現職教員には大学院の履修・進学奨励，未就職者も多い博士課程修了者・博士号取得者の教職採用の促進（特別枠，教職課程履修要件）などが急がれるべきである。それに付随して，教職志望学生の授業料減免，給付制奨学金，現職教員の有給研修制度などの奨学措置の抜本的拡充，養成期間延長にともなう教員給与の大幅改善などが必要となる。これらの措置により，初任者研修・10年経験者研修などの行政研修＝「体系的な研修」（教育公務員特例法25条）とは異なる教員研修の学問的基礎が確立する。

2　教員養成の条件整備・制度改革

　同時に，単に年限延長にとどまらず，教員養成が充実する条件整備・制度改革が求められる。具体的には，教員養成学部・学科・課程の拡充，とりわけ教職科目を担う教員の飛躍的増員と学部所属教員の教員養成への自覚・責任感・力量向上が重要になる。現状では，教員養成学部の学生対教員配置率は，他学部より低く，安上がりとなっている。また，国立大学教育学部系でも，全教員に占める教職科目担当教員の割合は，教員免許状取得に必要とされる最低単位数に占める教職科目単位数の割合に比べいちじるしく低く，マスプロ教育によ

る形式的単位授与を余儀なくされ，教職科目の所定の単位数に見合う効果にほど遠い現状といえる。総じて教員養成系学部は，事実上，「教育」の看板を掲げたミニ総合学部であり，教員養成の目的意識の欠落が指摘されている。1986年以降20数年来の「ゼロ免課程」政策の迷走，その乱造による学部名称変更をともなう学部再編はその傾向を一段と助長してきた。ほとんどの私立大学の教職課程は，学生募集にも有効であるため設置されているが，学内の理解は乏しく，教職スタッフ不足など多大の問題を抱えている。教員養成の条件整備を根本的に見直す必要があり，単なる年限延長では十分な効果は期待できない。年限延長，条件整備を基本とした教員養成・研修の学問的基盤の飛躍的拡充は，21世紀の日本の根幹的な政策課題である。

5 1996年勧告に基づく教育学教育のカリキュラム改革

1 ユネスコ1996年勧告の教員養成改革論

次に教職教養＝教育学教養カリキュラムの改革について，主に勧告2「養成教育：養成教育と革新的専門職活動の需要との間のよりよい連結」を手がかりに検討してみよう。

勧告2の冒頭では，(1)各国共通の教員養成の不十分な事項として，①教える学科への精通，②多様な教授・学習に適した弾力的な教育方法，③生涯学習意欲，④革新能力・チームワーク能力，⑤職業倫理の5点をあげ，続いて(2)カリキュラム改革の視点が3点のべられる。①教科の内容とその教育方法の統一と精通，とくに活動的学習方法の習得。②教員養成の授業や研究における教育実践の位置づけの強化。③教師の役割遂行のための基礎的力量の向上。

カリキュラム改革の視点には，以下の5点が含まれる。

「**養成教育学**：教科，概念，知識，教授方法の精通，および，知識の進化の過程と解決されるべき多様な問題に適応できるよう，専門的能力を時代に合わせて持続的に更新する適切な態度の修得。

チームワーク：同僚やあらゆるレベルの教育関係者との協力や対話を促す態度を徹底して教えること。教育活動を方向づける集団的職業人にとって不可欠の

条件である。

革新と実験：科学的知見の開発，教育学研究法の基礎的訓練，実験の評価への積極的参加。

他者，人権，平和，民主主義の尊重：生徒に対して，共に生きること，対話と交渉によって紛争を予防し解決すること，他人に対して暴力や不寛容を否定することを教える個人としての確信と専門的能力。

文化的多様性：異文化間および多文化的な環境における相互理解にとって不可欠な文化的多様性を考慮すること。

自然の尊重：環境の破壊に対する広汎な意識の発達と，生徒に環境保護を目的とする個人的・集団的な行動を教える専門的能力の育成。」

2 教育学教育の改革事項

1996年勧告には，日本の教員養成カリキュラム改革，とくに教職・教育学科目の改革に有益な示唆が含まれている。それらは，6年制教員養成のもとで着実に実施されよう。以下，その項目と方法を11点にわたり例示してみよう。それは，学生の立場からは教職科目，教育学学習の着眼点でもある。

①**教育学の授業内容の確実な理解**

教育学の基本的・体系的教科書・教材の確実な理解，そのためのそれらの開発・作成・採択とその不断の更新，改善。

②**教科と教科教育法との統一**

各教科の学問と教科教育学・教育学との統一的理解，そのための共同研究・共同授業の推進。教科教育では生徒とその多様なニーズへの理解が基本になる。

③**活動的学習方法の習得**

活動的・協同的・総合的学習方法の理解，そのための研究と授業の重点化。

④**授業や卒業研究における教育実践の積極的位置づけ**

教育実習・参観では実地研究的視点の尊重，附属学校，協力学校をはじめ学校現場との連携の強化。

⑤**科学的知見の開発と習得**

「21世紀の科学」といわれる「生命科学」(脳科学,進化人類学,遺伝学など)などの「科学的教養」の教育学分野への摂取(本書1〜3章参照)。

⑥**卒業研究や教育研究法の重視**

卒業研究(論文)の重視,そのための指導の充実,「教育研究法」などの授業の開設。

⑦**革新的実験的能力の修得**

国際的に重視される傾向の「実験教育学」の導入,拡大。

⑧**人類的課題教育の深化**

21世紀の人類的課題－国際,自然環境,人間,他者・人権・平和・民主主義(共生,対話・交渉,非暴力,寛容などを含む)などの理解の深化,そのための研究,授業の充実。

⑨**教師の生涯学習論の重視**

教師の生涯学習・研修の意義の理解,それをテーマとする研究,授業の推進。知識の量の拡大,複雑化,変化のスピードへの対応。

⑩**チームワーク能力の修得**(後述)

⑪**人格的資質の向上**(後述)

96年勧告は66年勧告とともに教員養成カリキュラムの国際標準を勧告しているといえよう。医学教育では世界医学教育連盟が2003年に医科大学,医師研修施設の「グローバルスタンダード」を発表し,看護学,薬学など医療系教育で国際標準の作成が相次いでいるが(矢崎義雄編『医の未来』岩波新書,2011年),教育学系でもその機は熟している。

3 チームワーク能力とその養成・修得

1996年勧告は,新しい時代に期待される教師の力量としてチームワーク能力を格別に重視している。勧告1では,「人格的資質」として,「連帯感」「チームワーク」,「コミュニケーション能力」などを例示し,勧告2では,「チームワーク」を養成教育の重点項目のひとつにあげ,それは「集団的職業」の職責遂行に不可欠であり,繰り返し教え込むこと(inculcate)を強調する。勧告3

の「現職研修」では，それが「できるかぎり教育機関内でチームワークを通して組織されるべきであり，そのプログラムの策定には教師みずからが積極的に参加すべきである。」とのべ，研修もチームワークによる力量形成が基本とされ，それを阻害する管理・競争主義的研修が戒められている。

勧告4では「教育変革の過程への教員の参加を促進するために，次のような施策が実施される」とし，その第1にこうのべている。「ILO／ユネスコ教員の地位に関する勧告の規定に基づく教員および教員団体との，並びに，家庭，保護者団体，企業，雇用者，労働団体，メディア，倫理的・精神的な権威ある機関，学界などの教育の変革における他の担い手との，協議，調整及び対話を通じて，教育の目標と変革の方向性を明確にすること。このような協議や調整は，教育のプロジェクト又は改革の実施段階に限定されるべきではなく，その計画策定，着手，追跡調査および評価にも関与すべきである。」

ここに引用される1966年ILO／ユネスコ勧告の10項(k)はこう規定している。「教育政策およびその明確な目標を定めるため，当局，教員団体，使用者団体，労働者団体，父母の団体，文化団体および学術研究機関の間で緊密な協力が行われなければならない。」

1996年勧告が，教師の学校内外のチームワーク能力を格別に重視するのはなぜか。その理由のひとつは，21世紀の人類社会の普遍的価値とされる共生・共同能力と関係するであろう。勧告は，人類的課題の解決，社会統合の危機を克服する教育改革のため，学校内外の教育共同，地域の共同性の創出の要として教師の役割を期待している。とりわけ経済のグローバル化のもとでの社会と教育の競争・差別・選別の強化，市場化に抗し，子どもたちの分断，孤立・孤独化を防ぎ，協同能力を育み，学校に地域に連帯と教育共同の力を組織することが教師の重要な役割とされている。それは，人間の尊厳を共同で実現する能力，民主主義・共生・平和の価値などを育てる教育専門的力量でもあり，「個人の尊厳」を重んじ，「人格の完成」をめざす教育（教育基本法）の条理，その基本的なあり方とも符合する。チームワーク能力は，共同体・共同性を破壊し，人間をバラバラに粉砕しかねないグローバルな市場万能主義の民主的統制に必

要な国際的に共通に求められる市民的力量である。より原理的に解するならば，教育の目的が人間の本質とされる共同性（本書の基調）と関係づけられ，公教育改革の根本条理の意義をもつ。

大学の教員養成では，学生のチームワーク能力の自覚的形成・修得が求められ，そのためのカリキュラム・授業・大学改革が焦点的課題となる。たとえば，次のような点である。

理論面 人間の本性としての共同性，教職のチームワーク，コミュニケーション，感性的・社会的知性（脳科学のEQ＝Emotional Intelligence〔Quotient〕，SQ＝Social Intelligence）などの理論の修得。

実践面 演習授業の拡充，協同的学習の奨励，講義における集団的学習の導入，少人数授業・クラスの編制，自治的文化的社会的活動の奨励，マナー・礼儀・社会常識などの講義・講演の開催，実習・体験・ボランティア活動やインターシップの援助，休業期のアルバイトの評価，その他。

4 人格的資質・道徳的高潔さとその養成・修得

勧告1は，「最も有能（適格）な青年」の採用基準に「知識」とともに「人格的資質」をあげ，「道徳的な高潔さ（moral integrity），責任感や連帯感，チームワークに対する意欲と望ましい態度，対話能力」を例示している。

筆頭に強調される「道徳」とは，社会に承認，実現され，人間が従うべき正当な行為の規範（愛，誠実，正義，真理，平等など）の習慣や能力であり，人類史のなかで形成された人間の本質（善性，共同性，人間の尊厳の自覚など）や道徳的価値の継承と発展の総体と考えられる。21世紀とその後の千年紀を展望する場合，人間性の最善の成果に値する道徳の教育は，人類の発展の要であり，その高潔さが教師の優先的資質として求められるのは必然であろう。

紀元前5世紀前後からの古代ギリシャや古代中国では，「善」「仁」などの道徳中心の人格・人間性の完成が教育の理想とされ，その思想は各国の教育史の底流となっている。今日，内外の法規でも教師の「倫理」を規律する「倫理綱領」が教員団体に不可欠とされ（「教師の地位に関する勧告」73項），「研究」とは

別に，道徳・倫理・教養の不断の修得をめざす「修養」(教育公務員特例法22条)が教員の職責とされている。

勧告では，「道徳的な高潔さ」は，教員の職業倫理の要件であり，教師の人格的信頼が人々との共同の要とされている。21世紀社会のグローバリゼーションなどのもとでの深刻な社会統合の危機，道徳的価値の低下などに対し，若い世代に人間的尊厳のある生活への希望や人間性を育むために，また，教師がすべての教育共同者のコーディネーターとなり，教育改革を学校や地域から遂行するための人格的条件としてそれが重視されている。

教員養成における人格的道徳的資質の形成のため，正規のカリキュラムにおける道徳・倫理の研究や学習の明確化，大学内外の自治的・文化的・社会的・共同的・奉仕的諸活動の奨励による生きた自律的道徳形成の保障，学生の人間的尊厳とその人格・人権の尊重など，多面的に検討される必要がある。

5 ユネスコ諸文書と日本の審議会

なお，5節で注目した1996年，3節で検討した1997年，1998年のユネスコ各勧告が，日本の政府の教員養成改革・大学改革に与えた影響は明確でない。それらの勧告の作成後，日本では教育職員養成審議会「新たな時代に向けた教員養成の改善方策について(第1次答申)」(1997年7月28日)，大学審議会「21世紀の大学像と今後の改革方策について」(1998年10月26日)，教育職員養成審議会第2次答申(修士課程を利用した教師再教育)(1998年10月29日)，同「養成と採用・研修との連携の円滑化について(第3次答申)」(1999年12月10日)が発表されたが，これら審議会の審議過程やその資料にユネスコ勧告・宣言を利用した形跡はなく(当時の筆者の関係者への確認による)，答申でもまったく言及されていない。

しかし，教育職員養成審議会第1次答申では「今後特に教員に求められる具体的資質能力」として，①「地球的視野に立って行動するための資質能力」，②「変化の時代を生きる社会人に求められる資質能力」，③「教員の職務から必然的に求められる資質能力」をあげ，①に基づき「総合演習」が新設された

経緯（2010年度，「教育実践演習」に変更され，「総合演習」は廃止）等に照らし，96年勧告にも一部通ずる問題意識をそこに読み取ることができる。最近の中教審答申（2012年8月28日）は，「コミュニケーション能力」「チームワーク」「連携・協働できる力」「社会からの尊敬・信頼を受ける教員」などの重要性を指摘している。

考えてみよう
1. 日本学術会議「日本の展望―学術からの提言」から教師の教養のあり方についてどのような示唆が考えられるか。
2. ユネスコ「教師の役割と地位に関する勧告」（1996年）の特徴はその時代状況とどのように関係しているか。
3. ユネスコ「21世紀に向けての高等教育世界宣言―展望と行動」（1998年）から教員養成の課題をどのように考えられるか。
4. 教師のチームワーク能力の現代的意義をどのように考えたらよいか。
5. 教師の人格的資質の現代的意義をどのように考えたらよいか。

参考文献
1. たとえば，①ジョセフE. スティグリッツ，楡井浩一訳『世界に格差をバラ捲いたグローバリズムを正す』徳間書房，2006年（原著：Maikinng Globalization Work，スティグリッツは，2001年，ノーベル賞（経済学）受賞），②ジャック・アタリ著，林昌宏訳『21世紀の歴史』作品社，2008年，③英「エコノミスト」編集部『2050年の世界』文藝春秋社，2012年
2. 日本学術会議は，84万人の科学者コミュニティを代表する機関であり，その「日本の展望委員会」（委員1371名）の2008年4月以来，2年間の検討のまとめが「日本の展望」である。ブダペスト宣言（1999年7月）を受けた同会議の「日本の計画」（2002年12月，6年毎に見直し）の一環である。
3. 河内徳子「教師の役割と地位に関するユネスコ勧告」『教育』1997年4月，日本国際理解教育学会『国際理解教育』VOL.3，1997年6月
4. 96年ユネスコ勧告を考察した拙稿：①「ひらかれた学校と教職員の役割」『季刊・人間と教育』17号，1998年3月，民主教育研究所，②「21世紀に求められる教師の教育力」『教育と医学』NO.628号，2005年10月号，慶應義塾大学出版会，③「教員免許更新制の見直しと6年制教員養成の動向・提案」『季刊教育法』165号，2010年3月
5. 中教審答申（2012年8月28日）は，学部4年プラス修士課程（1〜2年）の「一般免許状」を提案した（ほかに学士課程修了を要件とする「基礎免許状」，一定経験年数後，大学院で取得する「専門免許状」）。

資 料 編

参考文献

1. **教育学講座**（発行年月は初版）
   - 1952年　『岩波講座・教育』全8巻，宮原誠一責任編集，岩波書店
   - 1959年　『講座教育』全3巻，矢川徳光編集者代表，青木書店
   - 1960年　『世界教育学選集』全90巻，明治図書
   - 1961年　『岩波講座・現代教育学』全18巻，岩波書店
   - 1968年　『教育学全集』全15巻，小学館
   - 1969年　『講座・現代民主主義講座』全5巻，五十嵐顕ほか編，青木書店
   - 1976年　『講座・日本の教育』全11巻，新日本出版社
   - 1977年　『講座・現代教育学』全9巻，福村出版
   - 1979年　『岩波講座・子どもの発達と教育』全8巻，岩波書店
   - 1979年　『教育学講座』全22巻，東洋ほか企画，学習研究社
   - 1981年　『現代教育学シリーズ』全12巻，東信堂
   - 1982年　『教育学大全集』全25巻，第一法規
   - 1984年　『教育学研修講座』全14巻，第一法規
   - 1991年　『教職科学講座』全25巻，福村出版
   - 1998年　『岩波講座・現代の教育 ー危機と改革ー』全17巻，岩波書店
   - 2001年　『ミネルヴァ教職講座』全17巻，ミネルヴァ書房
   - 2005年　『未来への学力と日本の教育』全10巻，明石書店
   - 2006年　『リーディングス・日本の教育と社会』全20巻（Ⅰ・Ⅱ期），日本図書センター
   - 2010年　『講座　現代学校教育の高度化』シリーズ，学文社

2. **教育学辞（事）典**
   - 1936年　『教育学辞典』全5巻，阿部重孝ほか編，岩波書店
   - 1978年　『教育学大事典』全8巻，細谷俊夫ほか編集代表，第一法規
   - 1981年　『平和教育実践事典』広島平和教育研究所編，労働旬報社
   - 1988年　『現代教育学事典』青木一ほか編，労働旬報社
   - 1990年　『新教育学大事典』全8巻，細谷俊夫ほか編集代表，第一法規
   - 1993年　『教育法学事典』日本教育法学会編，学陽書房
   - 2000年　『教育思想事典』教育思想史学会編，勁草書房
   - 2001年　『現代教育史事典』久保義三ほか編，東京書籍

- 2001年　『最新学校教育キーワード事典』土屋基規ほか編，旬報社
- 2003年　『学校教育辞典』今野喜清ほか編，教育出版
- 2003年　『教育用語辞典』山崎英則ほか編集委員代表，ミネルヴァ書房
- 2003年　『現代教育用語辞典』中谷彪ほか編，北樹出版
- 2004年　『教職基本用語辞典』柴田義松ほか編，学文社
- 2004年　『現代教育方法事典』日本教育方法学会編，図書文化
- 2006年　『現代教育のキーワード』教育科学研究会編，大月書店
- 2006年　『新教育評価事典』辰野千壽ほか監修，図書文化
- 2008年　『教職用語辞典』原聡介編集代表，一藝社
- 2010年　『「学び」の認知科学事典』佐伯胖・渡部信一監修，大修館書店
- 2012年　『比較教育学事典』日本教育学会編，東信堂

3．教育学概論（初版が2000年以降の例）
- 2000年　柴田義松編『教育学を学ぶ』学文社
- 2002年　熊谷一乗『新・人間性と教育』学文社
- 2002年　松島鈞ほか監修『現代学校教育要論』日本文化科学社
- 2003年　南新秀一ほか『教育学』ミネルヴァ書房
- 2006年　奥川義尚ほか『教育学の根本問題』ミネルヴァ書房
- 2007年　教育史学会『教育史研究の最前線』日本図書センター
- 2007年　江原武一ほか編著『基礎教育学』放送大学教育振興会
- 2007年　田中克佳『「教育」を問う教育学』慶応義塾出版会
- 2008年　小笠原道雄ほか『教育学概論』福村出版
- 2009年　木村元ほか『教育学をつかむ』有斐閣
- 2009年　矢野智司ほか『変貌する教育学』世織書房
- 2009年　広田照幸『ヒューマニズム教育学』岩波書店
- 2010年　田中孝彦・藤田一也・教育科学研究会『現実と向き合う教育学』大月書店

4．教育学研究論文
学会の学会誌，大学・研究機関等の論文集　例：日本教育学会『教育学研究』（年4号発行），日本教師教育学会編『日本教師教育学会年報』

教育学関連歴史年表（本巻関係）

年　代	事　項		
（年前）	先史時代		
6500万年	最初期霊長類（北米では砂漠化でサル消滅）		
5300	原猿類（ユーラシア，アフリカで生まれる）		
3400	真猿類（ユーラシア，アフリカで生まれる）		
2350	類人猿（チンパンジーなどアフリカ，アジア，ヨーロッパに生息。寒冷化でアフリカ，アジア南部に残る）		
1000	猿人（猿人以降「ヒト科」。その名称はチョローラピテクス，サンブルピテクス。「ピテクス」は「猿」の意）		
700	猿人（サヘラントロプス，脳450cc）		
～440	猿人（アルディピテクス・ラミダス猿人。1992年化石発見）		
440～	猿人（アウストラロピテクス，1924年発見）		
250～	原人（ホモ・ハビリス，脳640cc，最古の石器文化（タンザニアのオルドヴァイ文化，前250～150万年）		
20	旧人（ネアンデルタール人，20～3万年。8～4万年前，西洋で全盛期，寒冷に適応） 新人（ホモ・サピエンス，脳1400cc，成長の遅れと長命化）		

（年代）	日　　本	中　国（その他アジア諸国含む）	西　　洋
	●原始 旧石器時代 縄文時代（前1万年～前4世紀）	●原始（前7000～前12世紀）	●原始
前14000 前12000	縄文土器発見		
前8000			
前3000			メソポタミアで土器発見
前2000		●古代（～前20～10世紀） 中国文明，殷王朝（甲骨文字）	●古代（前3000年～） メソポタミア文明，エジプト文明（パピルス［紙］，ヒエログリフ［神聖文字］），インダス文明（アラム文字），エーゲ文明（フェニキア人のアルファベット原型）
前800		春秋・戦国時代（770～403），儒教成立（孔子），百家争鳴・諸子百家（儒，道，墨，法，陰陽など学派）	
前600			
前500		インドに仏教成立（前5世紀）	ギリシャにポリス成立 アテネの民主政 イオニア自然哲学（ピタゴラスら）
前400	弥生時代（前4～3世紀）		
前300			
前200		秦（221～207），焚書抗儒 前漢（207～8），儒家独尊，隷書，思孟学派『礼記』（世界最古の教育論）	ソクラテス，プラトン，アリストテレスら活動 ギリシャ滅亡（38），ヘレニズム（336～30）
前100	倭の国（百余国，漢に朝貢，04）		
			ローマ（ポリスの一つ）の地中海統一（31），エジプト王朝滅亡（30）

教育学関連歴史年表

紀元			
紀元100	漢倭奴国王印（漢・光武帝授印、57）	後漢（25～220），蔡倫紙発明，司馬遷『史記』，隷書 仏教，中国へ伝来	ネロ帝，キリスト教弾圧 ローマの領域最大 クインテリアヌス「雄弁家の教育」
200	●**古代**（3～12世紀） 耶馬台国の卑弥呼，遣魏使送る	三国時代（220～280），魏呉蜀分立	
300	大和朝廷の統一進む 倭軍，百済・新羅破る（391），	五胡十六国時代（304～439） 東晋（317～420） 朝鮮に高句麗（313～668），百済（346～666），新羅（356～935） 南北朝時代（439～589）	●**中世**（4～15世紀） ローマ，キリスト教公認（313） 同国教化（392） ローマ帝国東西分裂（395） アウグスティヌス「教師について」
400	**古墳時代**（3世紀～593），孔子『論語』伝来（百済の王仁）（405，ほかに285年説）		西ローマ帝国滅亡（476），フランク王国
500	仏教伝来（38） **飛鳥時代**（593～710）聖徳太子摂政（93）	ムハンマド生誕（570頃） 隋（581～618） 科挙（598～1905） イスラーム教（610） 唐（618～907），	
600	小野妹子の遣隋使（607），第1回遣唐使（630），大化の改新（645）	白村江の戦い（663），唐と新羅，百済・高句麗滅ぼし半島統一（676），日本に渡来人，文化移入に貢献 李白，杜甫，白楽天 木版印刷術普及と書院発達	
700	大宝律令（701，大学，国学，科挙）， **奈良時代**（710～784），天平文化， 鑑真来日（754），万葉集（～759） **平安時代**（794～1192） 最澄・空海，遣唐使（704）。同廃止（794）		
800			カール大帝戴冠，西ローマ帝国復興（800），アルファベット小文字発明，学芸復興，宮廷学校
900	菅原道真左遷（901），天神様（天満宮） ＝「学問の神」信仰	●**中世**（10～17世紀） 宋（北宋960～1127，南宋～1279），北宋：重文軽武政策，朱子学 朝鮮に高麗（918～1392）	神聖ローマ帝国（962～）
1000			第1回十字軍（1096），東方との交流から初期（12世紀）ルネサンスへ，スコラ哲学
1100	●**中世**（12～16世紀） **鎌倉時代**（1192～1333）		大学の誕生（ボローニャ大学，1088），自由7科
1200	金沢文庫（1275）	元（1271～1368）	

年	日本	中国・朝鮮	西洋
1300	室町時代（1338〜1573），五山文学	明（1368〜1644），『永楽大典』，朱子学の官学化	
1400	世阿弥『風姿花伝』（1400），足利学校再興（1439），寺院学校，村校 応仁の乱（1467〜77），戦国時代へ	李氏朝鮮（1392〜1910）	●近世（15〜17世紀） ルネサンス，ペスト流行 グーテンベルク，活版印刷（1445） コロンブス米大陸到着（1492）
1500	ザビエル，キリスト教伝える（1549） 織田信長，安土城完成（1576），本能寺の変（1582），ルイス・フロイス『日欧文化比較』（1585），セミナリオ，豊臣秀吉太政大臣に（1586） ●近世（16・17〜19世紀中期） 安土桃山時代（1573〜1603）	宣教師マテオ・リッチら中国に西洋学問・教育事情伝え，中国の古典翻訳し西洋に紹介。	マゼラン世界周航（1519〜22） エラスムス『学習方法論』（1512），トマス・モア『ユートピア』（1516），ルター，95条論題（1517），同『都市学校設立論』（1524），イエズス会成立（1534），オランダ独立（1581）
1600	関ヶ原の戦い（1600） 江戸時代（1603〜1868）	●近世（17〜20世紀初期） 清（1636〜1912）	ベーコン『学問の進歩』（1605），デカルト『方法序説』（1637），コメニウス『大教授学』（1657）
1700	伊藤仁斎『童子問』（1707），貝原益軒『和俗童子訓』（1710），昌平校，藩校，郷校，寺子屋（手習所），私塾（儒学，国学，洋学）普及，寛政異学の変（朱子学が正学，1790）	キリスト教布教禁止令（1627）	●近代（18〜20世紀中期） ルソー『エミール』（1762），カント『教育学講義』（1776，77の講義録，1802年刊行）ペスタロッチ『隠者の夕暮れ』（1780），フランス革命（1789〜99），コンドルセ「公教育法案」（1792），ルペルチェ「国民教育案」（1793），フランス師範学校制度（1795）
1800	●近代（19世紀中期〜20世紀中期） 明治時代（1868〜1912） 学制（72），伊沢修二『教育学』（82） 師範学校令（89），教育勅語（90），日清戦争（94，95）	教会学校（宣教師モリソン，1807） アヘン戦争（第1次，1840〜41年。第2次，1856〜60），洋務運動，変法維新運動	ヘルバルト『一般教育学』（1806），フレーベル『人間教育』（1826），『共産党宣言』，フランス2月革命（1848），ダーウィン『種の起源』（1859），マルクス『資本論』（1867），デューイ『学校と社会』（1899）
1900	日ロ戦争（1904，05） 韓国併合（1910） 大正時代（1912〜1926），第1次世界大戦参戦（1917），治安維持法（1925）， 昭和時代（1926〜1989） 満州事変（1931），国際連盟脱退（1933）， 日中戦争（1937） 『教育学辞典』全5巻（岩波書店）（1936〜39），日独伊三国同盟（1940），日本教育学会設立（1941）	奏定学堂章程（1904）， 韓国併合（1910〜1945） ●近代（20世紀初期〜20世紀中期） 辛亥革命（1911）， 中華民国（1912〜1949）と1913年学制（蔡元培），五・四運動（1919）と1922年学制，国民党（1919），共産党（1922），デューイ招聘（1919〜22），陶行知，晏陽江『新教育大綱』（1930），満州事変（1931）・満州国（1932〜1945），日中戦争（1937）	ルソー研究所（1912），第1次世界大戦（1914〜18），ロシア10月革命（1917），クルプスカヤ『国民教育と民主主義』（1917），国際連盟（1920〜46） デュルケーム『教育と社会学』（1922） 国際教育局（1925，局長ピアジェ，1969まで），不戦条約（1928），世界恐慌（1929） 第2次世界大戦（1939〜45）

	アジア・太平洋戦争(1941～45)	アジア・太平洋戦争(1941～45)	
1945	●**現代**(20世紀中期～) 原爆投下(1945)、終戦(1945)、日本国憲法(1946)、教育基本法(1947)、学校教育法(1947)、日本教職員組合結成(1947)、教育職員免許法(1949)、教育公務員特例法(1949)、教育の「逆コース」(1949～) 日本教育学会・教育政策特別委員会(1954～59) 『世界教育学選集』全100巻(明治図書)(1960～) 平成時代(1989～)	●**現代**(20世紀中期～) 大韓民国、朝鮮民主主義人民共和国(1943)、 **中華人民共和国**(1949) 朝鮮戦争(1950～53) 中ソ論争激化(1963) 文化大革命(1966～76) 改革開放・四つの現代化(1977～) 科教興国(1985)、義務教育法(1986) 素質教育(1993)、教師法(1993) 中国教育法(1995)	●**現代**(20世紀中期～) 国際連合(1945)、ユネスコ(1945)、世界人権宣言(1948)、国際人権規約(1966)、ユネスコ「教師の地位に関する勧告」(1966) ヴェトナム戦争(1965～73) ブルーナー『教育の過程』(1969) ラングラン「生涯教育論」(1965)、イリイチ『脱・学校化社会』(1971)、ユネスコ国際教育勧告(1974)、学習権宣言(1985)、子どもの権利条約(1989) 米ソ首脳、冷戦終結宣言(1989)、ドイツ統一(1990) ソ連崩壊(1991)、ユネスコ「教師の役割と地位に関する勧告」(1996)、 ユネスコ「成人教育ハンブルク宣言」(1997)、ユネスコ「21世紀に向けた高等教育世界宣言」(1998)
2000	教育基本法改正(2006)、教育関連25学会長の慎重審議要望書、同29学会長の採決抗議見解(2006) 東日本大震災(2011.3.11)	中国経済急成長(GDP、日本を抜き世界第2位、2010)	同時多発テロ(2001.9.11)、アフガニスタン攻撃(2001)、イラク攻撃(2003)、世界同時不況(2008)、ユネスコ・高等教育コミュニケ、世界教育学会結成(2009)

索 引

あ

アウグスティヌス　81
アカデミー　84
足利学校，金沢文庫　115
新しい教育学　209
アテネ，スパルタ　79
アヘン戦争，第2次アヘン戦争　106
アメリカ独立革命　73,91
アラブの春　94
アリストテレス，アリストテレス革命　80,81
アルファベット　78
アレクサンドリア　80
イオニア　79
池田・ロバートソン会談　180
伊沢修二『教育学』　121
『イシー北米最後の野生インディアン』（クローバ，T.）　66
以人為本　111
イスラム世界　82
異制庭訓往来　115
イソップ物語　79
イタール，J. M. G.,『アヴェロンの野生児』　28
伊藤仁斎　118
イメージング技術　52
イリイチ，I.,『脱学校化社会』　98
インフォーマル教育，ノンフォーマル教育，フォーマル教育　21
インフォメーション・シーカー　39
植木枝盛　145
ウェルニッケ野，ブローカ野　38
右脳，左脳　36
『永遠平和のために』　174
『永楽大典』　105
エピジェネティクス　34
fMRI，MEG，　52
『エミール—教育のために』　16,71,87,91,122
エラスムス　84
エンゲルス，F.　58,74,132
OECD・教育研究革新センター（CERI）　53
オーウェン，R.　91
王義之　103

おばあさん仮説　61

か

カイーロフ　109
改革開放　109
階級社会　65
『解体新書』　51
貝原益軒,『和俗童子訓』,『養生訓』　118,187
科挙　104
学習科学　31,40
学習権宣言　139
学習障害（LD）　42
学習的動物　39
『学習：秘められた宝』　171
学習本能　39
学制　122,151
学問の自由　125
学力テスト最高裁判決　136,146
学校制度　68
カルヴァン，J.　85
カルチャー・ユニバーサル　62
カルネイロ，R.　172
寛政異学の禁　118
カント，I.,『教育学概論』　17,88,164,174
記憶　38
規制緩和　95
教育概念　18
教育学　186
教育学関連学会　193
教育学基礎（原論）（概論）　186
教育学研究　189
『教育学辞典』　124,184
教育（学）的考察　192
教育学の古典　186
教育学部　96
教育基本法　127,173,179
『教育基本法の解説』　167
教育共同者のコーディネーター　218
教育思想史・学説史　186
教育条件　157
教育条理　127
教育職員免許法　125,190
教育人類学　61

教育勅語　166
教育とは　18
教育の機会均等　151
「教育」の言葉の歴史　19
「教育」の類似語　20
教員養成6年制　211
教会学校　106
教師の地位に関する勧告（ILO・ユネスコ）　157,158,188
教師の役割と地位に関する勧告（ユネスコ・1996年）　189,204
教職に関する科目　191
行政改革　127
共同（協同）学習　154
共同社会　61
キリスト教　81
近赤外光イメージング装置　52
クインテリアヌス　80
空海　114
『空想から科学へ―社会主義の発展』　132
グーテンベルク，活版印刷　83
国を愛する態度　128
クルプスカヤ，N.，『国民教育と民主主義』　94
グローバリゼーション　94
ケイ，E.　93
経済的，社会的及び文化的権利に関する国際規約（国際人権A規約）　139,152
結晶性知能，流動性知能　50
研究　195
研究能力　196
研究者としての教師　189
研修　191
現生人類，ホモ・サピエンス　60
「教育を受ける権利」の制定過程　134
コアカリキュラム連盟　125
康煕字典　106
甲骨文字　102
向精神薬　54
構造改革　127
高等教育の教育職員の地位に関する勧告（ユネスコ・1997年）　207
広汎性発達障害，発達障害　42
国際連合憲章　162,175
国際連盟，国際教育局　175
国際労働者協会　133
『国体の本義』　122,166
国民の教育権，国家の教育権，教師の教育権　142

国連「平和の文化に関する宣言」　178
「心・脳・教育」国際学会　53
心の理論　51
五・四運動　107
個人　166
古代エジプト　78
国家　65
胡適，陶行知　108
子ども観　22
子ども（児童）の権利条約　140,153
コミュニケーション能力　215
コメニウス，J. A.　86,147
コラム　33
ゴールデンの脳発達5段階説　45
コンドルセ，A. N.　89,144,148
コンパニオンシップ　47

さ

蔡元培　107
サイボーグ技術　54
サイモン，B.　97
蔡倫　103
作業記憶，ワーキングメモリー　38
ザビエル，F.　116
サヘラントロプス　58
「サルが人間に進化するさいの労働の役割」（エンゲルス・1876年）　58
3歳児神話　46
三大教育裁判　142
三位一体脳モデル　35
ジェネティクス　34
シェリング，F. W. J.　90
ジェルピ，E.　97,140
軸索，樹状突起，神経伝達物質　33
自己責任主義，受益者負担主義　127
私塾　119
市場原理主義　201
自然状態，社会状態　72
自然（生物）人類学，文化人類学　62
実験教育学　188
実践的指導力の基礎　191
「『質』と『平等』を保障する教育の総合的研究」（日本学術会議）　203
児童中心主義，進歩主義教育　93
師範学堂章程　107
師範学校　95,122
師範学校教則大綱　122
市民性教育　173

228　索　引

思孟学派　102
社会　61,68
『社会契約論』　73,91
社会ダーウィン主義，人種優生学　92
社会的動物　62
重文軽武　104
儒家独尊　103
儒教・儒学　102
綜芸種智院　114,149
朱子学　105
狩猟採集社会，首長社会，部族社会　65
シュメール文字　78
聖徳太子　113
昌平校，藩校，郷校　119
縄文土器　112
剰余価値，絶対的剰余価値，相対的剰余価値　70
諸子百家，百家争鳴　102
尻振りダンス　26
辛亥革命　107
人格的資質　217,207
人格的能力　37
神経神話　54
新自由主義，新保守主義　94
睡眠　42
菅原道真　114
杉本判決　135
スプートニク・ショック　96
刷り込み　26
性悪説，性善説，白紙説　102
成人期　50
成人の学習によるハンブルグ宣言　156
西洋教育学の移入期　121
西洋中世の人間観　163
生理的早産，ネオテニー　32
「世界教育学選集」　124
世界教育学会（WERA）　194
世界人権宣言　137
セミナリオ　117
選考　191
前頭前野　36
前頭葉，側頭葉，頭頂葉，後頭葉　35
全面的に発達した労働能力　71
専門職　187
祖沖之　103
奏定学堂章程　107
束脩　150
ソクラテス　79

素質教育　110
卒業論文　196
ソフィスト　79
村校　115
孫文　107

た

ダーウィン，C. R., 『種の起源』『人類の起源』　24,29,57
第一反抗期　48
大学（寮），国学　113
大学における教員養成　191
大航海時代　83
大正自由教育，大正デモクラシー　122,145
大乗仏教　103
胎生期，幼児期，児童期，青年期，成人期，高齢期　43,48,49,50
対テロ戦争　94
大脳皮質，大脳辺縁系，脳幹　35
滝川事件　122
多重知能　38
『ターヘル・アナトミア』　51
短期記憶，長期記憶　38
知的協力国際委員会　175
知的能力　38
知の統合　202
注意欠陥・多動性障害（ADHD）　42
中国学　84
中国のメタ教育学　111
中世の大学　82
中体西用　107
チョムスキー，A. N.　47
陳述記憶，非陳述記憶　38
『徒然草』　184
鄭和　105
デカルト，R.　86
手習所，寺子屋　119,120
デューイ，J., 『学校と社会』　93,122
デュルケーム，E.　75,93
天神講，天満天神信仰　114
ドーア，R. P., 『江戸時代の教育』　150
董仲舒　103
道徳　217
時実利彦，『脳の話』　53
ドーパミン　39
トマス・モア，『ユートピア』　84,131
ドルトン・プラン　108
奴隷解放　91

索　引　**229**

な

中江兆民,『民約論』　134,145
21世紀に向けての高等教育世界宣言―展望と行動（ユネスコ・1998年）　178
二足直立　59
新渡戸稲造,『武士道』　149
日本教育学会　124,126
日本教育労働者行動綱領　146
日本教員組合啓明会「教育改造の四綱領」　134,146,151
「日本の展望―学術からの提言」（日本学術会議）　202
ニューロン，シナプス，受容体　32
人間性の本質，人間の本性　63,65,172
『人間動物園』　64
人間の共通性，人間の共同性　62
人間の発見　163
『人間不平等起源論』　72
人間らしい能力　40
認知比較行動学　29
「脳科学と教育」研究に関する検討会　53
脳科学，脳科学の歴史　31,50
脳地図学会　35
脳の重さ　45
「脳の世紀」推進会議　52

は

ハイタレント・マンパワー・ポリシー　126
灰白質，白質　48
ピアジェ，J.　45,88,138
東日本大震災，福島原発事故　127,201
PISA　111,127
ヒポクラテス　50
百姓伝記　184
フィヒテ，J. G.　89
『風姿花伝』,世阿弥　116
フェニキア人　78
福沢諭吉,『学問のすすめ』,『西洋事情』　120,121,184
部族的動物　64
プラグマティズム　108
プラトン,『国家』　14,79,147
フランス革命　73
フランス革命期　148
ブルーナー，J. S.　96
ブレイン・マシン・インターフェイス　54
フレーベル，F. W. A.　91
フロイス，L.　117
プロジェクト・メソッド　108
ブロードマンの脳地図　51
文化　64
文化大革命　109
焚書坑儒　103
フンボルト，W. v.　90
文明　64
「文明と教育の乖離の法則」　67
文明の「光」と「影」　67
ベアテ・シロタ・ゴードン　165
米国教育使節団　146
ヘーゲル，G. W. F.　74,89
ベーコン，F.,『学問の進歩』　85,184
ペスタロッチ，J. H.　88
ヘッケルの仮説　25
ヘルバルト，J. F.　90
ベルリン大学　90
ヘレニズム時代　80
変法維新運動　107
母子相互作用　47
ポストモダン教育学　99
ポツダム宣言　164,165
ホメロス　78
ポルトマン，A.　28
ボローニャ大学　82
本能　23

ま

マネッティ，J.　163
マルクス，K.　74
マルコポーロ,『東方見聞録』　81,105
マン，H.　92
ミラーニューロン　39,51
ミランドラ，P. D.　164
ミレニアム　201
メタ教育学　99,185
免許状更新講習　192
孟子，荀子，告子　19,102
木版印刷術　104
モニス，E.，ロボトミー　38
モリス，D.　64
モリソン　106
モンテーニュ　84

や

山上憶良　113
ユネスコ　155,162,175,183,204,208

ユネスコ憲章　162,175
洋学東漸　106
揚賢江　108
洋務運動　107
四つの現代化　109

ら

羅針盤・火薬・印刷術の三大発明　105
ラトケ，W.　86
ラングラン，P.　97,140
ランゲフェルド，M. J.　98
ランジュバン・ワロン計画　97
理科学研究所・脳科学総合研究センター　52
リスクテイキング行動　49
理性　63
リッチ，M.　106
リベラル・アーツ　82
臨界期，感受期，敏感期　46
臨時教育審議会　127
ルソー，J. J.　16,71,87,122,148
ルソー研究所　88
ルター，M.　85
ルネサンス　82,163
ルペルチェ　132
レコンキスタ　83
レッド・パージ　180
『労働世界』　134
労働力の価値　70
ローレンツ，K.　62
『論語』，孔子　19, 102, 112, 130, 184

シリーズ編集代表・第1巻著者

三輪　定宣（みわ　さだのぶ）

　　1937年　静岡県生まれ
　　千葉大学名誉教授（教育行政学，教師教育学），元日本教師教育学会会長
　　主要著書『教員政策と青年教師』民衆社
　　　　　　『初任者研修法と教免法』あゆみ出版
　　　　　　『教育費と教育財政』エイデル研究所
　　　　　　『教育行政学』八千代出版
　　　　　　『教育の明日を拓く』かもがわ出版
　　　　　　『先生，殴らないで！』かもがわ出版
　　　　　　『無償教育と国際人権規約』新日本出版社

［教師教育テキストシリーズ1］

教育学概論　第二版

2012年11月30日　第一版第一刷発行
2019年 3 月 1 日　第二版第一刷発行
2022年 1 月30日　第二版第二刷発行

　　　　　　　　　　　　　　　　　　　著　者　三輪　定宣

発行者　田中　千津子　　〒153-0064　東京都目黒区下目黒3-6-1
　　　　　　　　　　　　電話　03（3715）1501（代）
発行所　株式会社　学文社　FAX　03（3715）2012
　　　　　　　　　　　　https://www.gakubunsha.com

©Sadanobu MIWA 2019　　　　　　　　　　印刷　新灯印刷
乱丁・落丁の場合は本社でお取替えします。
定価はカバーに表示。

ISBN 978-4-7620-2878-6

教師教育テキストシリーズ
〔全15巻〕

編集代表　三輪　定宣

第1巻	教育学概論 第二版	三輪　定宣 著
第2巻	教職論	岩田　康之・高野　和子 共編
第3巻	教育史	古沢　常雄・米田　俊彦 共編
第4巻	教育心理学	杉江　修治 編
第5巻	教育社会学 第二版	久冨　善之・長谷川　裕 共編
第6巻	社会教育	長澤　成次 編
第7巻	教育の法と制度	浪本　勝年 編
第8巻	学校経営	小島　弘道 編
第9巻	教育課程 第二版	山﨑　準二 編
第10巻	教育の方法・技術	岩川　直樹 編
第11巻	道徳教育 改訂版	井ノ口淳三 編
第12巻	特別活動	折出　健二 編
第13巻	生活指導 改訂版	折出　健二 編
第14巻	教育相談	広木　克行 編
第15巻	教育実習	高野　和子・岩田　康之 共編

各巻：A5判並製カバー／150〜200頁

編集方針
① 教科書としての標準性・体系性・平易性・発展性などを考慮する。
② 教職における教育学の魅力と重要性が理解できるようにする。
③ 教職の責任・複雑・困難に応え，その専門職性の確立に寄与する。
④ 教師教育研究，教育諸科学，教育実践の蓄積・成果を踏まえる。
⑤ 教職にとっての必要性・有用性・実用性などを説明・具体化し，現場に生かされ，役立つものをめざす。
⑥ 子どもの理解・権利保障，子どもとの関係づくりなどが深められるようにする。
⑦ 教育実践・研究・改革への意欲，能力が高まるよう工夫する。
⑧ 事例，トピック，問題などを随所に取り入れ，実践や事実への関心が高まるようにする。